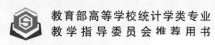
教育部高等学校统计学类专业
教学指导委员会推荐用书

博雅·21世纪统计学规划教材

Statistics: An Introduction Using R

统计学导论
——基于R语言

李勇　金蛟　编著

北京大学出版社
PEKING UNIVERSITY PRESS

图书在版编目 (CIP) 数据

统计学导论：基于 R 语言 / 李勇，金蛟编著 . — 北京：北京大学出版社，2016. 9
（21 世纪统计学规划教材）
ISBN 978-7-301-27472-9

Ⅰ . ①统… Ⅱ . ①李… ②金… Ⅲ . ①统计学—高等学校—教材 Ⅳ . ① C8

中国版本图书馆 CIP 数据核字 (2016) 第 205405 号

书　　　　名	统计学导论——基于 R 语言
	TONGJIXUE DAOLUN
著作责任者	李勇　金蛟　编著
责 任 编 辑	曾琬婷
标 准 书 号	ISBN 978-7-301-27472-9
出 版 发 行	北京大学出版社
地　　　　址	北京市海淀区成府路 205 号　100871
网　　　　址	http://www.pup.cn　新浪微博 :@ 北京大学出版社
电 子 信 箱	zpup@pup.cn
电　　　　话	邮购部 62752015　发行部 62750672　编辑部 62767347
印 　 刷 　 者	北京市科星印刷有限责任公司
经 　 销 　 者	新华书店
	787 毫米 ×980 毫米　16 开本　15.75 印张　328 千字
	2016 年 9 月第 1 版　2020 年 11 月第 3 次印刷
定　　　　价	42.00 元

内 容 简 介

    本书主要介绍统计学的基本思想、原理和方法, 使读者对统计学及统计学的思维方式有一个整体的了解. 本书主要内容包括: 统计学的发展和应用领域、概率理论、数据收集的概念和方法、对数据总体信息的描述、常用的参数估计和假设检验方法. 书中注重以概率理论解释常见统计方法的原理, 并通过计算机模拟帮助读者理解统计思想和原理, 以避免把统计学片面地理解为简单的加减乘除计算公式, 进而增强学生运用统计思想和方法提出问题、分析问题和解决问题的能力.

    本书适合作为高等院校本科生学习统计学知识的入门教材.

前　　言

　　统计学是通过收集数据和分析数据来认识未知现象的一门科学, 它在政府管理、工业、农业、林业、商业、教育、军事、自然科学和社会科学等领域有广泛的应用. 在大数据时代, 统计学的基本思想和方法成为人们日常学习、工作和生活的必备素养.

　　为了提高北京师范大学本科生的统计学素养水平, 笔者于 2014 年底提出了在文科和理科分别开设 “统计学导论” 通识课的设想, 得到北京师范大学教务管理部门以及文、理科各学院的支持, 并于 2015—2016 学年分别为文科和理科讲授该通识课.

　　笔者以北京高等教育精品教材《统计学导论》为基础, 结合国家级精品课程、国家级精品资源共享课和国家级精品视频公开课 “统计学导论” 建设过程中的教学实践经验, 通过 R 语言中的函数替代繁杂的数学推导, 降低对于学生先修课要求, 完成了适合文科学生使用的讲义《统计学导论 B》, 并用于 2015 年秋季学期文科学生的 “统计学导论” 通识课的教学实践.

　　笔者在讲义《统计学导论 B》基础上, 结合文科 “统计学导论” 通识课主讲教师和听课学生的意见, 完成了本教材. 本教材起点低, 适合具有高中数学知识背景的读者作为统计学入门读物, 也可以作为普通高等院校的文、理科各专业的统计学入门教材.

　　本教材的目的是: 介绍统计学的基本思想、原理和方法, 使读者对统计学及统计学的思维方式有一个整体的了解, 以便他们能够以统计学的视角看待日常学习、工作和生活中的问题, 并能在统计思想指导下利用 R 软件解决简单的统计学问题; 当读者以后遇见专业领域的复杂统计问题时, 能够想到与统计学家合作, 各取所长高效率地解决问题. 为此, 在教学过程中, 主讲教师应将统计学研究流程框架应用到各个知识和方法的讲授过程中, 讲清这些知识和方法的来龙去脉, 使学生认识问题背景分析的重要性, 培养学生统计创新的能力和跨学科合作的能力.

　　与国内外 “统计学导论” 的教科书相比, 本教材注重以概率理论解释常见统计方法的原理, 并通过计算机模拟帮助读者理解概率统计思想和原理, 以避免读者把统计学片面地理解为简单的加减乘除计算公式. 本教材将著名的 R 软件融合在各章节之中, 一方面, 使学生能够通过计算机来模拟简单的随机模型, 进而比较不同的统计方法的特性; 另一方面, 还可以使学生借助于计算机和 R 软件将所学的统计思想、原理和方法应用于解决实际问题.

　　本教材由五章组成, 第一章介绍统计学的基本概念、研究流程和思维模式, 使读者对于统计学及其研究流程和特点有一个概括的认识; 第二章介绍必要的概率论知识, 为理解统计学基本方法和原理奠定理论基础; 第三章介绍收集数据的方法, 使读者理解收集数据方法的原理; 第四章介绍数据的描述性统计分析方法, 为进一步统计建模奠定基础; 第五章介绍参数估计效果的衡量指标和基本的统计学分析方法, 使读者理解点估计、假设检验和线性回归模型的基本原理.

借此机会, 笔者感谢张淑梅教授、陈梦根教授、杜勇宏副教授和李慧博士对于本教材提出的宝贵修改意见; 感谢黄文贤博士、张娟博士、徐祥灿硕士、徐帅帅硕士、张雪晴硕士、崔星宇硕士对于 R 语言程序代码和文字的校对工作; 感谢北京大学出版社曾琬婷编辑对本教材的精心校对和编辑. 由于时间仓促, 书中恐有不少谬误, 恳请读者指正, 以便修改.

李勇　金蛟

2016 年 5 月于北京师范大学

目　　录

第一章 绪 论

在自然界和人类社会中, 存在着大量的未知现象需要探索. 例如, 人们想要读懂遗传天书 —— 基因序列 (由 A, C, G, T 构成); 执政者想要知道国家经济运行是否正常; 火车客运计划者希望知道下一个春运高峰的客流量分布; 生产管理者想要知道生产线是否在正常工作; 保险公司想要知道各种灾害的分布情况; 药厂想要知道新研制的药品是否更有效; 人们想要知道什么样的饮食习惯更有利于健康, 吸烟与患肺癌之间的关系如何, 某减肥产品是否像其广告声称的那样有效率为 75%, 明天是否下雨; 等等.

§1.1 未知现象的认识过程与统计学

在客观世界中, 需要认识的现象无穷无尽. 人类对未知现象的探索经历了神化、定性分析和定量研究的阶段.

案例 1.1 未来的天气预报问题.

(1) 神化: 古时人们不能解释天气的变化, 把它归结为神的支配. 在此观点下, 人们采用祭祀神的方式求风调雨顺, 但是大多不如愿.

(2) 谚语: 关于气压、湿度、云、雨、冰雹等气象要素定性观测的经验总结, 如 "天上钩钩云, 地下雨淋淋" "朝霞不出门, 晚霞行千里" "东虹日头, 西虹雨" 等. 诸葛亮成功将谚语用于大雾预报, 完成 "草船借箭" 的壮举.

(3) 当地定量观测预报: 用当地天气测量数据预报未来天气. 从 17 世纪起, 科学仪器 (如气压表) 的发明使得人们可定量测量天气状态, 并将这些数据用于当地天气预报.

(4) 台网定量观测预报: 用全球气象观测网数据预报未来天气. 电报的发明使得人们能够远距离交换信息, 开始使用气象观测网数据做天气预报. 计算机硬件、互联网和数据分析技术的发展, 使得现代数值天气预报的精确度越来越高, 并可以通过技术手段干预天气, 如人工降雨、除冰雹等.

1.1.1 与天气预报案例相关的概念

未知现象 (不确定现象) 在特定条件下, 不能预知结果的现象.

必然现象 在特定条件下, 能预知结果的现象.

例如, 今天不能预知明天是什么样的天气, 因此明天的天气是未知现象; 又如, 在标准大气压下, 将纯净的水加热到 100 °C 必然沸腾, 这是一个必然现象.

定义 1.1.1 **统计学**是通过收集数据和分析数据来认识未知现象的一门科学.

在此定义中包含了: 统计学的研究对象为 "未知现象"; 研究的途径为 "收集数据和分析数据", 其中 "收集数据" 是指要科学地收集数据, "分析数据" 是指要科学地分析数据. 这里数据不仅包含定量数据, 也包含属性数据.

《大英百科全书》中指出: "统计学是一种收集数据、分析数据, 并根据数据进行推断的艺术和科学." 其内涵与上述定义相同.

1.1.2 统计学研究流程

如今, 人们主要是利用统计学原理来认识未知现象. 天气预报案例的研究流程如图 1.1 所示. 这种认识过程是通过如下三个步骤的循环逐步实现的:

(1) 明确研究问题, 通过观察或实验获取必要的观测资料;

(2) 通过分析所得资料推断未知结果;

(3) 通过实践检验推断结果, 寻找下一步研究的方向.

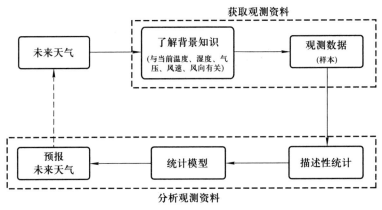

图 1.1 未来天气变化的研究流程图

这里第三步尤为重要, 如果不用实践检验而欣赏已有研究结果, 就是迷信. 例如, 在未来天气预报案例 1.1 中, 坚信 "未来天气由神支配" 是迷信; 坚信 "谚语预报" 是迷信; 坚信 "当地定量观测预报" 也是迷信; 坚信 "目前的天气预报方法" 同样是迷信. 迷信是阻碍未知现象研究的绊脚石.

一般地, 统计学认识未知现象的研究流程如图 1.2 所示. 统计学通过不断重复这一过程, 逐步认识未知现象. 例如, 在案例 1.1 中的谚语预报、当地定量观测预报、台网定量观测预报等研究, 都是沿着流程图进行工作的. 前后两研究流程区别在于背景知识的不同, 后一流程的背景知识中, 包含了前一研究流程的研究结果, 起点更高; 而后一研究流程的研究将得到关于天气预报问题的新认识.

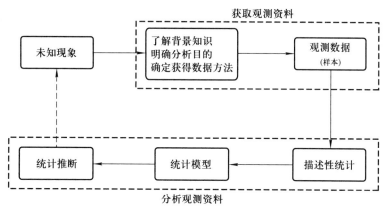

图 1.2　统计学研究流程图

例 1.1.1　了解地震的孕育过程, 是人类梦寐以求的愿望. 为达此愿, 应该收集哪些数据, 如何收集这些数据?

解　要了解未来地震发生的时间、地点和震级变化规律, 当然应该收集与这三个量有关的数据: 地震目录、地形变和地下水位等. 由于地震是一种自然现象, 只能通过观测的方式来收集有关的数据. ■

例 1.1.2　一个人在市场上买了一篮表面上看起来十分新鲜的水果, 回到家详细检查后才发现篮中有许多烂水果, 这里的分析结果为什么和实际情况不相符合?

解　这是因为, 获取观测资料的方法有问题, 这些观测资料不能很好地代表篮中的所有水果, 而在分析观测数据的过程中没有注意到这个问题, 使用的分析方法不得当, 使得分析结果与实际不符. ■

统计学常识

(1) 要用科学的方法收集与所研究未知现象有关的数据;

(2) 需要根据数据的背景特点 (获取过程、数据质量、数据分布特点) 调整分析方法, 以取得更好的分析结果.

例 1.1.3　摇奖机是否公平是亿万彩民关心的问题. 请设计一个检验摇奖机是否公平摇奖的方案 (流程).

解题思路　(1) 分析问题背景, 提出问题量化指标: 要想考查一台摇奖机是否公平摇奖, 首先要了解公平的含义, 确定用什么样的量来刻画公平;

(2) 如何获取数据: 确定量化指标和什么量有关系以及获取这些量的观测数据的方法;

(3) 如何从收集到的数据中提取量化指标信息, 并给出问题的解答.

解　这里 "公平" 是指摇出每个号码的概率相等. 根据频率稳定于概率的思想, 可以按如下方案检验摇奖机的公平性:

(1) 将带号码的球装入摇奖机后, 开动摇奖机摇出一个球, 记录下该球的号码.

(2) 重复第一步, 考查摇出的各个号码的频率的稳定性. 当所有号码的频率都比较稳定之后, 再进行下一步.

(3) 考查各个号码的频率的接近程度, 以此来判断这台摇奖机的公平性.　　　　■

1.1.3　随机现象

案例 1.2　投掷一枚质地均匀的硬币, 结果不是正面向上就是反面向上. 随着投掷次数的增加, 却呈现出如下规律: 正面向上的比例接近于 0.5 (见表 1-1).

表 1-1　投掷硬币的实验结果

实验者	抛硬币次数	出现正面的次数	出现正面的频率
蒲丰	4040	2048	0.5069
德莫根	4092	2048	0.5005
费勒	10000	4979	0.4979
皮尔逊	12000	6019	0.5016
皮尔逊	24000	12012	0.5005
罗曼诺夫斯基	80640	39699	0.4932

定义 1.1.2　像这类在特定条件下不能事先预知结果且各个结果都具有频率稳定性的现象称为**随机现象**.

这里的结果包括现象所有可能出现的结果. 如所考查的现象为降雨量 w, 则 $w = 0$ 和 $w \in [0, 0.5]$ 均为此现象可能出现的结果. 结果的频率稳定性: 该结果出现的次数与观测总数之比随实验次数的增加而趋于稳定. 这里随机现象与一般书中的定义不同, 读者可仔细体会.

例 1.1.4　假定我们关心北京市一月份的平均气温, 试讨论它与随机现象间的关系.

解　"北京市" 和 "一月份" 的特定条件下, 不能预知这个平均气温, 它是一个不确定现象. 考虑到温室效应气体的作用, 它不是一个随机现象.

考虑到温室效应气体增加的因素, 北京市一月份的平均气温是由确定因素和随机因素共同决定的复合现象.　　　　■

§1.2　描述未知现象的理想模型与现实模型

未知现象是众多因素作用的结果, 这些因素可分为两类: 确定因素和随机因素.

确定因素　能够事先确定的因素.

随机因素　不能事先确定, 但具有频率稳定性的因素.

在投掷硬币的例子 (案例 1.2) 中, "硬币质地均匀" 是确定因素; 在北京平均气温的例子 (例 1.1.4) 中, "北京" 和 "一月份" 是确定因素. 在天气预报的例子 (案例 1.1) 中, 未来天气与当前温度 x_1, 湿度 x_2, 气压 x_3, 风速 x_4, 风向 x_5 等确定因素有关, 还与其他的随机因素 ε 有关, 如图 1.3 所示. 如果已经知道所有的这些因素, 未来的天气就完全定下来了, 即未来天气可以用如下的统计学模型来描述:

$$y = f(x_1, x_2, x_3, x_4, x_5, \cdots, x_m) + \varepsilon, \tag{1.1}$$

其中 f 描述了所有确定因素对于未来天气的影响方式, 在数学上称之为函数, 而 ε 是影响未来天气的随机因素 (在给定确定因素的条件下). 统计学中我们的目的就是研究影响未来天气的所有确定因素是什么, 随机因素的变化规律是什么.

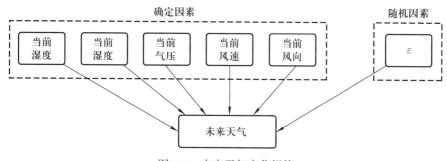

图 1.3　未来天气变化规律

虽然对于未来天气的研究已经获得丰硕的成果, 但这只是万里长征的第一步, 远未达到认识该现象的程度. 我们甚至还不能确定影响未来天气的确定因素到底有多少个, 随机因素的变化规律是什么, 更谈不上 f 的结构表达式. 当前关于未来天气的研究结果都是基于已知的影响天气的确定因素所建立的近似模型

$$y = \hat{f}(x_1, x_2, x_3, x_4, x_5, \cdots, x_k) + \eta, \tag{1.2}$$

其中 k 是 m 的近似, $\hat{f}$ 是 f 的近似, 而

$$\eta = y - \hat{f}(x_1, x_2, x_3, x_4, x_5, \cdots, x_k)$$

是 ε 的近似. 随着研究过程的推进, 模型 (1.2) 的近似程度不断提高, 最终会完全认识未来天气, 即得到模型 (1.1).

在研究的过程中, 模型 (1.1) 是追求的目标, 是我们的理想, 因此把这类描述未知现象的模型称为**理想模型**, 而把研究过程中所建立的那些形如 (1.2) 式的模型称为**现实模型**或**统计模型**, 简称为**模型**.

我们现在认为案例 1.1 中的 "神话" 研究阶段是迷信, 因为未来的天气不是由神来支配的. 同样, 在未知现象研究过程中, 认为现实模型无懈可击也是**迷信**, 因为它仅是理想模型的近似. 只有破除迷信, 才能逐步认识未知现象, 并在模型改进研究过程中推动统计学的发展.

按照统计学研究流程 (图 1.2), 在一个研究循环过程中, 我们是依据已经获得的研究背景知识, 通过收集和分析数据来构建更好的现实模型, 以更加深刻地认识未知现象. 统计学就是通过不断地建立新的现实模型来逐步认识未知现象的.

例 1.2.1 考查模型 $y = \sin x + e$ 所产生数据的特点.

解 (1) 在已知 x 和 e 的条件下, y 的值被完全确定, y 是一个必然现象. 此时, y 是 (x, e) 的二元函数, 图 1.4 给出了该函数的图像.

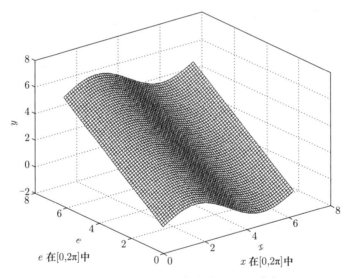

图 1.4 $y = \sin x + e$ 完全由 x 和 e 确定

例如, 当 $x = 0, e = 0.5$ 时, 可以用如下的 R 程序代码模拟 y 的观测值:

$$x = 0; e = 0.5; y = \sin(x) + e;$$

模拟的结果永远是 0.5.

(2) 在仅知 x 的条件下, 不能预知 y, 因此 y 是不确定现象. 下面在仅知 $x = 0$ 的情况下,

讨论 y 的观测值变化情况.

① 当 e 是以 0.5 的可能性取 1, 以 0.5 的可能性取 0 的时候, y 是一个随机现象. 可以用如下的 R 程序代码模拟 y 的 16 次观测结果:

```
n=16;x=0;
e=sample(0:1,n,replace=T);
y=sin(x)+e;
y
```

上述程序代码运行后, 模拟的 y 在 RStudio 或 R 软件的控制台窗口显示如下:

[1] 1 1 0 1 0 1 1 1 1 0 0 1 0 1 1 0

注意, 将如上述程序代码再运行一次, 得到的结果多半不同, 其原因是 e 为未知的随机因素.

② 当 e 是以某种规律依次出现时, 如当

$$e = (-1)^{[\log_2(n)]}, \quad n = 1, 2, \cdots \tag{1.3}$$

时, y 为不确定现象, 且不具备频率的稳定性. 这里方括号表示取整运算 (R 语言中用函数 floor 完成取整运算任务), $\log_2$ 为以 2 为底的对数函数 (R 语言中用函数 log2 完成 $\log_2$ 的计算任务). 可以用如下的 R 程序代码模拟 y 的前 16 次观测值:

```
n=16;x=pi/2;
e=(-1)^floor(log2(1:n));
y=sin(x)+e;
y
```

运行上述程序代码后, 模拟的 y 在 RStudio 或 R 软件的控制台窗口显示如下:

[1] 2 0 0 2 2 2 2 0 0 0 0 0 0 0 0 2

注意, 将上述程序代码再运行一次, 会得到相同的结果, 其原因是未知的确定因素 e 的内在变化规律由 (1.3) 式所决定. ∎

此例说明, 除了随机现象和必然现象之外, 还存在既不是随机的也不是必然的现象. 也就是说, 存在着不能事先确定且不具备频率稳定性的现象, 其原因是存在某种与该现象有关的确定因素.

在现实研究过程中, 无法知道与未知现象对应的理想模型, 只能不断地创建近似效果更好的 (现实) 模型. 研究过程中所建的模型只是理想模型的近似, 因此我们认为:

- 对于未知现象, 在研究过程中没有准确的模型, 只有近似的模型;
- 统计学追求的阶段目标是: 寻求更好的模型来刻画未知现象;
- 统计学追求的理想目标是: 通过阶段目标逐渐认识未知现象, 其途径是统计学研究流程图.

这三条是统计学研究的基本观点与创新动力. 对于案例 1.1 中的 "未来天气变化" 现象而言, 神话、谚语、当地定量观测预报、台网定量观测预报都不能正确描述 "未来天气变化", 只是近似描述, 但是它们近似描述的精确度却越来越高.

§1.3   统计学的应用领域

由于在现实生活中充满了随机因素, 大多数都不能一步到位认识未知现象, 因此统计学的思想方法在各领域广为应用. 当我们确定了需要研究的问题并获取了相应的数据之后, 就可以分析有哪些因素可能影响数据的变化, 数据是否具有随机性, 并决定是用数学模型还是用随机模型来解决问题. 而随机模型的建立, 要经过模型的选择、参数的估计、结果的解释等过程, 这些过程的完成都需要以统计学理论为基础. 下面列举了一些应用统计学的领域:

- 政府部门 (统计人口状况、就业状况、经济状况等);
- 自然科学 (论文是否能够发表在主要杂志上, 很大程度上依赖于能否正确使用统计方法);
- 社会科学 (经济、教育、心理、文字研究等);
- 工业 (新产品研究、质量控制、市场开发等);
- 农业 (植物生长、产量预测、病虫害研究等);
- 日常生活 (报纸杂志上常常刊登的以统计为基础的文章、民意调查、公正性问题、商品广告等);
- 其他.

对特定领域中的未知现象, 需要按照统计学研究流程 (图 1.2) 进行研究. 随着研究的进展, 未知现象的背景涉及越来越多的领域专业知识, 这成为统计学家对于该现象的研究阻力; 而大多数领域专家虽然熟知专业知识, 但没有掌握统计学的最新理论研究成果, 这成为领域专家进一步研究的阻力.

为了提高复杂未知现象的研究效率, 应该组建由领域专家和统计学家构成的跨学科交叉研究团队, 在研究过程中取长补短, 高效获取创新性研究成果, 加速未知现象研究流程.

在互联网的信息时代, "数据" 获取成本越来越低, 不断形成有待分析的行业 "大数据". 统计知识成为公民的必备素质, 各行业中都需要大量的掌握统计学知识的人才. 纽约时报记者 Steve Lohr 于 2009 年 8 月 5 日发表专栏文章 *For Today's Graduate, Just One Word: Statistics*, 介绍了 2009 年美国研究生的就业情况, 充分肯定了统计学的就业前景.

§1.4 数学、概率论、统计学与统计软件

统计学是建立在观测数据基础之上的归纳推理, 由局部观测数据认识未知现象; 数学是建立在公理体系基础之上的演绎推理, 由公理演绎知识体系; 概率论是数学的一个研究随机现象的分支, 其公理体系由概率的非负性、规范性和可列可加性构成.

统计学归纳推理以统计学原理和概率论知识为基础, 统计方法性质的研究需要坚实的数学和概率论基础. 而在数学研究中, 归纳推理是发现新知识的驱动力之一, 著名的数学猜想和研究课题大都来自于归纳推理.

归纳推理的结论可能与实际情况不一致, 统计学的目标是使结论犯错的概率尽可能地小. 统计学与数学的根本区别在于: 数学是在公理的假设前提下演绎数学知识体系, 可以保证演绎结论 "不犯错误"; 而统计学则是通过观测数据认识未知现象, 可以保证其归纳结论 "犯错误" 的可能性最小.

为了满足日益增长的统计学应用与研究的需求, 人们创建了各类统计软件. 统计软件是已有统计原理与知识的集成, 是统计学研究的工具. 但是, 使用统计软件时要注意以下两点:

• 在统计学思想指导下, 选择统计软件中与数据最匹配的模型分析数据, 或者利用统计软件和数据的背景特点开发新的模型, 可以达到事半功倍的效果;

• 盲目地使用统计软件处理数据, 可能会得出荒谬的结论.

如果像第三章的案例 3.2 一样, 不注意到数据的来源背景特点, 而盲目地使用 R 软件分析所收集的调查表数据, 就会和《文学摘要》一样付出惨痛的代价.

学会基本的统计思想和方法, 能正确理解统计软件的输入和输出内容, 就可以借助统计软件来解决日常生活和工作中的一些实际问题. 掌握成熟的统计思想和方法, 不需要高深的数学基础. 例如, 随机事件的概率是取值于 $0 \sim 1$ 之间的一个数, 这个数表明该随机事件以多大的机会发生. 又如, 在实际问题中, 经常要面临几个结论, 需要通过观测数据来判断哪一个结论正确. 统计推断的一个基本原理是: 推断出的结论应该保证所观测到的事件是大概率事件, 而不是小概率事件. 大多数人都能下意识地应用此原理解答问题, 但不能解释其原因 (见例 1.4.1).

例 1.4.1 如果连续 10 次投掷一颗骰子, 结果都是 1 点, 那么能够认为这颗骰子的质地均匀吗? 为什么?

解 如果它是均匀的, 通过实验和观察, 可以发现出现各个面的可能性都应该是 1/6, 从而出现连续 10 次结果为 1 点的概率为

$$\left(\frac{1}{6}\right)^{10} \approx 0.00000006538,$$

它是几乎不会发生的与骰子质地均匀相矛盾的小概率事件. 因此, 认为这颗骰子的质地不均

匀. ■

目前, 有很多专业统计软件可以用来作统计分析. 下面简要介绍其中较为流行的几款软件:

IBM SPSS SPSS (Statistical Product and Service Solutions) 公司开发的统计软件. 该公司于 2010 年被 IBM 公司收购, 产品名更新为 IBM SPSS. SPSS 是世界上最早采用图形菜单驱动界面的统计软件, 操作界面极为友好, 输出结果美观漂亮. 它将几乎所有的功能都以统一、规范的界面展现出来, 使用 Windows 的窗口方式展示各种管理和分析数据的功能, 深受社会科学研究者欢迎.

SAS SAS 公司开发的统计软件, 具有强大的统计功能和较好的菜单驱动界面. 它采用模块式设计, 用户可根据需要选择不同的模块组合. 初学者可以较快地掌握其基本操作, 但是若要完成各种复杂的数据处理, 编制 SAS 程序, 则需要接受专门的训练. 该软件特别受到制药公司和美国政府机构的偏爱.

S-PLUS Insightful 公司开发的基于 S 语言的统计软件, 具有很好的菜单驱动界面和统计功能. 该软件具有强大的基于矩阵运算的编程功能, 使研究人员容易用程序实现自己的算法与理论, 受到统计方法研究者的欢迎.

MATLAB MathWorks 公司开发的著名的数值计算软件, 取名来源于 Matrix Laboratory, 本意是专门以矩阵的方式来处理计算机数据. 它把数值计算和可视化环境集成到一起, 有良好的编程环境, 方便的程序调试环境, 深受各个领域工程技术人员的喜爱. MATLAB 提供的数值计算工具箱越来越多, 其中的统计工具箱提供了常用的统计计算函数.

R 软件 由志愿者维护的免费统计软件. R 软件基本实现了 S 语言, 而 S 语言的商业版本就是 S-PLUS, 因此 R 软件的程序结构和 S-PLUS 的程序结构几乎相同. R 软件的免费特征受到众多科学工作者的青睐, 很多学者都把自己的研究成果写成 R 程序与同行共享.

小 结

在绪论中, 我们介绍了统计学研究的基本思维方式与特点, 读者可以从以下几个方面细细体会:

(1) 统计学的定义;

(2) 未知现象研究流程图;

(3) 描述未知现象的理想模型;

(4) 理想模型和现实模型;

(5) 迷信与创新;

(6) 现实模型的解读与追求目标;

(7) 复杂未知现象研究团队的效率;

(8) 统计学、数学、概率论和统计软件.

在本书后面的章节中, 先介绍概率论中的一些基本概念和结论, 然后以这些结论为纲简要介绍数据收集、描述性统计、参数估计、假设检验和回归分析的基本原理.

本书中主要利用 R 软件进行一些随机现象的模拟和统计计算, 以帮助读者直观理解一些重要的概率论结论和常用的统计学方法和思想, 并使读者能从中体会统计软件的使用要点.

课程目的: 概要介绍统计学的思维方式、基本的统计思想与方法, 使读者对统计学有一个初步的整体了解, 体会统计学的理论与应用价值, 提升统计学创新研究能力.

附录　R 软件简介

R 软件和 S-PLUS 是 S 语言的两种实现版本. S 语言由 AT&T 贝尔实验室开发, 使用 S 语言可方便地进行统计数据分析和作图. S-PLUS 功能强大, 使用方便, 是世界上公认的统计软件之一, 但它是一个商业软件, 需要付费. Auckland 大学的 Robert Gentleman 和 Ross Ihaka 及其他志愿人员开发了一个 R 软件系统. R 软件在 GNU (General Public Licence) 协议下发行, 由 R 语言开发核心小组维护. R 软件完全免费, 它与 S-PLUS 非常类似, 有一定的兼容性. 本书中使用 R 语言编写程序代码.

一、R 软件的下载与安装

R 软件的各种版本可以到官方网站

$$\text{http://cran.r-project.org/bin/windows/base/}$$

下载. 当前版本是 R-3.2.2 (2015 年 8 月 14 日发布). Windows 版本的 R 软件的安装非常方便, 只需运行下载的安装程序, 按照 Windows 的提示安装即可.

二、R 语言的图形用户界面简介

在默认的安装方式下, R 软件安装程序会在 Windows 桌面上建立一个快捷图标. 通过双击此图标, 就可以进入 R 语言的图形用户界面, 如图 1.5 所示. 这个界面具有典型的 Windows 应用程序风格: 界面的上部包括标题栏、菜单栏和快捷按钮栏以及工作区域, 在工作区域中打开的是控制台窗口.

可以通过键盘和鼠标等工具在控制台窗口中输入或粘贴 R 语言程序代码, 并通过回车键执行输入的程序代码. 通常程序代码的运行结果也在控制台窗口中显示.

在控制台窗口中, 符号 > 为命令行提示符, 键盘输入的命令字符会依次显示在该提示符的后面. 输入完命令后按回车键, R 软件就会执行刚刚输入的命令.

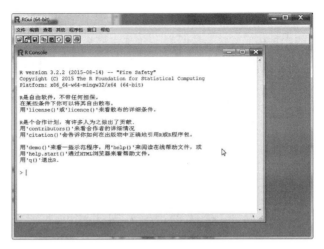

图 1.5　R 语言的图形用户界面

如果输入 x<−5 后按回车键, 就相当于在 R 软件的工作空间中定义一个名为 x 的变量, 并且将数 5 值赋给 x. 此后, 变量 x 的值就是 5, 直到给这个变量重新赋值为止. 这里的 <− 是 R 语言的赋值命令, 该命令可以用等号 = 代替.

R 软件工作空间中的变量所保存的内容可以赋值给其他变量, 如 y=x 表示将变量 x 的内容赋值给变量 y, 此时变量 x 和变量 y 的内容相同, 即 y 是 x 的一个复制品.

可以通过控制台窗口右上角的最大化按钮将该窗口最大化, 如图 1.6 所示. 在 R 软件中,

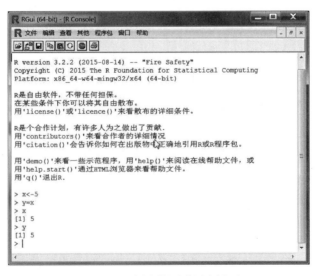

图 1.6　R 语言的图形用户界面

可以通过工作空间中的变量名查看其保存的内容, 如输入 x 后按回车键, 就会显示该变量所保存的内容.

三、R 语言集成开发环境 RStudio 简介

RStudio 是 R 语言的一种集成开发环境, 它是免费自由软件, 其最初的开发宗旨就是为了提供给 R 语言用户一个更好的开发环境. RStudio 用户界面可以让用户很方便地开发、管理 R 程序, 它已经成为一些统计团队进行日常工作的不可缺少的工具.

我们就来简要介绍一下 Rstudio 的安装、操作以及与 R 软件相比的不同之处. 我们先介绍 RStudio 的安装. RStudio 提供了桌面版的简易安装程序, 可以通过 Rstudio 的官方网站

https://www.rstudio.com/products/RStudio/#Desktop

下载到最新版本的 RStudio.

在安装 Rstudio 之前, 需要先安装 R 软件. 安装 Rstudio, 只需点击下载的安装程序软件, 然后按照安装程序引导即可. 在默认状态下成功安装 Rstudio 之后, 可以在 Windows 开始菜单上找到运行 RStudio 的菜单选项 . 为了方便运行 RStudio, 可在 Windows 桌面建立 RStudio 的快捷运行图标, 方法如下: 右键单击 Windows 开始菜单上的 RStudio 选项, 在弹出的菜单中选择 "发送到 (N)" 选项, 再在弹出的子菜单中选择 "桌面快捷方式" 即可. 在建立了 RStudio 的桌面快捷方式之后, Windows 桌面上会出现相应的快捷方式图标 . 双击该图标就会出现 RStudio 的图形用户界面, 如图 1.7 所示.

图 1.7　Rstudio 的图形用户界面

RStudio 的图形用户界面为经典的 Windows 窗口, 有标题栏、菜单栏、快捷按钮栏和工作区域. 工作区域由四个窗格构成, 每一个窗格都由一个标签窗口填满, 其中左上窗格中的窗口是**编辑窗口**, 可以在其中显示、编写、保存程序代码, 还可以运行程序代码, 查看和编辑环境窗口中的数据 (变量内容); 左下窗格中的窗口是**控制台窗口**, 其功能与 R 软件图形用户界面的控制台窗口相同.

在默认的情况下, RStudio 的编辑窗口打开名为 Untitled1 临时文件, 可以将其存为自己命名的文件. 为此, 只需点击该窗口的存盘按钮, 然后按提示选择存放目录和文件名等即可. 实际上, 在编辑窗口中可以同时打开多个 R 语言文件, 并以所打开的文件名作为窗口的标签. 当修改了编辑窗口中某个文件的内容时, RStudio 会将相应的标签变成红色, 同时在标签名的后面添加 *.

在默认的情况下, 右上窗格中的窗口有两个标签, 分别为环境 (Environment) 标签和历史 (History) 标签. **环境标签窗口**显示当前变量的信息, **历史标签窗口**显示到目前为止所运行的全体程序代码.

在默认的情况下, 右下窗格中的窗口有 5 个标签, 分别为文件 (Files) 标签、图形 (Plots) 标签、程序包 (Packages) 标签、帮助 (Help) 标签和查看 (Viewer) 标签, 其中最为常用的是**文件标签窗口**、**图形标签窗口**、**程序包标签窗口**和**帮助标签窗口**.

相比于 R 软件, RStudio 的界面交互性能更加出色: 所定义的变量信息显示在环境标签窗口; 历史运行的程序代码显示在历史标签窗口; 当前的工作目录信息显示在文件窗口; 绘制的图形显示在图形标签窗口; 函数的在线帮助信息显示在帮助窗口. 这些特色, 帮助使用者提高工作效率.

我们可以通过 RStudio 中 Tools 选项的 Globe Option 来改变 RStudio 的全局设置, 如可以改变 RStudio 工作环境中的背景颜色、字体大小、缩放程度以及窗格的内容等, 如图 1.8 所示.

图 1.8 Rstudio 工作界面选项设置

在 RStudio 编程过程中, 我们可以在环境标签窗口中查看所有变量的名称及相应的信息, 并且也可以通过双击变量名称来显示变量的具体内容. 这些变量的具体内容将出现在编辑窗口, 可以在此窗口中编辑这些变量的值, 如图 1.9 所示.

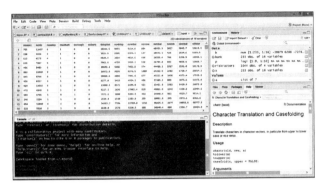

图 1.9   Rstudio 数据观测的便捷性

四、R 语言基础

在 R 语言中定义了一些函数, 如 sin, cos, exp, rnorm, plot, help 等. 下面扼要介绍 R 语言中函数的相关知识, 进一步的知识可查阅文献 [1].

R 语言的函数名通常与数学中的函数名或者对应的英文单词有关联, 可以使用 R 软件的在线帮助系统了解函数的使用方法. 在线帮助系统调用命令是 help 或 ?. 例如, 在 R 软件图形用户界面的控制台窗口中输入 ?sin 后按回车键, 将会在默认网页浏览器中显示函数 sin 的在线帮助信息; 而在 RStudio 图形用户界面的控制台窗口中输入 ?sin 后按回车键, 将会在帮助标签窗口中出现函数 sin 的在线帮助信息, 如图 1.10 所示. 为了方便浏览帮助信息, 可用单击帮助标签窗口右上角的放大按钮.

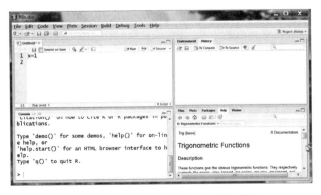

图 1.10   RStudio 中函数在线帮助信息

在 R 软件或 RStudio 的控制台窗口输入 sin(10) 后按回车键, 可在控制台窗口得到如下

的显示:

```
>sin(10)
[1] -0.5440211
```

这表示 sin(10) 的计算结果为 −0.5440211.

通过赋值符号 <− 或者 =, 可以把函数计算的结果赋值给**变量** (也称为**对象**). 例如, 在控制台窗口输入 y=sin(10) 或 y<− sin(10) 后按回车键, 这时 R 软件将 sin(10) 的计算结果保存在名为 y 的变量中, 再在控制台窗口输入 y 后按回车键即可看到计算结果:

```
>y=sin(10)
>y
[1] -0.5440211
```

在 RStudio 的编辑窗口中, 可以批量输入、修改和运行 R 语言程序代码. 例如, 可以在编辑窗口中输入

```
y=sin(10);
y
```

如图 1.11 所示. 可以通过鼠标左键拖曳选择其中部分程序代码, 如图 1.12 所示; 并可以通过单击该窗口工具条上的 Run 按钮, 运行所选择的程序代码, 如图 1.13 所示. 还可以通过快捷键 Ctrl + r (即在按下 Ctrl 键的同时按 r 键) 将所选中的程序代码发送到控制台窗口依次运行. 由于 RStudio 编辑窗口的便利性, 我们总是在该窗口中完成 R 语言程序代码的编写与修改工作.

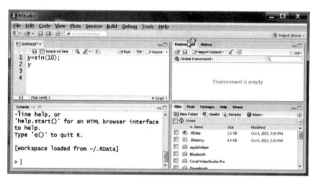

图 1.11　RStudio 编辑窗口中的程序代码

在 R 语言中, **变量名称**可以包含任何大写字母、小写字母和数字 $0 \sim 9$ (数字不能用于名称的开头) 等. 要特别注意, 变量的名称区分大小写字母, 并且不要与 R 语言系统所定义的变量、函数名称相重. 例如, 变量 pi 在 R 语言中代表圆周率 π, 因此在任何时候, 我们不能用该变量名保存其他计算结果.

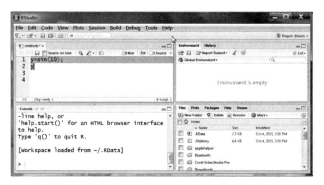

图 1.12 在 RStudio 编辑窗口中选择程序代码

图 1.13 在 RStudio 编辑窗口中运行程序代码

在 R 语言中, # 为**注释符**, R 软件将该符号后面的文字理解为程序代码的注释. 借助于注释符, 可使程序代码更易于理解与交流. 例如, 程序代码

y<-sin(10);#将sin(10)的计算结果赋值给y

y#在控制台窗口中显示y的内容

的运算功能与程序代码

y<-sin(10);

y

的运算功能相同, 只不过前一段程序代码中 # 后的字符为程序注释, 使读者更容易理解程序代码的功能.

五、几个重要的变量类型

R 语言中有多种变量类型, 其中最常用的变量类型有三种, 它们分别是**逻辑** (logical) **变量**, **数值** (numeric) **变量**和**字符** (character) **变量**. 可以用函数 class 查看变量的类型, 它的返回值是表明变量类型的字符串.

1. 逻辑变量

逻辑变量只有两种可能取值, 即为 TRUE (真) 或 FALSE (假). 在数值计算中, 逻辑变量值 TRUE 自动转换为 1, FALSE 自动转换为 0. 例如, 程序代码

```
a<-TRUE;#将真赋值给变量a
class(a)
```

的返回值为

```
[1] "logical"
```

这表明 a 为逻辑变量. 还可以用函数 is.logical 检查变量是否为逻辑型, 这个函数的返回值为逻辑变量值: TRUE 表示被检查变量为逻辑型; 否则被检查变量不是逻辑型. 例如, 在运行上述程序代码后, 运行 is.logical(a), 其计算结果在控制台窗口显示为

```
[1] TRUE
```

这说明 a 是逻辑变量. 向量的各个分量可以是逻辑变量. 例如, 程序代码 c(T, F, T, T) 生成一个 4 维的逻辑向量, 运行该代码后在控制台窗口显示如下内容:

```
[1] TRUE FALSE TRUE TRUE
```

2. 数值变量

数值变量是最为常用的变量, 它代表一个实数. 检验一个变量是否为数值变量, 可以用函数 is.numeic. 该函数的功能与 is.logical 类似. 例如, 程序代码

```
x<-pi;#将圆周率赋值给x
is.numeric(x)
```

的输出结果为

```
[1] TRUE
```

这表明变量 x 是数值变量. 此时, 再运行程序代码 class(x) 得到的输出结果为

```
[1] "numeric"
```

这也表明变量 x 是数值变量.

3. 字符变量

字符变量代表一个字符串, 如程序代码

```
x<-"How are you?";#将字符串"How are you?"赋值给x
class(x)#显示变量x的类型
```

在控制台窗口输出的结果为

```
[1] "character"
```

运行上述代码后, 再运行 is.character(x) 会得到 TRUE 的结果; 再运行 x, 在控制台窗口输出的结果为

```
[1] "How are you?"
```

在 R 软件中, 字符变量内容总是在双引号中间显示.

向量的各个分量可以是字符变量. 例如, 程序代码

```
c("男","女","女","男","女")
```

生成一个 5 维的字符向量, 运行该代码后在控制台窗口显示如下内容:

```
[1] "男" "女" "女" "男" "女"
```

4. R 语言中的常量

R 语言中定义了一些常用的系统变量, 简称为常量, 如表 1-2 所示. 常量在 R 软件系统中有特定的含义, 读者的程序代码不应该修改这些常量的内容, 以免误解.

表 1-2 常用的系统变量表

变量名	含义
pi	圆周率
Inf	无穷大, 代码 1/0 的运算结果为 Inf
NaN	不定量, 代码 0/0 的运算结果为 NaN
NA	缺失值记为 NA

六、重要的数据结构

向量是 R 语言中的基本数据结构, 它可以表达一个变量的观测结果, 其分量具有相同的数据类型; **矩阵**是 2 维的数据结构, 其各个分量具有相同的数据类型; **数据框**是矩阵结构的一个推广, 它容许各个列有不同的数据类型; **列表**则可以看成向量结构的另外一种推广, 它容许其各个分量是任意的 R 语言结构. 下面分别简要介绍相关内容.

1. 向量

向量是 R 语言中最基本的数据对象, 它的各个分量有相同的数据类型. 在实际应用中, 常常用向量的各个分量表示特定变量的观测数据. 实数也是它的一个特例 (即 1 维数值向量).

常用函数 c 生成向量, 只需将向量的各个分量作为它的输入变量即可. 例如, 程序代码 c(1,2,4) 生成行向量

$$(1\ \ 2\ \ 4).$$

而程序代码 x<– c(1,2,4) 代表将上述行向量赋值给变量 x.

当要生成的向量的各个分量是公差为 1 的等差数列时, 可以通过**运算符 :** 生成该向量. 例如, a<– 0:14 生成行向量

$$(0\ \ 1\ \ 2\ \ 3\ \ 4\ \ 5\ \ 6\ \ 7\ \ 8\ \ 9\ \ 10\ \ 11\ \ 12\ \ 13\ \ 14).$$

图 1.14 给出了上述两种方法生成的向量在 RStudio 中的显示结果. 从编辑窗口中可以看出, 当前运行的程序代码为

```
x<-c(1,2,4)
a<-0:14
x
a
```

其中最后两行程序代码表示要分别显示变量 x 和变量 a 的内容. 从控制台窗口中可以看出, 向量 x 的显示结果为

```
[1] 1 2 4
```

其中 [1] 表示变量 x 为一个行向量, 后面用空格隔开的数字依次表示该行向量的各个分量. 由于向量 a 的分量太多了, 控制台窗口将它分两行显示为

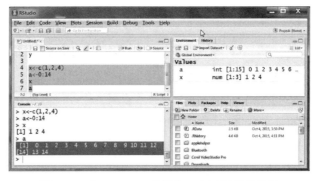

图 1.14 在 RStudio 编辑窗口中运行程序代码

```
[1] 0 1 2 3 4 5 6 7 8 9 10 11 12
[14] 13 14
```

其中第 2 行的 [14] 表示第 2 行显示的是 a 的第 14 个及以后分量的数据. 图 1.14 的环境标签窗口中给出了当前所有变量的简要信息, 包括: 变量名称、类型和维数.

各个分量成为等差数列的向量可以用函数 seq 生成. 例如, 程序代码

```
seq(-2,3,by=0.5)#公差为0.5的等差数列向量,首项为-2,尾项最接近3
```

在控制台窗口的显示结果为

```
[1] -2.0 -1.5 -1.0 -0.5 0.0 0.5 1.0
[8] 1.5 2.0 2.5 3.0
```

程序代码

```
seq(2,4,length.out=4)#生成首尾项分别为2和4的4维等差数列向量
```

在控制台窗口的显示结果为

```
[1] 2.000000 2.666667 3.333333 4.000000
```

程序代码

```
seq(2,by=0.4,length=4)#生成首项为2,公差为0.4的4维向量
```

在控制台窗口的显示结果为

```
[1] 2.0 2.4 2.8 3.2
```

上面的几个例子表明, 可以通过参数指定函数 seq 的运行方式, 其中参数 length 指定生成向量的维数, by 指定生成向量的公差.

查看与修改向量的分量

一般地, 对于行向量 x 和正整数 i, 代码 x[i] 表示 x 的第 i 个分量; 而给定一个以正整数为分量的 n 维向量 i, 代码 x[i] 表示 n 维行向量, 其第 k 个分量为 x[i[k]]. 当然, 这里要求 i 的各个分量都不超过 x 的维数. 例如, 运行程序代码

```
x<-1:5;
i<-c(1,1,2,2,3,3,4,4,5);
x[i]
```

后, 在控制台窗口中 x[i] 的输出结果为

```
[1] 1 1 2 2 3 3 4 4 5
```

即 x[i] 是一个 9 维的行向量

$$(1 \; 1 \; 2 \; 2 \; 3 \; 3 \; 4 \; 4 \; 5).$$

在上面的这段程序代码中, x 是一个 5 维的向量, 而 i 是一个 9 维的向量, 它的各个分量的取值都是小于或等于 5 的正整数, 因此代码 x[i] 表示一个 9 维的行向量. 由于 i 的第 1 个分量是 1, 所以 x[i] 的第 1 个分量等于 x 的第 1 个分量 1; 由于 i 的第 2 个分量也是 1, 所以 x[i] 的第 2 个分量等于 x 的第 1 个分量 1; 由于 i 的第 3 个分量是 2, 所以 x[i] 的第 3 个分量等于 x 的第 2 个分量 2; …… 由于 i 的第 9 个分量是 5, 所以 x[i] 的第 9 个分量等于 x 的第 5 个分量 5.

对于行向量 x 和正整数 i, 可以直接向 x[i] 赋值, 以修改 x 的第 i 分量. 例如, 程序代码

```
a<-1:4#a的4个分量分别为1,2,3,4
a[2]<-5#将a的第2个分量修改为5
a#在控制台窗口中显示a
```

在控制台窗口的显示结果为

$$[1]\ 1\ 5\ 3\ 4$$

2. 矩阵

矩阵是向量的一个推广, 它具有 2 维的数据结构, 其各个分量具有相同的数据类型. 在实际应用中, 常常用矩阵的特定列存储特定变量在不同观测时刻的观测数据, 矩阵的特定行存储的是在特定观测时刻不同变量的观测数据.

在 R 语言中, 通常是用向量生成矩阵, 并由函数 matrix 完成此功能. 该函数的一种调用格式为

$$b<-matrix(x,m,n)$$

其功能是把向量 x 以列优先的次序转化成 m 行 n 列的矩阵. 例如, 程序代码

```
x<-seq(1,11,by=2)#生成向量
matrix(x,2,3)
```

将 6 维行向量

$$(1\ 3\ 5\ 7\ 9\ 11)$$

转化成 2×3 矩阵

$$\begin{pmatrix} 1 & 5 & 9 \\ 3 & 7 & 11 \end{pmatrix}$$

在控制台窗口中, 这个矩阵的显示方式如下:

```
     [,1]  [,2]  [,3]
[1,]    1     5     9
[2,]    3     7    11
```

其中第 1 行方括号中的数字是矩阵列号, 第 1 列方括号中的数字是矩阵行号.

还可以通过参数 byrow 使得 matrix 以行优先的次序转换成矩阵. 例如, 程序代码

$$\text{matrix(1:6,2,3,byrow=TRUE)}$$

的运行结果在控制台窗口的显示方式如下:

```
     [,1]   [,2]   [,3]
[1,]   1     2      3
[2,]   4     5      6
```

另外, 程序代码

$$\text{matrix(1:6,2,3,byrow=TRUE)}$$

的简写方式为

$$\text{matrix(1:6,2,3,T).}$$

当 x 是一个 $m \times n$ 矩阵时, 也可用类似于查看向量分量的方法, 通过方括号查看矩阵某个位置的元素, 或者矩阵的某些行与列交叉位置的元素组成的子矩阵. 运行程序代码

```
a<-matrix(1:9,3,3,T)#a为3*3矩阵
a[1,2]#a的第1行与第2列交叉位置的元素
```

后, 在控制台窗中显示的结果为

$$[1]\ 2$$

即为矩阵 a 的第 1 行和第 2 列交叉位置的元素 2. 又如, 运行程序代码

```
a<-matrix(1:9,3,3,T);
i<-c(1,3);
j<-c(1,2);
a[i,j]
```

后, 在控制台窗口中 a[i,j] 的显示结果为

```
     [,1]   [,2]
[1,]   1     2
[2,]   7     8
```

这个结果恰好是由矩阵 a 的第 1, 3 行与第 1, 2 列交叉位置的元素所构成的 2×2 矩阵. 也就是说, i 指定了 a 中参与构成矩阵 a[i,j] 的那些行; 而 j 指定了 a 中参与构成矩阵 a[i,j] 的那些列. 读者可探讨程序代码 a[,j] 或 a[i,] 的功能.

也可以对矩阵 x[i,j], a[i,] 和 a[,j] (或向量 x[i]) 赋值, 以修改矩阵 (或向量) 的部分元素值. 例如, 运行程序代码

```
a<-matrix(1:9,3,3,T);
i<-c(1,3);
j<-c(1,2);
```

后, 矩阵 a 的内容为

	[,1]	[,2]	[,3]
[1,]	1	2	3
[2,]	4	5	6
[3,]	7	8	9

再运行程序代码

```
a[i,j]=matrix(c(1,0,0,1),2,2);#将单位矩阵赋值给a[i,j]
```

矩阵 a 的内容就变为

	[,1]	[,2]	[,3]
[1,]	1	0	3
[2,]	4	5	6
[3,]	0	1	9

即修改 a 中第 i 行和第 j 列位置的元素为单位矩阵 matrix(c(1, 0, 0, 1), 2, 2), 该矩阵的内容为

	[,1]	[,2]
[1,]	1	0
[2,]	0	1

3. 数据框

数据框 (data frame) 是矩阵结构的一个推广, 它容许各个列有不同的数据类型. 数据框的结构和 Excel 电子表格相似, 它由一些行和列构成, 各列都有自己的名称, 各行都有一个序号. 在实际应用中, 常常用数据框的特定列存储特定变量在不同观测时刻的观测数据, 而数据框的特定行存储的是在特定观测时刻不同变量的观测数据.

在 R 软件中, 通过函数 data.frame 创建数据框, 该函数的各个输入变量必须是相同维数的向量. 例如, 程序代码

```
x<-c(160,175);#x为二维数值型向量,为身高数据
y<-c(51,72);#y为二维数值型向量,为体重数据
sex<-c("Female","Male");#sex为二维字符型向量,为性别数据
myData<-data.frame(x,y,sex);#myData为数据框
class(myData)#显示myData的类型
```

的运行结果在控制台窗口中显示如下:

```
[1] "data.frame"
```

这表明 myData 是数据框. 运行 myData 后, 在控制台窗口会得到如下输出:

```
        x    y    sex
1   160   51   Female
2   175   72     Male
```

由此可知, 数据框 myData 有三列, 各列的变量名称分别是身高变量 x, 体重变量 y 和性别变量 sex, 每个变量都有两次观测值, 其编号次序分别为 1 和 2.

可以在创建数据库时设定所包含变量的名称. 例如, 运行程序代码

```
x<-c(160,175);
y<-c(51,72);
sex<-c("Female","Male");
myData<-data.frame(height=x,weight=y,sex);
myData
```

会在控制台窗口输出

```
        height    weight      sex
1         160        51     Female
2         175        72       Male
```

可以通过数据框中列变量名称提取相应的数据. 例如, 程序代码 myData\$height 表示第 1 列数据构成的向量, 即

```
[1] 160 175
```

而 myData\$sex 的内容为

```
Levels:  Female Male
```

读者可以猜想 myData\$weight 的内容.

在 R 语言中, 可以通过函数 names 查阅或修改数据框各列的名称. 下面通过程序代码做简要说明. 运行程序代码

```
x<-c(160,175);#x为二维数值型向量,为身高数据
y<-c(51,72);#y为二维数值型向量,为体重数据
sex<-c("Female","Male");#sex为二维字符型向量,为性别数据
myData<-data.frame(x,y,sex);#myData为数据框
names(myData)#显示myData各列的名称
```

后, 在控制台窗口显示如下结果:

[1] "x" "y" "sex"

这表明数据框 myData 的三个列的名称分别是 x, y 和 sex. 再运行程序代码

```
names(myData) <- c("h","w","Sex")#重新命名myData的列名称
names(myData)#显示myData的当前各列名称
```

可在控制台窗口显示如下命名结果:

[1] "h" "w" "sex"

即 myData 的三个列的名称分别更改为 h, w 和 sex.

还可以像矩阵和向量一样通过方括号索引或修改数据框特定位置的内容. 下面通过程序代码做简要说明. 运行程序代码

```
x<-c(160,175);
y<-c(51,72);
sex<-c("Female","Male");
myData<-data.frame(height=x,weight=y,sex);
```

后, 得到数据框 myData. 此时 myData[1,1] 和 myData$height[1] 是等价的程序代码, 它们都代表数据框 myData 的第 1 行和第 1 列交叉位置的变量值; myData[,2] 和 myData$weight 是等价的程序代码, 它们都是数据框 myData 的第 2 列.

现在可以通过运行如下程序代码修改 myData[1,1] 的内容:

```
myData[1,1]<-165#将myData[1,1]修改为165
myData#显示myData的内容
```

在控制台窗口得到这个数据框修改后的内容:

	height	weight	sex
1	165	51	Female
2	175	72	Male

读者可仿照前述程序代码显示和修改数据框 myData 的内容.

4. 列表

列表可以看成向量结构的另外一种推广, 它容许其各个分量是任意的 R 语言结构, 如可以是向量、矩阵、数据框, 甚至是列表. 列表结构能够将不同的对象以简单的形式组合在一起, 方便编程者调用. 许多 R 语言函数的计算结果都是以列表的方式表达的.

R 语言中通过函数 list 生成列表数据. 例如, 程序代码

```
x<-list(u=2,v="abcd")#生成一个列表,该列表有两个分量,
                     #两个分量的名称分别为u和v
x#显示列表x的内容
```

的运行结果在控制台窗口显示如下:

$u
[1] 2
$v
[1] "abcd"

这表明, x 为一个列表; 该列表有两个分量, 名称分别为 u 和 v; 分量 u 为实数 2, 分量 v 为字符串 "abcd".

可以通过 [[i]] 索引和修改列表第 i 分量的内容, 也可以通过列表的分量名称索引或修改相应分量的内容. 下面以前面所定义的列表 x 为例说明列表分量的索引和修改方法. x 的第一分量的内容可以通过 x$u 或 x[[1]] 来索引, 如运行程序代码 x$u 后, 在控制台窗口得到其存储的内容

[1] 2

x 的第二分量的内容可以通过 x$v 或 x[[2]] 来索引, 如运行程序代码 x[[2]] 后, 在控制台窗口得到

[1] "abcd"

如下程序代码修改 x 的第一分量:

```
x$u<-1:3#将x的第一分量修改成向量
x[[1]]#显示x的第一分量的内容
```

它的运行结果在控制台窗口显示如下:

[1] 1 2 3

在 R 语言中, 函数 names 不但能用于数据框, 还能用于列表查阅或修改各个分量的名称. 读者可从程序代码

```
x<-list(u=2,v="abcd")
names(x)#显示列表x的变量名
```

和程序代码

```
x<-list(u=2,v="abcd")
names(x)<-c("num","string")#修改列表各个分量名称
mames(x)#显示列表各个分量的名称
```

体会函数 names 的简单使用方法.

借助于列表, 才可以使 R 语言函数返回复杂的计算结果, 很多 R 语言函数 (如 integrate 等) 的计算结果是列表.

七、算术运算符

在 R 语言中, +, −, *, / 和 ^ 分别表示加、减、乘、除和幂运算, 它们都是基于向量和矩阵的运算. 为了便于读者查阅, 将各个算术运算符的含义列于表 1-3 中.

表 1-3　常用运算符含义

运算符	使用格式	功能
+	A+B	(1) 计算矩阵加法, 此时要求 A 和 B 的维数相同; (2) 当 A 和 B 中有一个为数时, 结果等于把矩阵的每一个元素和这个数相加后形成的同维矩阵
−	A−B	(1) 计算矩阵减法, 此时要求 A 和 B 的维数相同; (2) 当 B 为数时, 结果等于把 A 的每一个元素和数 B 相减后形成的同维矩阵; (3) 当 A 为数时, 结果等于把 B 的每一个元素的负数和数 A 相加后形成的同维矩阵
% * %	A% * %B	(1) 计算矩阵乘法, 此时要求 A 的列数和 B 的行数相同; (2) 计算数与矩阵的乘法, 此时要求 A 和 B 中有一个为数
solve()	solve(A)	计算矩阵 A 的逆矩阵, 要求 A 为方阵
^	A^B	(1) 当 A 和 B 都为数时, 计算数 A 的 B 次方幂; (2) 当 A 为矩阵, B 为数时, 结果为矩阵, 为矩阵 A 各位置元素的 B 次幂; (3) 当 A 为矩阵, B 为矩阵时, 结果为与 A 相同维数的矩阵, 该矩阵 (i,j) 位置的元素等于 $a_{ij}{}^{b_{ij}}$, 其中 a_{ij} 为 A 的 (i,j) 位置元素, b_{ij} 为 B 的 (i,j) 位置元素. 这里要求 A 和 B 的维数相同
*	A * B	结果为与 A 相同维数的矩阵, 该矩阵各个位置的元素等于 A 的相应位置元素乘以 B 相应位置的元素. 这里要求 A 和 B 的维数相同
/	A/B	结果为与 A 相同维数的矩阵, 该矩阵各个位置的元素等于 A 的相应位置元素除以 B 的相应位置元素. 这里要求 A 和 B 的维数相同

下面列出几段程序代码, 读者可通过其后面的注释, 了解算术运算符的正确使用方法. 建议读者在 RStudio 中输入这些程序代码, 通过 Ctrl+r 逐行运行这些程序代码, 并在控制台窗口中查看这些程序代码的运行结果.

```
A<-matrix(1:4,2,2,T)#将1:4按行优先方式排成2×2矩阵
A#显示A的内容
B<-matrix(c(2,5,3,6),2,2)#将c(2,5,3,6)按列优先方式排成2×2矩阵
B#显示B的内容
```

A+B#计算矩阵A与矩阵B之和,并显示计算结果

A+2#计算矩阵A与数2之和,并显示计算结果

C<-matrix(1:6,2,3,T)#将1:6按行转换为2×3矩阵

C#显示C的内容

A+C#这是错误的程序代码,因为A和C的维数不同

A-B#计算矩阵A与矩阵B之差,并显示计算结果

A%*%C#计算矩阵A与矩阵C的矩阵乘法,并显示计算结果

A*C#错误的程序代码,矩阵的元素乘法要求维数相同

A^2#按元素计算矩阵A的平方,并显示计算结果

A^B#按元素计算矩阵A的矩阵B次方,并显示计算结果

A/B#按元素计算矩阵A除以矩阵B

C/A#错误程序代码,因为C和A的维数不同

C/2#按元素计算矩阵C除以2

solve(A)#计算并显示矩阵A的逆矩阵

solve(C)#错误程序代码,因为C的行数不等于列数

八、R 语言中的函数

为了方便使用者, R 语言将具有特定功能的程序代码封装在函数中. 下面简单介绍常用函数的功能和使用方法.

1. 求和函数

在 R 语言中, 用函数 sum 来计算向量的各个分量之和, 计算矩阵的各个行 (列) 元素之和则使用函数 rowSums (colSums). 读者可从下面程序代码及其注解体会它们的主要用法:

sum(c(1,2,3));#计算向量c(1,2,3)的各分量之和

a<-matrix(1:6,2,3,T);#将1:6转换为矩阵,并赋值给a

b<-colSums(a);#计算a的各列之和,结果为3维行向量

c<-rowSums(a);#计算a的各行之和,结果为2维行向量

运行上述程序代码后, 再运行程序代码

a#显示矩阵a

b#显示行向量b

c#显示行向量c

在控制台窗口的显示内容如下:

```
>a#显示矩阵a
        [,1]   [,2]   [,3]
[1,]     1      2      3
[2,]     4      5      6
>b#显示行向量b
[1] 5 7 9
>c#显示行向量c
[1] 6 15
```

读者可由此体会这三个函数的功能, 要特别注意它们的**输出变量** (即计算结果) 均为行向量.

2. 函数的输入变量

通常, R 语言的数学计算函数支持数据形式的输入变量 (自变量), 也支持向量形式的输入变量, 还支持矩阵形式的输入变量. 例如, 运行程序代码

$$x=seq(1,11,2);$$
$$sin(x)$$

后, 在控制台窗口的输出结果为

```
[1]   0.8414710   0.1411200   -0.9589243
[4]   0.6569866   0.4121185   -0.9999902
```

从上述程序代码的运行结果可以看到, 当 x 为向量时, sin(x) 的计算结果也是一个向量 (由于控制台窗口宽度不能满足此向量的显示, R 软件将它分为两行显示), 其各个分量恰好是 x 相应分量的正弦函数值. 当输入变量为矩阵时, 函数的计算结果也是矩阵. 例如, 运行程序代码

$$x=seq(1,11,2);$$
$$x=matrix(x,2,3);$$
$$sin(x)$$

后, 在控制台窗口的输出结果为

```
          [,1]          [,2]          [,3]
[1,]   0.841471   -0.9589243    0.4121185
[2,]   0.141120    0.6569866   -0.9999902
```

即当 x 为矩阵时, sin(x) 的计算结果与向量的情景类似, 是与 x 同阶的矩阵.

3. R 语言的图功能

R 语言提供了方便的制图功能, 可以绘制任何函数的图像. 函数 plot 提供了一种绘制平面图形的功能, 可以通过问号 ? 来获取该函数的在线帮助.

在平面直角坐标系中绘制函数曲线, 必须要依次提供曲线上各个点的坐标, 此任务可利用 R 语言完成. 这里仅通过三行程序代码演示 sin 函数曲线的制作方法. 程序代码

```
x<-seq(0,10,0.1)
y<-sin(x)
plot(x,y,type="l")
```

的运行结果会在图形标签窗口绘制函数 $y = \sin x$ 的图像, 如图 1.15 所示.

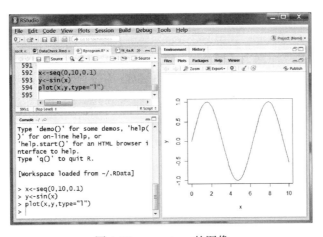

图 1.15 $y = \sin x$ 的图像

此时, 可利用图形标签窗口上的 Export 按钮将图形存盘或复制到剪贴板, 以便在其他应用程序 (如 Word 等) 插入该图形.

九、R 程序包的安装及实例

R 软件主页上提供了成千上万的用户贡献程序包, 读者可利用这些包实现不同的任务. 为了使用这些包, 需要将其安装和加载到本地机的 R 软件环境中. 这里仅简单介绍自动安装程序包的方法.

在 R 软件中, 使用函数 install.packages 自动安装程序包. 例如, 程序代码

```
install.packages("knitr")
```

表示要自动安装一个名为 knitr 的程序包.

为了查看 knitr 的帮助文件, 可以使用程序代码 help(package="knitr") 或 library(help="knitr"). 从帮助信息中可知, knitr 是一个在 R 软件中动态生成分析报告的软件包.

用函数 install.packages 安装指定程序包时, 它会自动从 R 软件官方网站的镜像网址下载和安装与该程序包相关联的其他程序包, 以保证这个程序包能够正常工作.

当 R 程序包下载速度很慢时, 可以通过 R 软件图形用户界面的顶行菜单修改 CRAN (Comprehensive R Archive Network, 即 R 综合文档网) 镜像, 以加快下载相关软件包的速度.

在 RStudio 图形用户界面, 可以通过函数 chooseCRANmirror() 设定 CRAN 镜像. 运行该函数后, 在控制台窗口显示如下内容:

```
HTTPS CRAN mirror
 1:  0-Cloud [https]
 2:  Austria [https]
 3:  Chile [https]
 4:  China (Beijing 4) [https]
 5:  China (Hefei) [https]
 6:  Colombia (Cali) [https]
 7:  France (Lyon 2) [https]
 8:  Germany (Münster) [https]
 9:  Iceland [https]
10:  Russia (Moscow) [https]
11:  Spain (A Coru?a) [https]
12:  Switzerland [https]
13:  UK (Bristol) [https]
14:  UK (Cambridge) [https]
15:  USA (CA 1) [https]
16:  USA (KS) [https]
17:  USA (MI 1) [https]
18:  USA (TN) [https]
19:  USA (TX) [https]
20:  USA (WA) [https]
21:  (HTTP mirrors)

Selection:
```

只需键入镜像网站名称前的数字 (如 4 为 China (Beijing 4) [https]) 后回车即可设定镜像网址.

十、R Markdown 程序包的安装

Markdown 是一种使用普通文本编辑器编写的标记语言, 通过简单的排版标记, 形成以 MD 为扩展名的标记文件. Markdown 具有一系列衍生版本, 能将标记的文本转换成常用的排版软件格式文件, 如 Word 文件, LaTeX 文件, PDF 文件和 HTML 文件. R Markdown 是 Markdown 的一个衍生版本, 它扩充了标注 R 语言程序代码的功能, 能自动生成 Word, LaTeX, PDF 和 HTML 格式的统计分析报告、论文甚至书稿.

虽然 RStudio 全面支持 R Markdown, 但在使用前需要安装 rmarkdown 程序包以及一些额外的准备工作.

1. R Markdown

在 RStudio 中, 可用 R Markdown 撰写 R 语言分析报告文件, 但在使用前需要安装 rmarkdown 程序包. 为此, 先选择 CRAN 镜像 (如果已经设定镜像, 可以省略此步), 然后运行程序代码

```
install.packages("rmarkdown")
```

等待 R 软件从镜像网站下载并安装相关程序包, 即可完成安装.

成功安装 rmarkdown 后, 就可以利用 R Markdown 撰写 R 语言分析报告文件了. 下面简要介绍其编写过程. 可直接利用 R Markdown 预制模板生成 HTML 格式或 Word 格式的 R 语言分析报告文件, 其过程如下: 在 RStudio 的顶行菜单中打开 File 下拉菜单, 再在其中打开 New File 子菜单; 在弹出下级菜单中选择 R Markdown, 再在弹出窗口中选择默认, 则输出文件格式为 HTML (或 Word). 这时将出现一个新标签编辑窗口, 在此窗口中已有预制模板内容. 点击该标签窗口工具条上的 Knit HTML 按钮 (或 Knit Word 按钮); 再在弹出窗口中选择或建立保存文件的目录, 输入文件文件名, 单击 "保存" 按钮. 这之后 RStudio 会启动相应程序完成 HTML 版本 (或 Word 版本) 统计分析报告, 并用默认的文件浏览器打开此报告.

读者可对比 R Markdown 文件和所生成报告的排版格式, 体会 R Markdown 文件中的标注奥秘, 更多细节可点击 RStudio 的 help 菜单查看: 在打开的下拉菜单中选择 Markdown Quick Reference, 可以得到关于 R Markdown 详细帮助信息.

在 Windows 系统中, 需要先安装 LaTeX 中文套装软件 CTeX, 才能用 R Markdown 生成 PDF 格式的报告. CTeX 是免费中文套装 TeX 软件, 可以在其官方网站

http://www.ctex.org/CTeXDownload

下载和安装该软件. 安装完 CTeX, 可以用 R Markdown 生成纯英文的 PDF 格式或 LaTeX 格式的报告文件. 为了能使 PDF 格式或 LaTeX 格式的报告文件兼容中文, 需要做些准备工作.

先要编写 myHeader.tex, 具体过程如下: 在 RStudio 中打开文件下拉菜单, 打开新文件子菜单, 选择 Text File 选项. 这时将出现一个新标签编辑窗口, 在此窗口中输入

```
\usepackagexeCJK
\setCJKmainfont楷体%字体可以更换
\setmainfontGeorgia%设定英文字型
\setromanfontGeorgia%字型
\setmonofontCourier New
```

然后单击存盘按钮, 在弹出的编码选择窗口中选择 UTF-8 编码, 最后选择文件存放目录, 以 myHeader.tex 为名存盘.

可以用 R Markdown 生成 PDF 格式或 LATEX 格式的报告模板. 为此, 需打开 File 下拉菜单, 在其中打开 New File 子菜单, 再在弹出下级菜单中选择 R Markdown, 并在弹出窗口中选择默认输出文件格式为 PDF. 这时将出现一个新标签编辑窗口, 在此窗口中已有预制模板内容, 其中前四行内容如下:

```
---
title:  "Untitled"
output:  pdf_document
---
```

将这四行内容改为

```
---
title: "标题"
author: "作者"
date: "2015年10月10日"
output:
  pdf_document:
    includes:
        in_header:  myHeader.tex
    keep_tex:  yes
    latex_engine:  xelatex
    toc:  yes
---
```

为了生成 PDF 格式的统计分析报告, 单击该标签窗口工具条上的 Knit PDF 按钮; 在弹出的编码选择窗口中选择 UTF-8 后单击 OK 按钮; 在弹出窗口中选择 myHeader.tex 文件所在目录, 输入文件文件名. 这之后 RStudio 会启动相应程序完成 PDF 版本和 LATEX 版本的统计分析报告, 并用默认的 PDF 文件浏览器打开此报告.

2. RStudio 中的 CTeX 模板

可以在 RStudio 中安装 R Markdown 的 CTeX 模板, 以实现中文的兼容性. 为此, 需要再安装 R 软件包 devtools. 在控制台命令窗口运行如下程序代码:

$$\text{install.packages("devtools");}$$

安装该软件后, 再运行程序代码

$$\text{devtools::install\_github("rstudio/rticles")}$$

就完成了 CTeX 模板的安装.

此时, 单击工具栏左端的新建按钮, 在弹出的菜单中单击 R Markerdown⋯ 选项, 再在弹出窗口的左窗格中单击 From Template, 在新出现的窗格中选择 CTeX Document 后, 单击 OK 按钮, 就会在编辑窗口出现一个新的标签窗口.

练 习 题 一

练习 1.1　请举出一个实际问题, 指出描述该问题的变量是什么, 并给出解决问题的收集数据和分析数据的方案.

练习 1.2　某人来到一个水果批发市场, 看到一个摊位上样品箱里的苹果很好, 于是决定购买一箱. 摊主介绍 "一箱有三层优质苹果". 为保证质量, 购买者打开一箱进行检查, 发现上面的一层都是优质果, 就认为这箱苹果都是好苹果, 于是买了此箱苹果. 问: 这里判断整箱苹果质量的方法可取吗?

练习 1.3　养老院经营者要确定一个既有竞争力又能带来收益的收费标准. 请设计一个解决该问题的收集数据和分析数据的方案.

练习 1.4　有些人相信 "乌鸦叫, 没好兆" 的说法, 并可以举出很多具体事例来论证此事. 你认为这种论证方法可靠吗? 应该用什么样的方法考查这种说法是否正确?

练习 1.5　某学校要评估各位教师的教学效果, 因此通过向学生们发放调查问卷的方式来收集数据. 你认为这样收集的数据能否正确反映教师的教学效果? 请设计一个客观地反映教师教学效果的收集数据的方案.

练习 1.6　试证明: 若在

$$y = \sin\frac{\pi}{2} + e$$

的观测中, e 的值按公式 (1.3) 中的规律变化, 则 y 的观测值不具备频率稳定性.

练习 1.7　在摇奖机中放入 16 个分别标有数字 $1 \sim 16$ 的球, 启动摇奖机摇出一个球. 如果将上述的过程重复 100 次, 结果没有发现标有数字 1 的球被摇出, 你能对摇奖机做何评价?

练习 1.8 用计算机模拟 1000 次投掷一枚均匀硬币的实验结果, 对于 $i = 1, 2, \cdots, 10$, 及 $i = 50, 100$, 分别写出前 $10i$ 次各个结果出现的频率. 观察频率随实验次数增加的变化规律, 并写出完成上述任务的 R 语言程序代码.

练习 1.9 基于统计学的定义阐明统计学研究流程中的各个环节.

练习 1.10 为什么说在统计学研究过程中没有准确的模型? 统计研究追求的阶段目标是什么? 统计学追求的理想目标是什么?

练习 1.11 以天气预报研究过程为例说明什么是迷信? 其对统计学研究的危害是什么?

练习 1.12 在统计学研究流程中, 用实践检验统计推断结果的意义何在?

练习 1.13 为什么要在统计思想指导下使用统计软件?

练习 1.14 描述未知现象的理想模型和现实模型有何区别?

第二章 概　　率

对于未知现象, 在设计获取数据方法时需要概率知识, 以使得数据能够尽可能反应现象的本质特征; 在获取观测数据后, 要检验其频率是否具有稳定性, 也需要概率知识; 对于数据的后续分析也和概率知识密切相关. 本章介绍最基本的概率知识, 为后面各章解释统计方法的原理奠定基础.

§2.1　随机现象及基本概念

17 世纪中叶, 由于赌博业的发展, 需要解决公平赌博问题, 导致概率的研究. 当时人们常常用骰子、纸牌等工具进行赌博, 遇到许多无法解决的问题, 就求助于数学家, 如费尔马、巴斯卡、惠更斯等著名数学家都参加了有关的讨论. 由此发展引出古典概型.

19 世纪末至 20 世纪初, 柯尔莫哥洛夫等人建立了概率论的公理化体系, 奠定了概率论的严格数学基础, 使得概率论作为一个数学分支得以迅速发展. 目前, 概率论在金融、保险、医药、工程技术、通信、地震、生物学、数学、物理学、化学、管理等各个领域都有广泛的应用.

2.1.1　随机现象与随机事件

在现实生活中, 随处可见随机现象, 例如: 投掷硬币, 观察哪一面向上; 大海波浪的高度; 股票的涨跌; 火车站的候车旅客人数; 等等.

为了研究随机现象, 我们必须通过反复地观察, 探索规律. 在研究的过程中, 人们容易了解随机现象所有可能出现的结果, 这样研究目标便转为了解各个结果发生的可能性以及事件 (即某些结果组成的集合) 发生的可能性. 为了达到这个研究目标, 需要引进一些术语.

案例 2.1　掷一颗骰子可能出现许多结果, 如 "1 点" "偶数点" "点数小于 3" 等等. 有些结果可以分解为更小的结果, 如 "点数小于 3" 是由结果 "1 点" 和 "2 点" 组成的; 有些结果不能分解为更小的结果, 如 "1 点".

定义 2.1.1　在随机现象的研究过程中, 称没有必要分解的结果为**样本点** (或**基本事件**), 用 ω 表示; 全体样本点所组成的集合称为**样本空间**, 常常用 Ω 表示.

在随机现象的研究中, 样本点是构造各种结果的基本单元; 而样本空间则是这种基本单元的全体, 它决定了所能研究结果的范围. 我们关心的是各个结果出现的可能性.

定义 2.1.2 样本空间的子集称为**随机事件**, 简称为**事件**[1], 常常用大写字母 $A, B, C, \cdots$ 表示; 一定要发生的事件称为**必然事件**, 用 Ω 表示; 一定不发生的事件称为**不可能事件**, 用 $\varnothing$ 表示.

例 2.1.1 抛两枚硬币的样本点和样本空间是什么?

解 此时样本点 $\omega = (x_1, x_2)$, 其中 x_1 和 x_2 分别代表第 1 枚和第 2 枚硬币抛出的结果, 所以样本空间为

$$\Omega = \{(x_1, x_2) : x_i \in \{\text{正面},\text{反面}\}, i = 1, 2\}.$$ ■

如用 0 表示正面, 1 表示反面, 样本点变为 $(0,0), (0,1), (1,0), (1,1)$, 其中第 1, 2 分量分别表示第 1, 2 枚硬币出现的结果, 此时可把样本空间表示为

$$\Omega = \{(0,0), (0,1), (1,0), (1,1)\}.$$

这是该例的一种等价解法.

例 2.1.1 的另一种解法: 分别用 0, 1 和 2 表示抛出 "0 个正面" "1 个正面" 和 "2 个正面", 则样本点为 0, 1 和 2, 样本空间为

$$\Omega_1 = \{0, 1, 2\}.$$

问题 哪种解法正确?

就例 2.1.1 而言, 两种解法都正确, 都满足题目的要求, 它们的差异在于对 "没有必要分解的结果" 的理解不同.

事实上, Ω_1 表达事件的能力更弱, 如它不能表达 Ω 中的事件 $\{(1,0)\}$; 另外, 当硬币的质地均匀时, Ω_1 中各个样本点出现的概率不等, 从而不能直接在此概率空间上应用有关古典概型的结论计算事件的概率.

样本空间中的样本点是构成事件的基本单位: 样本点越小, 构造事件的能力就越强 (即能构造更多的事件).

例 2.1.2 考查某网站在 1 小时内被点击的次数, 试写出相应的样本空间, 并用样本点表达 "该网站至多被点击 2 次" 和 "该网站被点击有限次" 两个事件.

解 用整数 n 表示结果 "该网站在 1 小时内被点击 n 次", 则样本点可以用非负整数表示, 样本空间为

$$\Omega = \{0, 1, 2, \cdots\}.$$

分别用 A 和 B 表示 "该网站至多被点击 2 次" 和 "该网站被点击有限次" 两个事件, 则

$$A = \{0, 1, 2\}, \quad B = \{0, 1, 2, \cdots\}.$$ ■

---

[1]在概率论中, 事件可以是样本空间的部分子集, 这些子集要满足对于可数次事件运算的封闭性, 详见文献 [2]. 为了避免涉及更多的理论细节知识, 在本书中假定样本空间的子集就是事件.

例 **2.1.3** 考查 24 小时内北京的最高气温与最低气温的记录, 试写出相应的样本空间, 并表达事件 "最高气温为 30°C" 和不可能事件.

解 用 x 代表 24 小时内的最低气温 (单位: °C), y 代表 24 小时内的最高气温, 则样本点可以表示为 (x, y), 从而样本空间为

$$\Omega = \{(x, y) : -\infty < x < y < +\infty\}.$$

用 A 代表事件 "最高气温为 30°C", 则

$$A = \{(x, y) : y = 30\}, \quad \varnothing = \{(x, y) : x > y\}.$$ ■

在上例中, 不可能事件有多种表达方式, 如 $\varnothing = \{(x, y) : y = \infty\}$ 等.

2.1.2 事件之间的关系及运算

为了介绍事件的关系与运算, 先引进两个基本的术语. 统计学感兴趣的是未知现象以及与此现象相关的各个事件的发生规律. 首要的问题是什么叫作事件发生?

样本点是表述现象结果的最小单位, 因此对于一个随机现象的观测结果是一个样本点 ω. 如果这个样本点在事件 A 中, 就称**事件 A 发生**, 记为 $\omega \in A$; 否则, 就称**事件 A 不发生**, 记为 $\omega \notin A$. 现在可以介绍事件之间的一些关系了.

定义 2.1.3 如果事件 A 发生能够推出事件 B 发生, 就称事件 A **包含于**事件 B, 或者事件 B **包含**事件 A, 记为 $A \subset B$, 或者 $B \supset A$. 如果 A 包含 B, 同时 B 包含 A, 就称事件 A **等于**事件 B, 记为 $A = B$.

人们常常用图形帮助理解事件的概念, 具体方法如下: 用一个矩形 (或其他平面图形) 区域代表样本空间, 其内部的一个点代表样本点, 内部的一个区域代表一个事件, 称这样的事件示意图为**维恩图**, 如图 2.1 所示.

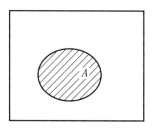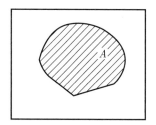

图 2.1 维恩图

借助于维恩图, 可以从几何直观上帮助理解事件之间的关系和运算. 例如, 图 2.2 (a) 表示了当事件 $A \subset B$ 时, 这两个事件的样本点之间的关系: 事件 A 的样本点都是事件 B 的样本点, 即表示事件 A 的区域应该在表示事件 B 的区域的内部.

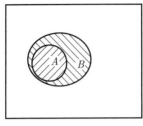
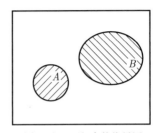

(a) $A \subset B$的维恩图   (b) A和B不相容的维恩图

图 2.2   包含关系与不相容关系的维恩图

定义 2.1.4 如果事件 A 和事件 B 不能同时发生, 就称事件 A 和事件 B **互斥**或**不相容**. 如果 n 个事件 (一个事件列) 的任意两个事件都互斥, 就称这 n 个事件 (这个事件列) **两两互斥**或**两两不相容**.

当事件 A 和事件 B 不相容时, 它们的维恩图如图 2.2 (b) 所示: 两个事件没有公共的样本点.

例 2.1.4 在网站被点击次数的案例 (例 2.1.2) 中, 若

$$A = \{2n + 1 : n = 0, 1, 2, \cdots\}, \quad B = \{3\}, \quad C = \{6, 7, 8, \cdots\},$$

试讨论这些事件之间的关系.

解   显然, B 中只有一个样本点 $3 \in A$, 所以 $B \subset A$; B 和 C 没有公共的样本点, 所以 B 和 C 互斥; A 和 C 有公共的样本点 7, 它们之间不存在互斥关系, 并且它们之间也不存在包含或被包含关系. ∎

在实际应用中, 人们经常用简单的事件来构造复杂事件, 其中涉及事件的运算. 下面介绍几种常用的事件运算, 这些运算都可以从集合运算的角度去理解.

定义 2.1.5 把事件 A 和事件 B 的样本点合到一起所构成的事件称为事件 A 与事件 B 的**并**, 记为 $A \cup B$.

$A \cup B$ 的维恩图如图 2.3 (a) 所示, 这两个事件之并为图中的网格区域. 显然

$$A \cup B = \{\omega : \omega \in A \text{ 或 } \omega \in B\}, \tag{2.1}$$

即 $A \cup B$ 等价于 A 和 B 至少有一个发生的事件.

定义 2.1.6 事件 A 和事件 B 所共有的样本点构成的事件称为事件 A 与事件 B 的**交**, 记为 $A \cap B$ 或 AB.

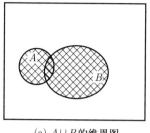
(a) $A \cup B$ 的维恩图

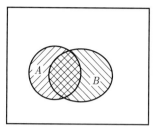
(b) $A \cap B$ 的维恩图

图 2.3 交与并运算的维恩图

$A \cap B$ 的维恩图如图 2.3 (b) 所示, 这两个事件之交为图中的网格区域. 显然

$$A \cap B = \{\omega : \omega \in A \text{ 且 } \omega \in B\}, \tag{2.2}$$

即 $A \cap B$ 等价于事件 A 和事件 B 同时发生的事件, 且

$$A \text{ 与 } B \text{ 互斥 } \Longleftrightarrow A \cap B = \varnothing. \tag{2.3}$$

定义 2.1.7 在事件 A 中而不在事件 B 中的那些样本点所构成的事件称为事件 A 与事件 B 的**差**, 记为 $A - B$.

图 2.4 (a) 中网格区域为 $A - B$ 的维恩图. 显然

$$A - B = \{\omega : \omega \in A \text{ 且 } \omega \notin B\},$$

它等价于事件 A 发生且事件 B 不发生的事件.

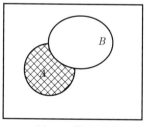
(a) $A-B$ 的维恩图

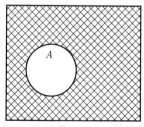
(b) $\overline{A}$ 的维恩图

图 2.4 差和补运算的维恩图

定义 2.1.8 称 $\Omega - A$ 为事件 A 的**余事件**或**补事件**, 记为 $\overline{A}$.

图 2.4 (b) 中网格区域为 $\overline{A}$ 的维恩图. 显然 $\overline{A}$ 等价于事件 A 不发生的事件, 并且

$$\overline{A} = \Omega - A, \quad A - B = A \cap \overline{B}. \tag{2.4}$$

事件运算的优先规则: 优先括号内的运算; 然后是补运算; 再次是交或并运算; 最后是差运算.

例 2.1.5 在掷骰子实验中, $\Omega = \{1, 2, 3, 4, 5, 6\}$. 记

$$A = \{1, 2, 3\}, \quad B = \{3, 4, 5, 6\},$$

求 $A \cup B, A \cap B, A - B, B - A, \overline{A}$ 和 $\overline{B}$.

解 由定义知

$$A \cup B = \{1, 2, 3, 4, 5, 6\} = \Omega, \quad A \cap B = \{3\},$$
$$A - B = \{1, 2\}, \quad B - A = \{4, 5, 6\},$$
$$\overline{A} = \{4, 5, 6\}, \quad \overline{B} = \{1, 2\}.$$

■

定理 2.1.1 事件运算的对偶律:

$$\overline{A \cup B} = \overline{A} \cap \overline{B}, \tag{2.5}$$
$$\overline{A \cap B} = \overline{A} \cup \overline{B}. \tag{2.6}$$

证明 显然

$$\omega \in \overline{A \cup B} \Longleftrightarrow \omega \notin A \cup B \Longleftrightarrow \omega \notin A \text{ 且 } \omega \notin B$$
$$\Longleftrightarrow \omega \in \overline{A} \text{ 且 } \omega \in \overline{B} \Longleftrightarrow \omega \in \overline{A} \cap \overline{B},$$

所以 $\overline{A \cup B} = \overline{A} \cap \overline{B}$, 即结论 (2.5) 成立.

注意到 $\overline{\overline{A}} = A$, 由 (2.5) 式可得 $\overline{\overline{A} \cup \overline{B}} = A \cap B$. 此式两边再次取余运算可得结论 (2.6).■

对于给定的 n 个事件

$$A_1, A_2, \cdots, A_n,$$

$\bigcup\limits_{k=1}^{n} A_k$ 表示将 $A_1, A_2, \cdots, A_n$ 中的样本点合并在一起构成的事件, 称之为这 n **个事件之并**, 它等价于这 n 个事件中至少有一个事件发生的事件; $\bigcap\limits_{k=1}^{n} A_k$ 表示 $A_1, A_2, \cdots, A_n$ 中的所有公共样本点构成的事件, 称之为这 n **个事件之交**, 它等价于这 n 个事件同时发生的事件.

对于给定的事件序列

$$A_1, A_2, \cdots, A_n, \cdots,$$

可类似地定义 $\bigcup\limits_{k=1}^{\infty} A_k$ 和 $\bigcap\limits_{k=1}^{\infty} A_k$.

例 2.1.6 在例 2.1.2 中, 记

$$A_n = \{n\}, \quad B_n = \{n, n+1, n+2, \cdots\},$$

试用 A_n 表示必然事件和 B_n, 用 B_n 表示不可能事件.

解 显然

$$\Omega = \bigcup_{n=0}^{\infty} A_n, \quad B_n = \bigcup_{k=n}^{\infty} A_k.$$

由于 $\bigcap_{n=1}^{\infty} B_n$ 表示 "网站被点击无穷多次", 是一个不可能事件, 即

$$\varnothing = \bigcap_{n=1}^{\infty} B_n.$$ ∎

在此例中, 可以有多种方式通过 B_n 表达不可能事件, 如 $\varnothing = B_2 - B_1$, $\varnothing = B_{12} - B_1$, 等.

2.1.3 频率的简单性质

在随机现象的研究过程中, 人们关心各个事件发生的规律是什么. 由此自然引入下面的概念.

定义 2.1.9 用 $n(A)$ 表示在 n 次观测中事件 A 发生的次数, 称

$$\mathrm{F}(A) = \frac{n(A)}{n} \tag{2.7}$$

为**事件 A 发生的频率**, 简称为**频率**.

人们发现, 一般当观测的次数 $n \to \infty$ 时, 频率 $\mathrm{F}(A)$ 稳定于某一数的附近. 因此, 人们猜想这个频率的 "极限" 存在, 并称它为**事件 A 的概率**[2].

频率有众多的数学性质, 其中下面定理中的这三条性质最为重要, 它们是概率公理化定义思想的源头.

定理 2.1.2 频率 F 具有如下基本性质:
(1) **非负性**: $\mathrm{F}(A) \geqslant 0, \forall$ 事件 A;
(2) **规范性**: $\mathrm{F}(\Omega) = 1, \mathrm{F}(\varnothing) = 0$;
(3) **可加性**: 若事件 A 与 B 不相容, 则

$$\mathrm{F}(A \cup B) = \mathrm{F}(A) + \mathrm{F}(B). \tag{2.8}$$

---

[2]严格来说, 这里并没有给出 "概率" 的定义, 因为并没有证明其中 "极限" 是否存在. 进一步, 这里的 "极限" 的含义与数学分析中的并不相同, 有特定的含义, 详见后面的大数定律内容.

证明 非负性和规范性显然成立. 注意到 A 与 B 不相容时有 $A \cap B = \varnothing$, 因此

$$n(A \cup B) = n(A) + n(B),$$

立得可加性. ∎

§2.2 概 率 空 间

20 世纪前, 还没有提出概率论的公理化体系, 限制了概率论的发展. 数学家**柯尔莫哥洛夫**于 1933 出版的《概率论的基本概念》标志着概率论的公理化体系的建立.

2.2.1 概率空间的定义

概率论公理源于频率的性质, 可将定理 2.1.2 中的三条性质抽象为概率的三条公理. 在随机现象的研究中, 人们关心各个事件发生的可能性, 并通过事件的频率来研究这种可能性. 由于频率的值位于 0 和 1 之间, 因此概率应该是事件到实数轴中闭区间 $[0,1]$ 上的映射. 为了讨论方便, 用 $\mathscr{F}$ 表示所有的事件全体, 就可以阐述概率的基本公理了.

定义 2.2.1 (概率的基本公理) 如果从 $\mathscr{F}$ 到实数集上的映射 $\mathrm{P}(\cdot)$ 满足如下条件:

(1) **非负性**: $\mathrm{P}(A) \geqslant 0$;

(2) **规范性**: $\mathrm{P}(\Omega) = 1$;

(3) **可列可加性**: 对于 $\mathscr{F}$ 中两两不相容的事件列 $\{A_n\}$, 有

$$\mathrm{P}\left(\bigcup_{n=1}^{\infty} A_n\right) = \sum_{n=1}^{\infty} \mathrm{P}(A_n),$$

就称 P 为 $\mathscr{F}$ 上的**概率测度**, 简称为**概率**, 称 $\mathrm{P}(A)$ 为**事件 A 的概率**, 称

$$(\Omega, \mathscr{F}, \mathrm{P}) \tag{2.9}$$

为概率空间.

在随机现象的研究过程中, 可以通过频率估计概率, 但是不能通过频率求概率. 在非随机现象的研究过程中, 事件的频率总是存在, 但可能发现频率的不稳定性.

2.2.2 概率空间的例子

案例 2.2 投掷一枚硬币, 结果不是正面向上, 就是反面向上, 这是一个随机现象. 当硬币的质地均匀时, 出现正面的概率为 0.5; 否则, 出现正面的概率为 p, 此时可以通过频率估计概率 p.

很多随机现象, 如产品的质量是否合格, 期末考试是否及格, 药品是否有效等, 都呈现出与案例 2.2 相同的特点: 只可能出现两个结果, 可以把其中一个结果称为**成功**, 另一个结果称为**失败**.

定义 2.2.2 若随机实验只有 "成功" 与 "失败" 两个结果, 就称该实验为**伯努利实验**. 称 "成功" 出现的概率为**成功概率**, 称 "失败" 出现的概率为**失败概率**.

案例 2.3 对于一个事件 A, 取 $\Omega = \{A, \overline{A}\}$, $\mathscr{F} = \{\varnothing, A, \overline{A}, \Omega\}$, 定义

$$\begin{aligned} \mathrm{P}(A) = p, &\quad \mathrm{P}(\overline{A}) = q, \\ \mathrm{P}(\varnothing) = 0, &\quad \mathrm{P}(\Omega) = 1, \end{aligned} \tag{2.10}$$

其中 $0 < p < 1$, $q = 1 - p$. 显然, P 为定义在 $\mathscr{F}$ 上的概率, 称 $(\Omega, \mathscr{F}, \mathrm{P})$ 为**伯努利概率空间**.

伯努利概率空间用于只有两个结果的随机现象的研究, 它的构造相对简单, 它是下面案例中概率空间的一种特殊形式.

案例 2.4 对于正整数 n, 考查样本空间 $\Omega = \{\omega_1, \omega_2, \cdots, \omega_n\}$, 定义事件类 $\mathscr{F}$ 为 Ω 的一切子集全体. 如果样本点 ω_i 出现的概率为 p_i $(i = 1, 2, \cdots, n)$, 定义

$$\mathrm{P}(A) = \sum_{i: \omega_i \in A} p_i, \quad \forall A \in \mathscr{F}, \tag{2.11}$$

可以验证 P 为定义在 $\mathscr{F}$ 上的概率. 称 $(\Omega, \mathscr{F}, \mathrm{P})$ 为**有限概率空间**.

有限概率空间能够刻画有有限个样本点的随机现象的变化规律, 伯努利概率空间是它的一个特例, 高中数学中的古典概率计算公式就是建立在有限概率空间的基础之上的 (详见后面的例 2.2.3).

定义 2.2.3 若 $(\Omega, \mathscr{F}, \mathrm{P})$ 为有限概率空间, 且各个样本点出现的概率相等, 就称这个概率空间为**古典概率空间**, 相应的概率称为**古典概率**.

例 2.2.1 试用有限概率空间描述投掷一颗骰子的实验, 讨论所建概率空间成为古典概率空间的条件, 并在此条件下计算 "出现偶数点" 的概率.

解 用整数 i 表示掷出的是 i 点, 则样本空间为 $\Omega = \{1, 2, 3, 4, 5, 6\}$. 定义事件类

$$\mathscr{F} = \{A : A \subset \Omega\},$$

并记

$$p_i = \mathrm{P}(\{i\}), \quad i \in \Omega.$$

那么, 在 (2.11) 式之下, $(\Omega, \mathscr{F}, \mathrm{P})$ 为有限概率空间. 此时

$$\mathrm{P}(\{2, 4, 6\}) = \sum_{i: \omega_i \in \{2,4,6\}} p_i = p_2 + p_4 + p_6.$$

特别地, 当骰子的质地均匀时, 该概率空间为古典概率空间. 此时, $p_i = \dfrac{1}{n}$, 因此出现偶数点的概率为

$$P(\{2,4,6\}) = \frac{1}{2}. \qquad \blacksquare$$

有限概率空间还可以进一步推广为样本空间含有可数个样本点的情况, 详见下面的案例.

案例 2.5 考查样本空间 $\Omega = \{\omega_1, \omega_2, \cdots\}$ 及事件类 $\mathscr{F} = \{A : A \subset \Omega\}$. 记

$$p_i = P(\{\omega_i\}), \quad i \geqslant 1,$$
$$P(A) = \sum_{i: \omega_i \in A} p_i, \quad \forall A \in \mathscr{F}. \tag{2.12}$$

称 $(\Omega, \mathscr{F}, P)$ 为**可数概率空间**.

可数概率空间可用来研究具有可数个样本点的随机现象变化规律, (2.11) 式与 (2.12) 式形式上相同, 不同之处为: (2.11) 式总是有限个数之和; 而 (2.12) 式可能出现可数个数之和的情况, 因为该式中的 A 可能含有无穷多个样本点. 为了讨论方便, 人们将有限概率空间和可数概率空间统称为**离散概率空间**.

在例 2.1.2 (网站点击率) 中, 令

$$\mathscr{F} = \{A : A \subset \Omega\}, \quad p_i = \frac{1}{i!}e^{-1},$$
$$P(A) = \frac{1}{e}\sum_{i \in A} \frac{1}{i!}, \quad \forall A \in \mathscr{F},$$

则 $(\Omega, \mathscr{F}, P)$ 为离散概率空间. 特别地, 有

$$P(\text{"该网站被点击奇数次"}) = \frac{1}{e}\sum_{i=0}^{\infty} \frac{1}{(2i+1)!}.$$

对于 n 维欧氏空间 $\mathbb{R}^n$ 中的一个区域 A, 用 $m(A)$ 表示其 "体积".

案例 2.6 若 $\Omega \subset \mathbb{R}^n$ 满足 $0 < m(\Omega) < +\infty$, 并且

$$\mathscr{F} \triangleq \{A : A \text{ 可求体积}, \text{且 } A \subset \Omega\}, \tag{2.13}$$
$$P(A) \triangleq \frac{m(A)}{m(\Omega)}, \quad \forall A \in \mathscr{F}, \tag{2.14}$$

就称概率 P 为**几何概率**, 称 $(\Omega, \mathscr{F}, P)$ 为**几何概率空间**.

例 2.2.2 甲、乙两人约定在 12 ~ 13 点之间 (不包括 12 点) 的任何一个时刻到公园门口会面, 规定先到者仅等候 30 min. 试求事件

$$A = \{甲、乙能见面\}$$

的概率.

解 用 x 和 y 分别表示甲和乙到达会面地点时超过 12 点的分钟数, 则样本空间和事件都可以由平面正方形中的点来表示, 如图 2.5 (a) 所示, 即

$$\Omega = \{(x,y) : 0 < x, y \leqslant 60\};$$

如图 2.5 (b) 所示, 事件 A 由灰色的六边形区域内的所有点所构成, 即

$$A = \{(x,y) \in \Omega : |x - y| \leqslant 30\}.$$

由两人到达时刻的任意性, 可用几何概率来计算事件 A 的概率:

$$\mathrm{P}(A) = \frac{m(A)}{m(\Omega)} = \frac{3}{4}. \qquad \blacksquare$$

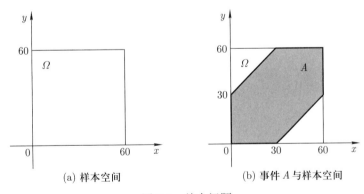

(a) 样本空间　　　　(b) 事件 A 与样本空间

图 2.5　约会问题

2.2.3　概率的基本性质

从概率定义的三条公理出发, 可以推出许多概率的性质. 这些性质可以用来帮助计算复杂事件的概率.

定理 2.2.1 概率具有如下性质:

(1) $\mathrm{P}(\varnothing) = 0$;

(2) **有限可加性**: 对于两两不相容的事件 $A_1, A_2, \cdots, A_n$, 有

$$P\left(\bigcup_{i=1}^{n} A_i\right) = \sum_{i=1}^{n} P(A_i);$$

(3) $0 \leqslant P(A) \leqslant 1$;

(4) **可减性**: 对任何事件 $A \subset B$, 有 $P(B - A) = P(B) - P(A)$;

(5) **单调性**: 对任何事件 $A \subset B$, 有 $P(A) \leqslant P(B)$;

(6) $P(\overline{A}) = 1 - P(A)$;

(7) **加法公式**: $P(A \cup B) = P(A) + P(B) - P(AB)$.

概率的上述性质连同定义 2.2.1 中给出的概率基本公理共 10 个性质, 可以用来简化事件的概率的计算, 如可以利用概率的性质证明在古典概率空间中任何事件的概率计算公式.

例 2.2.3 设 $(\Omega, \mathscr{F}, P)$ 为古典概率空间, 试证明:

$$P(A) = \frac{n(A)}{n}, \quad \forall A \in \mathscr{F}, \tag{2.15}$$

其中 n 为 Ω 中样本点的个数, $n(A)$ 为 A 中样本点的个数.

证明 不妨设 $\Omega = \{\omega_1, \omega_2, \cdots, \omega_n\}$. 由定义知

$$P(\{\omega_1\}) = P(\{\omega_2\}) = \cdots = P(\{\omega_n\}).$$

由概率的规范性和有限可加性得

$$1 = P(\Omega) = P\left(\bigcup_{i=1}^{n}\{\omega_i\}\right) = P(\{\omega_1\}) + \cdots + P(\{\omega_n\}) = nP(\{\omega_1\}),$$

从而

$$P(\{\omega_i\}) = \frac{1}{n}, \quad i = 1, 2, \cdots, n,$$

$$P(A) = \sum_{i:\omega_i \in A} P(\{\omega_i\}) = \sum_{i:\omega_i \in A} \frac{1}{n} = \frac{n(A)}{n}. \qquad \blacksquare$$

作为概率性质的一个应用, 我们通过下例展示几何概率所需要的条件.

例 2.2.4 设样本空间 Ω 为 $\mathbb{R}^n$ 中的一个区域, 满足 $0 < m(\Omega) < +\infty$. 用 $\mathscr{F}$ 表示 Ω 的可求体积的子区域的全体. 若

$$P(A) = c \cdot m(A), \quad \forall A \in \mathscr{F},$$

其中 c 为与 A 无关的常数, $m(A)$ 表示 A 的体积, 试证明: $(\Omega, \mathscr{F}, P)$ 为几何概率空间.

证明 由概率的规范性知 $1 = \mathrm{P}(\Omega) = c \cdot m(\Omega)$, 即

$$c = \frac{1}{m(\Omega)},$$

亦即

$$\mathrm{P}(A) = \frac{m(A)}{m(\Omega)}, \quad \forall A \in \mathscr{F}. \qquad \blacksquare$$

§2.3 随机变量及特征刻画

对于随机现象, 可以把它们纳入概率空间的框架研究. 但各个随机现象的样本空间千变万化, 样本点之间也没有任何数学结构, 这加大了随机现象的研究难度. 如果能够在实数空间的数学结构中研究随机现象, 就可以利用大量的数学工具, 提高研究效率. 本节讨论把抽象样本空间中的概率问题转化为实数空间中的概率问题的方法和途径.

2.3.1 随机变量及其分布函数

案例 2.7 在现实生活中, 常常关心一个事件 A 是否发生. 可以将此问题纳入到概率空间的框架下研究. 定义样本空间 $\Omega = \{A, \overline{A}\}$, 事件类 $\mathscr{F} = \{\varnothing, A, \overline{A}, \Omega\}$. 事件类中各事件的概率定义如下:

$$\mathrm{P}(\varnothing) = 0, \quad \mathrm{P}(A) = p, \quad \mathrm{P}(\overline{A}) = 1 - p, \quad \mathrm{P}(\Omega) = 1, \tag{2.16}$$

其中 $p \in [0, 1]$. 这样就可以用伯努利概率空间 $(\Omega, \mathscr{F}, \mathrm{P})$ 研究事件 A 了.

如果用 1 代表事件 A 发生, 0 代表事件 A 不发生, 则无论事件 A 是什么, 都可以把所关心的问题的样本空间和事件类统一写成

$$\Omega_1 = \{0, 1\}, \quad \mathscr{F}_1 = \{\varnothing, \{0\}, \{1\}, \Omega\}.$$

这样伯努利概率空间 (案例 2.3) 就转化为实数上的概率空间

$$(\Omega_1, \mathscr{F}_1, \mathrm{P}_1), \tag{2.17}$$

其中概率 P_1 的定义为

$$\mathrm{P}_1(\varnothing) = 0, \quad \mathrm{P}_1(\{0\}) = q, \quad \mathrm{P}_1(\{1\}) = p, \quad \mathrm{P}_1(\Omega) = 1.$$

因此, 关于概率空间 (2.17) 的任何研究结果都能应用于伯努利概率空间.

案例 2.7 启示我们, 可以用实数表示样本空间, 用实数集合表示事件. 为此, 需要建立一个从样本空间到实数的对应关系, 即需要建立一个定义在样本空间上的函数.

定义 2.3.1 设 $(\Omega, \mathscr{F}, P)$ 为概率空间, ξ 为定义在 Ω 上的实函数. 若对于任何实数 x, 有

$$\{\xi \leqslant x\} \triangleq \{\omega \in \Omega : \xi(\omega) \leqslant x\} \in \mathscr{F}, \tag{2.18}$$

就称 ξ 为**随机变量**[3].

注意 (2.18) 式中 $\{\xi \leqslant x\}$ 的含义, 它是由满足条件 $\xi(\omega) \leqslant x$ 的样本点构成的事件, 或者说是使得随机变量 ξ 落入区间 $(-\infty, x]$ 的样本点所构成的集合. 因此, $\{\xi \leqslant x\}$ 有如下的等价表示方法:

$$\{\xi \in (-\infty, x]\}, \quad \{\omega : \xi(\omega) \in (-\infty, x]\}.$$

下面这些记号含义类似: $\{\xi < a\}$, $\{\xi > a\}$, $\{\xi \geqslant a\}$, $\{a < \xi \leqslant b\}$, $\{\xi = a\}$, 等等. 另外, 随机变量的定义与概率无关.

例 2.3.1 某人一觉醒来, 打开收音机对时. 请建立描述该人醒来时刻的概率空间, 并在该概率空间上定义一个随机变量, 以表示事件 "他至少等 50 min".

解 取样本空间和事件类分别为

$$\Omega = (0, 60], \quad \mathscr{F} = \{A : A \subset \Omega, A \text{ 可求长度}\},$$

P 为几何概率, 则可以用概率空间 $(\Omega, \mathscr{F}, P)$ 描述该人醒来的时刻. 定义

$$\xi(\omega) = \omega, \quad \forall \omega \in \Omega,$$

则 ξ 为随机变量. 可以将事件 "他至少等 50 min" 用 ξ 表示为 $\{\xi \leqslant 10\}$. ■

当然, 我们也可定义

$$\eta = \begin{cases} 1, & \text{他至少等 50 min}, \\ 0, & \text{否则}. \end{cases}$$

这时 $\{\eta = 1\}$ 就是事件 "他至少等 50 min". 显然, 不可用随机变量 η 来描述事件 "他至少等 30 min" (但却可以用 ξ 表示该事件). 进一步, $\eta(\omega) \equiv 1$ 也是随机变量, 但是它仅能表示必然事件和不可能事件.

在同一概率空间上可以定义不同的随机变量, 不同随机变量其表示事件的能力也不同, 我们所定义的随机变量应该有实际意义、简单.

引入随机变量是为了在实数空间上研究随机现象, 问题是用什么样的工具来研究. 下面讨论这一问题.

---

[3]由于在本教材中假设样本空间中的任何子集都是事件, 因此条件 (2.18) 自然成立. 在经典的概率论理论中, 为了理论的完备性, 容许事件类由样本空间的部分子集所构成, 这时就需要随机变量满足条件 (2.18), 详见文献 [2].

定义 2.3.2 设 ξ 是定义在 $(\Omega, \mathscr{F}, \mathrm{P})$ 上的随机变量. 对于任何 $x \in \mathbb{R}$, 定义

$$F_\xi(x) = \mathrm{P}(\xi \leqslant x). \tag{2.19}$$

称 F_ξ 为**随机变量 ξ 的分布函数**, 简称为**分布函数**.

在不至于引起混乱的情况下, 人们常常省略分布函数中的下标, 即将 $F_\xi(x)$ 简写为 $F(x)$. 本教材也采用这种写法. 随机变量落入各个区间的概率完全由其分布函数所决定, 即分布函数刻画了随机变量的随机变化规律. 例如, 当 $a < b$ 时, 注意到 $\{\xi \leqslant a\} \subset \{\xi \leqslant b\}$ 和 $\{a < \xi \leqslant b\} = \{\xi \leqslant b\} - \{\xi \leqslant a\}$, 根据概率的可减性, 有

$$\mathrm{P}(a < \xi \leqslant b) = \mathrm{P}(\{\xi \leqslant b\} - \{\xi \leqslant a\}) = \mathrm{P}(\xi \leqslant b) - \mathrm{P}(\xi \leqslant a) = F(b) - F(a).$$

随机变量的分布函数就是我们所熟悉的一种函数, 通过它可以刻画相关事件的概率, 即它可成为我们研究事件概率的工具.

例 2.3.2 假设硬币的质地均匀, 求随机变量

$$\xi(\omega) = \begin{cases} 1, & \omega = 正 \ (即出现正面), \\ 0, & \omega = 反 \ (即出现反面) \end{cases}$$

的分布函数.

解 由硬币质地均匀知

$$\mathrm{P}(\{正\}) = \mathrm{P}(\{反\}) = 1/2,$$

注意到当 $x < 0$ 时,

$$\{\xi \leqslant x\} = \varnothing;$$

当 $0 \leqslant x < 1$ 时,

$$\{\xi \leqslant x\} = \{\xi = 0\} = \{反\};$$

当 $1 \leqslant x$ 时,

$$\{\xi \leqslant x\} = \{正, 反\} = \Omega.$$

由此可得 ξ 的分布函数为

$$F(x) = \mathrm{P}(\xi \leqslant x) = \begin{cases} 0, & x < 0, \\ 1/2, & 0 \leqslant x < 1, \\ 1, & x \geqslant 1. \end{cases} \tag{2.20}$$

■

在例 2.3.2 中, 分布函数的图像如图 2.6 (a) 所示, 显然分布函数是 x 的右连续增函数.

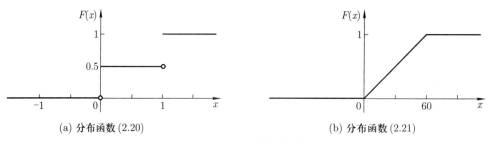

(a) 分布函数 (2.20)　　　　　(b) 分布函数 (2.21)

图 2.6　分布函数的图像

例 2.3.3　在例 2.3.1 中, 用 ξ 表示这个人醒来时的分钟数, 求 ξ 的分布函数, 并利用分布函数计算此人醒来时的分钟数落在区间 $[10, 20]$ 上的概率.

解　这个人醒来的时刻是任意的, 因此 P 为几何概率. 根据几何概率的计算公式 (2.14), 有

$$F(x) = \begin{cases} 0, & x < 0, \\ x/60, & 0 \leqslant x < 60, \\ 1, & x \geqslant 60. \end{cases} \tag{2.21}$$

所求的概率为

$$P(\xi \in (10, 20]) = F(20) - F(10) = 1/6. \qquad \blacksquare$$

例 2.3.3 中分布函数的图像如图 2.6 (b) 所示, 该分布函数为 x 的 (右) 连续增函数. 可以证明任何随机变量的分布函数都是右连续增函数 (详见文献 [2]).

2.3.2　离散型随机变量及其数学期望

在例 2.2.2 中, 随机变量 ξ 只取有限个不同的值, 其构造比较简单. 下面讨论这类随机变量及其数学期望.

定义 2.3.3　如果存在 $x_k \in \mathbb{R}$ $(k = 1, 2, \cdots, n)$, 使得

$$\sum_{k=1}^{n} P(\xi = x_k) = 1,$$

就称 ξ 为**离散型随机变量**, 称 F_ξ 为**离散型分布函数**. 记

$$p_k = P(\xi = x_k), \quad k = 1, 2, \cdots, n.$$

称

$$\begin{pmatrix} x_1 & \cdots & x_n \\ p_1 & \cdots & p_n \end{pmatrix} \tag{2.22}$$

为 ξ 或 F_ξ 的**密度矩阵**, 简称为**密度**.

例 2.3.4 投掷一枚硬币, 求随机变量

$$\xi(\omega) = \begin{cases} 1, & \omega = 正, \\ 0, & \omega = 反 \end{cases}$$

的密度矩阵.

解 显然, ξ 的值域中只有两个数 0 和 1, 所以它是离散型随机变量, 其密度矩阵为

$$\begin{pmatrix} 0 & 1 \\ \mathrm{P}(\xi = 0) & \mathrm{P}(\xi = 1) \end{pmatrix}. \qquad ■$$

一般地, 如果 ξ 的密度矩阵为

$$\begin{pmatrix} 0 & 1 \\ q & p \end{pmatrix}, \quad q = 1 - p, \tag{2.23}$$

就称它所对应的分布为**两点分布**, 称 ξ **服从两点分布**.

只要样本空间只有两个样本点, 就可以用两点分布研究其随机变化规律. 因此, 两点分布有广泛的应用, 如在投掷一枚硬币是否出现正面、投掷一颗骰子是否出现偶数点和任取的一件产品是否合格等问题中都可以应用两点分布.

如果 ξ 的密度矩阵为

$$\begin{pmatrix} c \\ 1 \end{pmatrix}, \quad c \text{ 为常数}, \tag{2.24}$$

就称它所对应的分布为**单点分布**或**退化分布**, 称 ξ **服从单点分布**.

图 2.7 (a) 给出了离散型随机变量的密度图像示意图, 图 2.7 (b) 是相应的分布函数图像. 离散型随机变量的分布函数图像有如下特点: 阶梯形, 每个跳跃点的跳跃度 (即每个阶梯的高度) 恰为该点的密度.

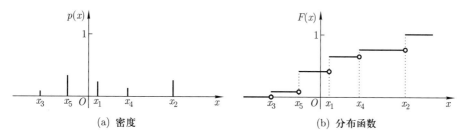

图 2.7 离散型随机变量的密度与分布函数的图像

若离散型随机变量 ξ 的密度矩阵为 (2.22) 式, 由图 2.7 (b) 不难理解分布函数和密度矩阵之间的关系为

$$F(x) = \sum_{k \in \{i:\, x_i \leqslant x\}} p_k, \quad \forall x \in \mathbb{R}. \tag{2.25}$$

因此, 离散型分布函数由密度唯一确定, 进而离散型随机变量的随机变化规律由密度矩阵唯一确定.

案例 2.8 若随机变量 ξ 的密度矩阵为

$$\begin{pmatrix} 70 & 80 & 90 \\ 0.5 & 0.3 & 0.2 \end{pmatrix},$$

其重复观测的算术平均值随观测次数的增加有什么规律?

设总共观测了 m 次, 用 k_{m1}, k_{m2} 和 k_{m3} 分别表示观测中等于 70, 80 和 90 的数的个数, 则

$$\frac{1}{m} \sum_{k=1}^{m} x_k = 70 \cdot \frac{k_{m1}}{m} + 80 \cdot \frac{k_{m2}}{m} + 90 \cdot \frac{k_{m3}}{m},$$

即观测值的算术平均等于这个随机变量取值的频率加权平均. 由于频率稳定于概率, 所以观测值的算术平均值会随着观测次数的增加稳定于

$$\mathrm{E}(\xi) \triangleq 70 \times \mathrm{P}(\xi = 70) + 80 \times \mathrm{P}(\xi = 80) + 90 \times \mathrm{P}(\xi = 90).$$

案例 2.8 揭示了一个十分重要的现象: 随机变量重复观测的算术平均值的极限是该随机变量的概率加权平均. 此种现象在实际中有广泛的应用, 如当该案例中的 ξ 为一张价值 80 元奖券的获奖金额时, 则重复购买奖券的平均回报将随着重复的次数增加而稳定于

$$70 \times 0.5 + 80 \times 0.3 + 90 \times 0.2 = 77.0 \ (\text{单位: 元}),$$

即平均每购买一张奖券损失 3 元. 由于这种随机变量的概率加权平均值在实际应用中的重要性, 需要给它一个特殊的称呼.

定义 2.3.4 设 ξ 为离散型随机变量, 其密度矩阵为

$$\begin{pmatrix} x_1 & \cdots & x_n \\ p_1 & \cdots & p_n \end{pmatrix}.$$

如果 $\sum_{i=1}^{n} |x_i| p_i < +\infty$, 就称

$$\mathrm{E}(\xi) \triangleq \sum_{i=1}^{n} x_i p_i \tag{2.26}$$

为 ξ (或其分布) 的 **数学期望**, 又称为 **均值**; 否则, 称 ξ 的 **数学期望不存在**.

随机变量的数学期望是一个实数, 它是刻画随机变量的一种指标, 在实际中有广泛的应用. 下面分别给出数学期望的解释、性质、应用和估计方法:

• $E(\xi)$ 是 ξ 的以概率为权重的加权平均, 是 ξ 中心位置的一种度量;

• 如果两个随机变量的分布相同, 则它们的数学期望相同, 即数学期望完全由分布函数所决定, 也由密度所决定;

• 数学期望的应用: 比较两个随机变量的平均水平 (如两个班级学生的数学知识水平、两种投资方案的平均收益等);

• $E(\xi)$ 的估计方法: 用 ξ 的重复观测的算术平均值来估计.

下面我们来讨论几个计算数学期望的例子.

例 2.3.5 求两点分布随机变量 ξ 的数学期望.

解 由两点分布的密度矩阵 (2.23) 和数学期望的定义知

$$E(\xi) = 0 \times q + 1 \times p = p,$$

即两点分布的数学期望等于成功概率. ∎

例 2.3.6 投掷一枚质地均匀的硬币两次. 对于 $i = 1, 2$, 定义

$$\xi_i(\omega) = \begin{cases} 1, & \text{如果第 } i \text{ 次出现正面,} \\ 0, & \text{否则.} \end{cases}$$

求 $E(\xi_1)$ 和 $E(\xi_2)$.

解 显然, ξ_1 和 ξ_2 都服从两点分布, 有共同的密度矩阵

$$\begin{pmatrix} 0 & 1 \\ 1/2 & 1/2 \end{pmatrix}.$$

由例 2.3.5 知

$$E(\xi_1) = E(\xi_2) = 1/2.$$ ∎

在此例中, 导致 $E(\xi_1)$ 和 $E(\xi_2)$ 相等的原因是 ξ_1 和 ξ_2 有相同的密度矩阵 (分布函数).

思考题 在例 2.3.6 中, ξ_1 和 ξ_2 是否相等?

定理 2.3.1 (数学期望的线性性质) 设随机变量 ξ 和 η 的数学期望都存在, $a, b \in \mathbb{R}$, 则

$$E(a\xi + b\eta) = aE(\xi) + bE(\eta). \tag{2.27}$$

定理 2.3.1 的证明需要一些概率知识, 这里就不给出证明了, 感兴趣的读者可以参考相关的 "概率测度" 教科书 (如文献 [2] 的第四章). 本定理对于任何随机变量都成立. 数学期望

还有很多性质, 我们将在概率论中学习. 希望读者能够灵活利用该性质计算复杂分布的数学期望, 如下例所示.

例 2.3.7 投掷一枚质地均匀的硬币 n 次, 求出现正面次数 ξ 的数学期望.

解 在第 i 次投掷硬币实验中, 定义

$$\xi_i = \begin{cases} 1, & \text{第 } i \text{ 次掷出正面}, \\ 0, & \text{第 } i \text{ 次掷出反面}, \end{cases} \quad i = 1, 2, \cdots, n,$$

则 $\xi = \sum\limits_{i=1}^{n} \xi_i$, 且 ξ_i $(i = 1, 2, \cdots, n)$ 服从两点分布, 其密度矩阵为

$$\begin{pmatrix} 0 & 1 \\ 1/2 & 1/2 \end{pmatrix}.$$

由例 2.3.5 得 $E(\xi_i) = 1/2$ $(i = 1, 2, \cdots, n)$, 再由数学期望的线性性质知

$$E(\xi) = \sum_{i=1}^{n} E(\xi_i) = \sum_{i=1}^{n} \frac{1}{2} = \frac{n}{2}. \qquad \blacksquare$$

2.3.3 连续型随机变量及其数学期望

除离散型随机变量外, 还有另一类在实际中常用的随机变量. 为了介绍此类随机变量, 先引入几个术语.

对于给定的连续函数 $p(x)$ 和实数 a, b $(a < b)$, 称由直线 $x = a$, $x = b$, $y = 0$ 和曲线 $y = p(x)$ 所围成的图形为以 $[a, b]$ 为底, 以 $p(x)$ 为顶的**曲边梯形** (参见图 2.8 的阴影部分), 称其面积为函数 $p(x)$ 在区间 $[a, b]$ 上的**定积分**, 称 $p(x)$ 为**被积函数**. 为了讨论方便, 我们用

$$\int_a^b p(x)\mathrm{d}x$$

表示函数 $p(x)$ 在区间 $[a, b]$ 上的定积分.

在 R 语言中, 可以通过函数 integrate 计算定积分. 例如, 计算定积分 $\int_0^1 x^2 \mathrm{d}x$ 的程序代码如下:

```
integrate(function(x)x^2,0,1)
```

运行该程序代码后, 在控制台窗口中显示的输出结果为

```
0.3333333 with absolute error < 3.7e-15
```

即这个定积分的近似计算值为 0.3333333, 计算误差小于 3.7×10^{-15}. 读者可利用 R 语言的在线帮助了解函数 integrate 的使用方法.

在实际应用中, 很多分布函数都能通过一个非负函数的定积分表示, 这类随机变量的分布函数的性质可以借助于被积函数 $p(x)$ 来研究.

定义 2.3.5 如果存在非负函数 $p(x)$, 使得 ξ 的分布函数

$$F(x) = \int_{-\infty}^{x} p(t)\mathrm{d}t, \quad \forall x \in \mathbb{R}, \tag{2.28}$$

就称 ξ 为 **连续型随机变量**, 称 F 为 **连续型分布函数**, 称 $p(x)$ 为 ξ 或 F 的 **密度函数**, 简称为 **密度**.

连续型分布函数的基本性质与解释:

• 概率与密度函数的关系: 随机变量 ξ 落入区间 $[a, b]$ 内的概率等于以密度函数为顶, 以 $[a, b]$ 为底的曲边梯形的面积, 如图 2.8 所示.

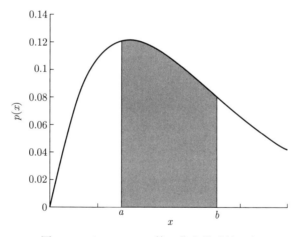

图 2.8 $\mathrm{P}(a \leqslant \xi \leqslant b)$ 等于曲边梯形的面积

• 若 ξ 为连续型随机变量, 则对于任何实数 a, 有

$$\mathrm{P}(\xi = a) = 0, \quad \mathrm{P}(\xi < a) = F_\xi(a). \tag{2.29}$$

• 密度函数的概率含义:

$$\mathrm{P}\left(\xi \in \left[x - \frac{\Delta}{2}, x + \frac{\Delta}{2}\right]\right) = \int_{x-\frac{\Delta}{2}}^{x+\frac{\Delta}{2}} p(t)\mathrm{d}t \approx p(x)\Delta.$$

因此, $p(x)$ 越大, ξ 落在 x 邻域内的概率越大; $p(x)$ 越小, ξ 落在 x 邻域中的概率越小. 也就是说, **密度函数 $p(x)$ 刻画了 ξ 落在 x 邻域内的概率大小**[4].

例 2.3.8 证明例 2.3.3 中这个人醒来时的分钟数 ξ 是连续型随机变量.

证明 定义

$$p(x) = \begin{cases} 1/60, & 0 < x < 60, \\ 0, & \text{其他}. \end{cases}$$

由例 2.3.3 中 ξ 的分布函数 $F(x)$ 的表达式 (2.21)、函数 $p(x)$ 的表达式和定积分的定义知, 当 $x < 0$ 时, 有

$$F(x) = 0 = \int_{-\infty}^{x} p(t)\mathrm{d}t;$$

当 $0 \leqslant x < 60$ 时, 注意到

$$\int_{-\infty}^{0} p(t)\mathrm{d}t = 0, \quad \int_{0}^{x} p(t)\mathrm{d}t = \int_{0}^{x} \frac{1}{60}\mathrm{d}t = \frac{x}{60},$$

得

$$F(x) = \frac{x}{60} = \int_{-\infty}^{0} p(t)\mathrm{d}t + \int_{0}^{x} p(t)\mathrm{d}t = \int_{-\infty}^{x} p(t)\mathrm{d}t;$$

当 $x \geqslant 60$ 时, 注意到

$$\int_{-\infty}^{0} p(t)\mathrm{d}t = 0, \quad \int_{0}^{60} p(x)\mathrm{d}t = \int_{0}^{60} \frac{1}{60}\mathrm{d}t = 1, \quad \int_{60}^{x} p(t)\mathrm{d}t = 0,$$

得

$$F(x) = 1 = \int_{-\infty}^{0} p(t)\mathrm{d}t + \int_{0}^{60} p(x)\mathrm{d}t + \int_{60}^{x} p(t)\mathrm{d}t = \int_{-\infty}^{x} p(t)\mathrm{d}t.$$

因此 ξ 为连续型随机变量. ∎

将例 2.3.8 中的密度函数一般化, 可以得到一类重要的分布, 详细如下:

定义 2.3.6 给定实数 $a < b$, 称以

$$p(x) = \begin{cases} 1/(b-a), & a < x < b, \\ 0, & \text{其他} \end{cases}$$

为密度函数的分布为 (a, b) 区间上的**均匀分布**, 记为 $U(a, b)$. 若随机变量 ξ 的分布为 $U(a, b)$, 就称它**服从** $U(a, b)$, 记为 $\xi \sim U(a, b)$.

---

[4]密度函数的这种性质将在极大似然估计方法中用于表示似然函数, 详见第五章.

在例 2.3.8 中, 人醒来时的分钟数 $\xi \sim U(0,60)$. 均匀分布的应用十分广泛, 如计算机存储数据时常常存在舍入误差, 可以用均匀分布随机变量来近似舍入误差. 在几何概率空间中, 也可以借助均匀分布来计算事件的概率.

均匀分布的密度函数和分布函数的图像如图 2.9 所示, 其中密度函数的图像由三条水平线段构成, 分布函数的图像由首尾相接的三段折线所构成.

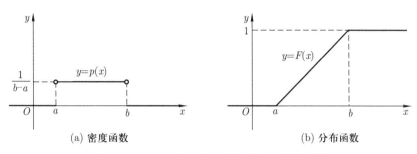

图 2.9 $U(a,b)$ 的密度函数与分布函数的图像

定义 2.3.7 设 ξ 为连续型随机变量, 其密度函数为 $p(x)$. 如果

$$\int_{-\infty}^{+\infty} |x|p(x)\mathrm{d}x < +\infty,$$

就称

$$\mathrm{E}(\xi) \triangleq \int_{-\infty}^{+\infty} xp(x)\mathrm{d}x \tag{2.30}$$

为 ξ (或其分布) 的 **数学期望** 或 **均值**; 否则, 称 ξ 的 **数学期望不存在**.

如同离散型随机变量的数学期望一样, 连续型随机变量的数学期望也是一个实数, 它是刻画随机变量的一种指标, 在实际中有广泛的应用. 对于连续型随机变量, 定理 2.3.1 的结论也成立, 并且关于离散型随机变量数学期望的解释、性质、应用和估计方法, 对于连续型随机变量的数学期望也同样适用.

例 2.3.9 设 $\xi \sim U(0,60)$, 写出计算 $\mathrm{E}(\xi)$ 的程序代码, 并给出计算结果.

解 在 R 语言中, 用 dunif 计算均匀分布的密度函数值, 因而可以用如下的程序代码计算 $U(0,60)$ 的数学期望:

```
integrate(function(x) x*dunif(x,0,60),-Inf,Inf)
```

其中 –Inf 和 Inf 分别代表 $-\infty$ 和 $+\infty$. 上述程序代码的计算结果为 29.99986. ■

在 R 语言中, 只能给出定积分的近似计算结果. 实际上, $U(0,60)$ 的数学期望是 30.

2.3.4 随机变量的方差

前面学习了数学期望的概念, 它是随机变量值的概率加权平均, 是其中心位置的一种度量. 数学期望是刻画随机变量中心位置的特征指标, 基于它可以定义随机变量的其他特征指标. 下面介绍一种刻画随机变量集中程度的特征指标.

案例 2.9 (随机变量的集中程度刻画问题) 要刻画随机变量的集中程度, 首先要有一个代表中心位置的点, 然后考查随机变量集中于这个点的程度. 由于数学期望代表随机变量的中心位置, 因此可以用

$$\eta = (\xi - \mathrm{E}(\xi))^2$$

刻画随机变量 ξ 的集中程度.

问题是在 η 的表达式中, 虽然 $\mathrm{E}(\xi)$ 为一个确定的实数, 但是 ξ 不能事先预知, 所以 η 也不能预知, 用它表达集中程度不合适. 为了解决此问题, 可用 η 的依概率加权平均, 即 $(\xi - \mathrm{E}(\xi))^2$ 的数学期望刻画随机变量 ξ 的集中程度.

定义 2.3.8 设 ξ^2 的数学期望存在, 称

$$\mathrm{D}(\xi) \triangleq \mathrm{E}((\xi - \mathrm{E}(\xi))^2)$$

为 ξ (或其分布) 的**方差**, 称 $\sqrt{\mathrm{D}(\xi)}$ 为其**标准差**.

方差和标准差都是实数, 它们都是刻画随机变量集中程度的特征指标. 标准差和方差相互唯一确定, 所不同的是标准差的度量单位与随机变量的度量单位相同, 而方差的度量单位是随机变量度量单位的平方. 下面分别给出方差的几点解释:

- 方差表示随机变量 (平均) 集中于数学期望的程度. 它越小, 随机变量越集中于数学期望. 特别地, 当 $\mathrm{D}(\xi) = 0$ 时, 可以证明 ξ 服从单点分布 (详见文献 [2]), 即

$$\mathrm{P}(\xi = \mathrm{E}(\xi)) = 1.$$

- 若离散型随机变量 ξ 的密度矩阵为 $\begin{pmatrix} x_1 & \cdots & x_n \\ p_1 & \cdots & p_n \end{pmatrix}$, 则

$$\mathrm{D}(\xi) = \sum_{k=1}^{n} (x_k - \mathrm{E}(\xi))^2 p_k. \tag{2.31}$$

- 若连续型随机变量 ξ 的密度函数为 $p(x)$, 则

$$\mathrm{D}(\xi) = \int_{-\infty}^{+\infty} (x - \mathrm{E}(\xi))^2 p(x)\mathrm{d}x. \tag{2.32}$$

下面的定理提供了计算方差的另一种途径.

定理 2.3.2 设 ξ^2 的数学期望存在, 则

$$D(\xi) = E(\xi^2) - (E(\xi))^2. \tag{2.33}$$

证明 显然

$$(\xi - E(\xi))^2 = \xi^2 - 2\xi E(\xi) + (E(\xi))^2.$$

注意到 $E(\xi)$ 为实数, 利用数学期望的线性性质得

$$D(\xi) = E(\xi^2) - (2E(\xi))E(\xi) + (E(\xi))^2 = E(\xi^2) - (E(\xi))^2,$$

即结论成立. ∎

定理 2.3.3 若随机变量 ξ 的方差存在, ξ_i $(i = 1, 2, \cdots, n)$ 表示 ξ 的第 i 次重复观测, a_i $(i = 1, 2, \cdots, n)$ 为实数, 则

$$D\left(\sum_{i=1}^{n} a_i \xi_i\right) = \sum_{i=1}^{n} a_i^2 D(\xi_i). \tag{2.34}$$

此定理的证明需要较多的概率论知识, 感兴趣的读者可以在 "概率论" 的教科书中查阅相关证明 (如文献 [2]). 需要注意的是: 方差不再具有线性性质了, 并且 (2.34) 式需要重复观测的假设.

例 2.3.10 求例 2.3.7 中随机变量 ξ 的方差.

解 沿用例 2.3.7 的记号, 注意到 $\xi_i^2 = \xi_i$, 由定理 2.3.2 得

$$D(\xi_i) = E(\xi_i^2) - (E(\xi_i))^2 = E(\xi_i) - \left(\frac{1}{2}\right)^2 = \frac{1}{4}, \quad i = 1, 2, \cdots, n,$$

再由定理 2.3.3 得

$$D(\xi) = D\left(\sum_{i=1}^{n} \xi_i\right) = \sum_{i=1}^{n} D(\xi_i) = \frac{n}{4}. \quad ∎$$

定义 2.3.9 对于随机变量 ξ, 称

$$Z = \frac{\xi - E(\xi)}{\sqrt{D(\xi)}} \tag{2.35}$$

为 ξ 的**标准化**或**标准得分**.

随机变量 ξ 的标准化的期望为 0, 方差为 1, 即标准化消除了 ξ 的数学期望和方差的特征, 它是一个**无量纲的量** (即它与随机变量的度量单位没有关系), 常常用于消除 (来自同一总体的) 不同样本之间的度量单位和其他因素干扰 (如同一个班级学生的数学知识水平是相

同的, 但是当他们面对两张不同难度试卷的考试时, 所得的数学成绩分布会不同, 这里的试卷难度就是其他干扰因素) 的影响.

例如, 在学习数学知识的过程中, 学生会经历一系列的阶段考试. 同一名学生的各个阶段考试成绩会各不相同, 这与各阶段考试的试题难度和考试环境等因素有关. 问题是如何评价这名同学在各个阶段的数学知识水平.

对于 (这名学生所在) 班级的所有学生而言, 试题难度和考试环境等因素的影响都是相同的, 都包含在原始考试成绩中. 为了客观分析这名学生的数学知识水平, 需要消除这些因素的影响. 通常将各个阶段的原始考试成绩转换为标准得分, 就可以客观地分析该学生在各个学习阶段在班级的相对数学知识水平变化情况.

案例 2.10 设有甲、乙两名学生分别参加了 A 省和 B 省的高考, 问: 应该用标准得分还是用原始得分来判断哪一名学生的成绩更好?

应该视实际情况而定. 如果 A 省和 B 省的教学质量相同, 就应该用标准得分来判断, 因为这样可以消除诸如考试的题目不同、考生的环境不同等因素所引起的成绩差异; 否则, 就不应该用标准得分来判断, 而应基于原始得分和历史相关信息的分析来判断, 因为两个省各自的标准得分消除了省之间的教学质量的差异.

一般地, 考虑随机变量 ξ 和函数 $f(x)$, 通常它们的复合 $f(\xi)$ 也为随机变量. 例如, 随机变量 ξ 的标准化 Z 就是 ξ 和函数

$$f(x) = \frac{x - \mathrm{E}(\xi)}{\sqrt{\mathrm{D}(\xi)}}$$

的复合, 即 (2.35) 式可以表示为 $Z = f(\xi)$.

在实际应用中, 人们经常需要计算随机变量的函数 $f(\xi)$ 的数学期望, 这里 f 是一个函数. 例如, 在 (2.33) 式中的 ξ^2 就是随机变量的函数, 它是平方函数在 ξ 处的值. 一般 $f(\xi)$ 也是随机变量, 可以借助于 ξ 的密度计算 $f(\xi)$ 的数学期望, 具体计算公式如下: 当 ξ 的密度矩阵为 (2.22) 时,

$$\mathrm{E}(f(\xi)) = \sum_{k=1}^{n} f(x_k) p_k; \tag{2.36}$$

当 ξ 的密度函数为 $p(x)$ 时,

$$\mathrm{E}(f(\xi)) = \int_{-\infty}^{+\infty} f(x) p(x) \mathrm{d}x. \tag{2.37}$$

公式 (2.36) 和 (2.37) 的证明需要更加深入的概率论知识, 感兴趣的读者可查阅 "概率论" 的教科书 (详见文献 [2]). 这里给出这两个数学期望计算公式的目的在于推广数学期望的应用范围 (如方差的计算) 和一些常用统计方法原理的解释 (如本章 §2.6 中的概率、分布函数和定积分的估计方法).

§2.4 常用分布简介

本节介绍几种常见分布及 R 语言中相应的分布函数值和密度函数值的计算方法.

2.4.1 二项分布

案例 2.11 设有四选一选择题 10 道, 以随机猜测的方式来解答, 用 ξ 表示从这 10 道题目中猜对答案的数目, 显然它为离散型随机变量.

由定义 2.2.2, 可将每次解答看成一次伯努利实验: 猜对答案为 "成功", 其概率为 $p = 1/4$; 猜错答案为 "失败", 其概率为 $q = 3/4$. 在重复的 10 次实验中, 定义随机变量

$$\xi_i = \begin{cases} 1, & \text{第 } i \text{ 次实验成功}, \\ 0, & \text{否则}, \end{cases} \qquad i = 1, 2, \cdots, 10.$$

显然

$$\xi = \sum_{i=1}^{10} \xi_i, \tag{2.38}$$

可以证明 (感兴趣证明的读者可查阅 "概率论" 的教科书) 其密度为

$$P(\xi = k) = \binom{10}{k} p^k (1-p)^{n-k}, \quad k = 0, 1, \cdots, 10. \tag{2.39}$$

定义 2.4.1 重复进行的 n 次伯努利实验称为 n **重伯努利实验**.

现实生活中有许多伯努利实验的例子, 如考试、射击、产品质量、新生婴儿的性别等. 在 n 重伯努利实验中, 人们感兴趣的是出现成功的次数 ξ, 它是一个离散型随机变量, 其在 k 点的密度为

$$b(k; n, p) = \binom{n}{k} p^k (1-p)^{n-k}, \quad k = 0, 1, \cdots, n, \tag{2.40}$$

这里

$$\binom{n}{k} = \frac{n!}{k!(n-k)!}$$

为二项式系数, 有的书上也用 C_n^k 来表示它.

定义 2.4.2 称 (2.40) 式中密度所对应的分布为以 n 和 p 为参数的二项分布, 简称为二项分布, 记为 $B(n, p)$. 若随机变量 ξ 的密度为 (2.40) 式, 就称 ξ 服从以 n 和 p 为参数的二项分布, 简称 ξ 服从二项分布, 记为

$$\xi \sim B(n, p).$$

二项分布 $B(n,p)$ 的密度 $\binom{n}{k}$ 与 $(p+1)^n$ 的二项展开式有着密切的关系, 其参数 n 和 p 可以分别解释为 n 重伯努利实验中的次数和成功概率.

如图 2.10 所示, 二项分布的密度图像具有单峰的形态, 随着成功概率接近于 0.5, 密度的对称性越来越好. 特别地, 当成功概率等于 0.5 时, 它的密度图像具有对称性.

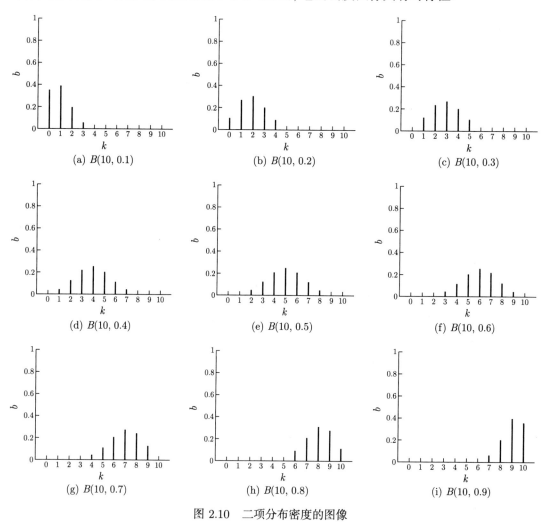

图 2.10　二项分布密度的图像

定理 2.4.1 若 $\xi \sim B(n,p)$, 则

$$\mathrm{E}(\xi) = np, \tag{2.41}$$

$$\mathrm{D}(\xi) = np(1-p). \tag{2.42}$$

证明 在 n 重伯努利实验中, 定义随机变量

$$\xi_i = \begin{cases} 1, & \text{第 } i \text{ 次实验成功}, \\ 0, & \text{否则}, \end{cases} \qquad i = 1, 2, \cdots, n.$$

显然 $\xi_1, \xi_2, \cdots, \xi_n$ 为随机变量 ξ 的 n 次重复观测, 且

$$\sum_{i=1}^{n} \xi_i \sim B(n, p).$$

由 (2.27) 式和 (2.34) 式得

$$\mathrm{E}(\xi) = \mathrm{E}\left(\sum_{i=1}^{n} \xi_i\right) = \sum_{i=1}^{n} \mathrm{E}(\xi_i) = np,$$

$$\mathrm{D}(\xi) = \mathrm{D}\left(\sum_{i=1}^{n} \xi_i\right) = \sum_{i=1}^{n} \mathrm{D}(\xi_i) = np(1-p). \qquad \blacksquare$$

二项分布密度值的计算量很大, 可以通过查表的方式得到密度值, 更方便的是借助于 R 软件得到二项分布的密度值.

下面是 R 语言中与二项分布有关的函数:

dbinom: 用于计算二项分布 $B(n, p)$ 的密度值. 该函数的调用方式为 dbinom(x, n, p).

pbinom: 用于计算二项分布 $B(n, p)$ 的分布函数值. 该函数的调用方式为 pbinom(x, n, p).

rbinom: 用于生成服从二项分布 $B(n, p)$ 的随机数. 该函数的调用方式为 rbinom(m, n, p).

R 语言中函数命名的特点是: 密度函数以 d 开头; 分布函数以 p 开头; 随机数函数以 r 开头.

例 2.4.1 对于四选一的 10 道选择题, 如果某人用随机猜测答案的方法, 求他恰好答对其中 2 道题的概率.

解 用 ξ 表示这个人答对的题目数, 则 $\xi \sim B(10, 0.25)$. 在 RStudio 中运行程序代码

$$\texttt{p=dbinom(2,10,0.25);}$$

得到 $\mathrm{P}(\xi = 2) \approx \mathrm{p} = 0.2815676$. $\qquad \blacksquare$

例 2.4.2 模拟 100 个人按例 2.4.1 的方法解答 10 道四选一的选择题, 计算这些人平均答对的题目数.

解 用 X_k $(i = 1, 2, \cdots, 100)$ 表示第 k 个人答对的题目数, 则

$$X_k \sim B(10, 0.25), \quad i = 1, 2, \cdots, 100.$$

在 RStudio 中运行程序代码

```
y=rbinom(100,10,0.25)
m=sum(y)/100
```

得到 100 个人的平均答对的题目数 m = 2.61. ■

随机数的特性决定各次模拟结果会不同, 因此上例中的程序代码的各次运算结果会有所不同.

例 2.4.3 在某工厂生产的 1000 件产品中有 10 件次品. 现在从这些产品中依次任意抽取出 20 件, 每次抽取一件, 取后放回. 求取到的次品数不超过 3 件的概率.

解 每抽取一件产品, 相当于做一次伯努利实验. 在此实验中, 取到次品表示成功. 由于是放回方式的任意抽取, 每次抽到次品的概率为 0.01, 进而抽取 20 件产品相当于做了 20 重伯努利实验, 其成功次数恰等于次品数 X, 因此 $X \sim B(20, 0.01)$. 在 RStudio 中运行程序代码

```
p=pbinom(3,20,0.01);
```

得到 $P(\xi \leqslant 3) \approx p = 0.9999574$. ■

2.4.2 超几何分布

案例 2.12 在例 2.4.3 中, 如果采用取后**不放回**的方法从产品中任意依次抽取 20 件产品, 所抽到的次品件数 X 还会服从二项分布 $B(20, 0.01)$ 吗?

根据古典概率的计算公式, 有

$$P(X = 0) = \binom{990}{20} \Big/ \binom{1000}{20} \approx 0.816\,32,$$

而 $B(20, 0.01)$ 在 0 点的密度值为

$$\binom{20}{0} \times 0.01^0 \times 0.99^{20} \approx 0.817\,91,$$

因此 X 不服从二项分布 $B(20, 0.01)$. 同样是依次抽取 20 件产品中的次品件数, 为什么此案例中的 X 不服从二项分布呢?

依次不放回任意抽取 20 件产品相当于做了 20 次**不同的**伯努利实验, 每次实验出现成功 (次品) 的概率会发生变化, 进而成功次数 X 不服从二项分布.

一般地, 在含有 K 件次品的 M 件产品中, 依次不放回任意抽取 n 件产品 (每次抽取一件) 中含有的次品数 ξ 的密度值为

$$P(\xi = i) = \binom{K}{i}\binom{M-K}{n-i} \Big/ \binom{M}{n}, \quad i = 0, 1, \cdots, n. \tag{2.43}$$

这里约定: 当 $i > K$ 时, $\binom{K}{i} = 0$.

定义 2.4.3 称密度 (2.43) 所对应的分布为以 M, K 和 n 为参数的超几何分布, 简称为**超几何分布**. 若随机变量 ξ 的密度是 (2.43) 式, 就称 ξ 服从以 M, K 和 n 为参数的超几何分布, 简称 ξ **服从超几何分布**.

下面是 R 语言中与超几何分布有关的几个函数:

dhyper: 计算超几何分布的密度值. 该函数的调用格式为 dhyper(x, K, M–K, n), 其中 M ⩾ K 和 M ⩾ n.

phyper: 计算超几何分布的分布函数值. 该函数的调用格式为 phyper(x, K, M–K, n).

rhyper: 产生服从超几何分布的随机数. 该函数的调用格式为 rhyper(m, K, M–K, n), 其中 m 为要生成的随机数的数量.

例 2.4.4 假设 1000 件产品中有 10 件次品, 从这些产品中依次不放回任取 100 件, 计算取到小于 5 件次品的概率.

解 用 ξ 表示取到的次品件数, 则 ξ 服从以 $M = 1000, K = 10$ 和 $n = 100$ 为参数的超几何分布. 在 RStudio 中运行程序代码

$$p=phyper(4,10,990,100);$$

得到 $P(\xi) \approx 0.9984786$. ∎

借助于 R 语言, 能够计算超几何分布的密度和分布函数的值, 但是超几何分布的数学期望和方差的推导, 需要一些数学知识.

定理 2.4.2 若随机变量 ξ 服从以 M, K 和 n 为参数的超几何分布, 则

$$E(\xi) = \frac{nK}{M}, \tag{2.44}$$

$$D(\xi) = \frac{nK(M-K)(M-n)}{M^2(M-1)}. \tag{2.45}$$

此定理的证明用到了双重求和、数学期望和古典概率的一些计算技巧, 感兴趣的读者可查阅 "概率论" 的教科书. 读者可借助于下例及其该例后面的解释, 体会概率论理论在统计方法性质研究中的价值.

例 2.4.5 若随机变量 ξ 服从以 M, K 和 n 为参数的超几何分布, $\eta \sim B\left(n, \frac{K}{M}\right)$, 试证明: 当 $n > 1$ 时, $D(\xi) < D(\eta)$.

证明 由 (2.42) 式和 (2.45) 式知, 当 $n > 1$ 时, 有

$$D(\xi) = \frac{nK(M-K)(M-n)}{M^2(M-1)} < \frac{nK(M-K)}{M^2} = n\frac{K}{M}\left(1 - \frac{K}{M}\right) = D(\eta). \qquad ∎$$

在案例 2.12 中, 不放回抽取 20 件产品中的次品数 X 服从以 $1000, 10$ 和 20 为参数的超

几何分布. 用 Y 表示用放回抽取方法取 20 件产品中的次品数. 要估计次品的比率 $\dfrac{K}{M}$, 问: 用 $\dfrac{X}{20}$ 还是用 $\dfrac{Y}{20}$ 估计的效果更好? 由于

$$
\begin{aligned}
\mathrm{E}\left(\left(\frac{X}{20}-\frac{K}{M}\right)^2\right) &= \frac{1}{20^2}\mathrm{E}\left(\left(X-\frac{20K}{M}\right)^2\right) = \frac{1}{20^2}\mathrm{D}(X) \\
&< \frac{1}{20^2}\mathrm{D}(Y) = \frac{1}{20^2}\mathrm{E}\left(\left(Y-\frac{20K}{M}\right)^2\right) \\
&= \mathrm{E}\left(\left(\frac{Y}{20}-\frac{K}{M}\right)^2\right),
\end{aligned}
\tag{2.46}
$$

因此用 $\dfrac{X}{20}$ 估计次品率的效果更好一些. 此结论可用于研究两种特殊抽样方法 (详见第三章, 放回简单随机抽样和不放回简单随机抽样) 对于样本均值估计效果的影响. 上述这段论证涉及方差的比较, 推导涉及概率知识, 读者可从中窥视统计学为什么要以概率为基础.

2.4.3　泊松分布

泊松分布是一种重要的离散型分布, 它在理论上和实践中都有广泛的应用. 在现实生活中, 我们常常遇见排队现象, 如食堂里的等待买饭队列、自动提款机前的等待取款队列、一台网络打印机的等待打印队列、十字路口等待绿灯的汽车队列等. 这些队列的长度变化都和一个特定的服务位置以及组成队列的 "个体" 到达这个位置的时间有关. 因此, 要研究队列的长度变化规律, 需要研究各个 "个体" 的到达时间. 如果把队列中的 "个体" 抽象为 "粒子", 则陆续到达指定服务位置的个体就形成一个粒子流.

案例 2.13　假定有一个以随机时刻陆续到达指定位置的粒子流, 用 ξ_t 表示在时间段 $[0,t)$ 内到来的粒子数. 若该粒子流满足如下三个条件, 就称这个粒子流为**泊松粒子流**:

(1) **独立增量性**: 对于任意不相交的两个时间段, 其中一个时间段内到达的粒子数不会影响另一个时间段内到达的粒子数的概率分布规律.

(2) **平稳性**: 一个时间段内到达的粒子数的概率分布规律仅与时间段的长度有关, 而与时间的起始位置无关.

(3) **普通性**:

● 在有限的时间段内只到达有限个粒子;

● 不能有两个以上粒子同时到达, 即

$$
\lim_{t\to0^+}\frac{\mathrm{P}(\xi_t>1)}{t}=0;
$$

● 不能永远不来粒子.

可以证明, 存在 $\lambda > 0$, 使得

$$P(\xi_t = k) = \frac{(\lambda t)^k}{k!} e^{-\lambda t}, \quad k = 0, 1, 2, \cdots . \tag{2.47}$$

称 λ 为该**粒子流的强度**.

强度刻画了在单位时间内到达的平均粒子数. 事实上, $E(\xi_1) = \lambda$. 如果 ξ_t 是某粒子流在时间段 $[0, t)$ 内到达的粒子数, 其密度由 (2.47) 式给出, 则该粒子流一定是泊松粒子流, 即它满足独立增量性、平稳性和普通性.

定义 2.4.4 称密度

$$P(\xi = k) = \frac{\lambda^k}{k!} e^{-\lambda}, \quad k = 0, 1, 2, \cdots \tag{2.48}$$

所对应的分布为**以 λ 为参数的泊松分布**, 简称为**泊松分布**, 记为 $P(\lambda)$. 若随机变量 ξ 的密度为 (2.48) 式, 就称 ξ **服从以 λ 为参数的泊松分布**, 简称 ξ **服从泊松分布**, 记为 $\xi \sim P(\lambda)$.

不同参数对应的泊松分布的密度也不同, 图 2.11 中给出了泊松分布密度图像随着参数 λ 变化而变化的情况. 从图中可以看出, 泊松分布密度的图像呈单峰形状. 对于固定的参数, 其密度不具有对称性; 随着参数值的增加, 密度的对称性越来越好.

定理 2.4.3 若 $\xi \sim P(\lambda)$, 则

$$E(\xi) = \lambda, \quad D(\xi) = \lambda. \tag{2.49}$$

证明 由 (2.26) 式得

$$E(\xi) = \sum_{n=0}^{\infty} n \frac{\lambda^n}{n!} e^{-\lambda} = \lambda \sum_{n=1}^{\infty} \frac{\lambda^{n-1}}{(n-1)!} e^{-\lambda} = \lambda,$$

由 (2.36) 式得

$$\begin{aligned}
E(\xi^2) &= \sum_{n=0}^{\infty} n^2 \frac{\lambda^n}{n!} e^{-\lambda} \\
&= \sum_{n=0}^{\infty} (n(n-1) + n) \frac{\lambda^n}{n!} e^{-\lambda} \\
&= \lambda^2 \sum_{n=2}^{\infty} \frac{\lambda^{n-2}}{(n-2)!} e^{-\lambda} + \lambda \sum_{n=1}^{\infty} \frac{\lambda^{n-1}}{(n-1)!} e^{-\lambda} \\
&= \lambda^2 + \lambda,
\end{aligned}$$

再由 (2.33) 式得

$$D(\xi) = E(\xi^2) - (E(\xi))^2 = \lambda. \qquad \blacksquare$$

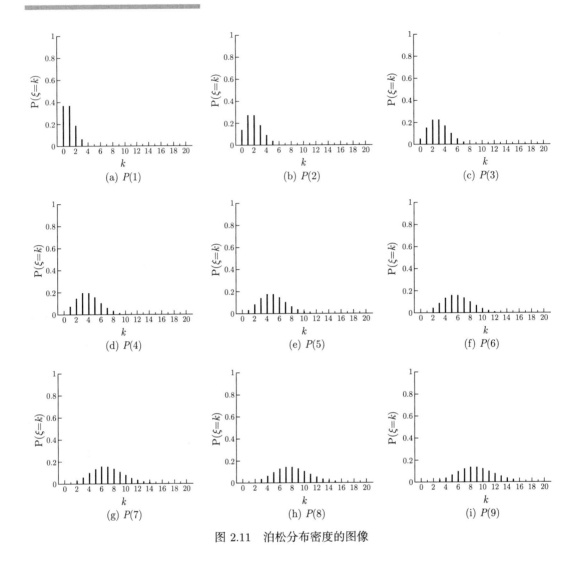

图 2.11　泊松分布密度的图像

　　由定理 2.4.3 可以解释泊松粒子流的强度 λ 的含义: 它代表**平均单位时间内到达的粒子数**.

　　下面是 R 语言中与泊松分布有关的几个函数:

dpois: 计算泊松分布的密度值. 该函数的调用方式为 dpois(x, λ).

ppois: 计算泊松分布的分布函数值. 该函数的调用方式为 ppois(x, λ).

rpois: 生成服从泊松分布的随机数. 该函数的调用方式为 rpois(m, λ), 其中 m 为要生成的随机数的数量.

很多随机现象都可以用泊松粒子流来近似描述, 比如到达某火车站的人流、进入某商场的顾客流、通过某路口的车流、某网站的点击流、某地区发生的交通事故流、某地区被龙卷风袭击的灾难流以及某地区发生的地震事件流等.

例 2.4.6 某商店店主记录每天从 9 点开始到 10 点结束的时间段内进入该商店的人数 ξ, 得到 100 个数据, 如表 2-1 所示. 试估计随机变量 ξ 的密度.

表 2-1 9 点至 10 点进入商店的人数记录

200	206	191	213	201	209	218	199	221	207
197	192	228	206	200	196	193	206	215	193
199	191	197	211	194	201	209	201	216	185
179	204	215	191	197	182	224	211	213	170
195	204	194	201	184	208	195	190	200	203
194	206	194	195	208	189	222	215	212	184
217	219	186	179	188	202	205	218	183	185
205	189	201	213	209	195	231	227	172	203
161	203	197	188	205	208	183	228	190	204
189	191	206	194	186	212	197	196	226	204

解题思路 可以将进入商店的人流近似地看成泊松粒子流, 其强度可以由其重复观测的算术平均值 $\bar{\xi}$ 来近似, 进而 ξ 的密度可以由 $P(\bar{\xi})$ 来近似.

解 用泊松分布 $P(\lambda)$ 近似 ξ 的分布, 其中 λ 为强度参数. 可以用表 2-1 中数据的算术平均值 200.69 近似强度参数 λ, 所以 ξ 在 k 点的密度估计为

$$P(\xi = k) \approx \frac{200.69^k}{k!} e^{-200.69}, \quad k = 0, 1, 2, \cdots. \qquad \blacksquare$$

2.4.4 均匀分布

在定义 2.3.6 中, 给出均匀分布 $U(a, b)$ 的定义, 它是最简单的连续型分布. 均匀分布的产生背景为几何概率空间 (见 §2.2 中的案例 2.6), 它是重要的连续型分布之一, 并有广泛的应用.

定理 2.4.4 若 $\xi \sim U(a, b)$, 则

$$E(\xi) = \frac{a + b}{2}, \quad D(\xi) = \frac{(b - a)^2}{12}.$$

此定理的证明涉及定积分知识, 感兴趣的读者可查阅 "概率论" 的教科书.

在 R 语言中, 与均匀分布有关的一些函数是:

dunif: 计算均匀分布的密度函数值. 该函数的调用方式为 dunif(x, a, b).

punif: 计算均匀分布的分布函数值. 该函数的调用方式为 punif(x, a, b).

runif: 生成服从均匀分布的随机数. 该函数的调用方式为 runif(m, a, b), 其中 m 为要生成的随机数的数量.

2.4.5 正态分布

无论是从理论上还是从应用上看, 正态分布都是最重要的分布之一. 若随机变量的密度函数 $p(x)$ 的图像呈现出 "中间大两头小" 的钟形曲线特征, 如图 2.12 所示, 就可以用正态分布来近似这个随机变量的分布.

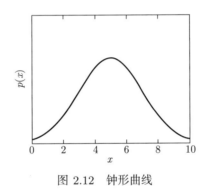

图 2.12　钟形曲线

定义 2.4.5 给定实数 μ 和 $\sigma > 0$, 称

$$\varphi_{\mu,\sigma}(x) = \frac{1}{\sqrt{2\pi}\sigma} \exp\left\{-\frac{(x-\mu)^2}{2\sigma^2}\right\} \tag{2.50}$$

为**正态分布密度函数**, 称相应的分布函数为**正态分布函数**, 记为 $\Phi_{\mu,\sigma}$.

称密度函数 (2.50) 所对应的分布为**以 μ 和 σ 为参数的正态分布**, 简称为**正态分布**, 记为 $N(\mu, \sigma^2)$. 称 $N(0,1)$ 为**标准正态分布**, 并分别用 $\varphi(x)$ 和 $\Phi(x)$ 表示标准正态分布的密度函数和分布函数. 若随机变量 ξ 的分布为 $N(\mu, \sigma^2)$, 就称 ξ **服从以 μ, σ 为参数的正态分布**, 简称 ξ 服从**正态分布**, 记为 $\xi \sim N(\mu, \sigma^2)$.

正态分布 $N(\mu, \sigma^2)$ 的参数 μ 确定了其密度函数图像的峰值位置, 密度函数图像关于 μ 对称. 图 2.13 给出了在固定 $\sigma = 1$ 的情况下, 密度函数图像随着参数 μ 的变化情况. 此时, 密度函数曲线的形状完全相同, 仅是峰值的位置不同.

正态分布 $N(\mu, \sigma^2)$ 的参数 σ 非负, 它确定了密度函数图像的峰值高度, 这个高度与 σ 成反比. 图 2.14 给出了在固定 $\mu = 0$ 的情况下, 密度函数图像随着参数 σ 的变化情况. 此时, 密度函数图像的峰值位置不变, 峰值随着 σ 的增加而越来越低.

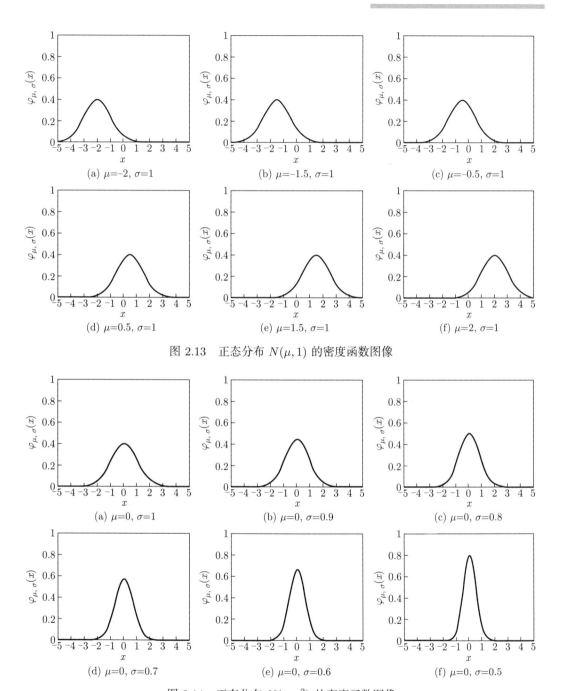

图 2.13 正态分布 $N(\mu, 1)$ 的密度函数图像

图 2.14 正态分布 $N(1, \sigma^2)$ 的密度函数图像

正态分布中的两个参数有其特定的含义, 详见下面的定理. 该定理的证明需要一些定积分的技巧, 对证明感兴趣的读者可参考 "概率论" 的教科书.

定理 2.4.5 若 $\xi \sim N(\mu, \sigma^2)$, 则

$$\mathrm{E}(\xi) = \mu, \quad \mathrm{D}(\xi) = \sigma^2. \tag{2.51}$$

假设 $\xi_1, \xi_2, \cdots, \xi_n$ 是随机变量 $\xi \sim N(\mu, \sigma^2)$ 的 n 次重复观测值, 可以用

$$\hat{\mu} \triangleq \frac{1}{n} \sum_{k=1}^{n} \xi_k \tag{2.52}$$

估计参数 μ, 用

$$\widehat{\sigma^2} \triangleq \frac{1}{n-1} \sum_{k=1}^{n} (\xi_k - \hat{\mu})^2 \tag{2.53}$$

估计参数 σ^2. 因而, 可以用 $N(\hat{\mu}, \widehat{\sigma^2})$ 近似 $N(\mu, \sigma^2)$.

R 语言中与正态分布有关的函数是:

dnorm: 计算正态分布的密度函数值. 该函数的调用方式为 dnorm(x, μ, σ).

pnorm: 计算正态分布的分布函数值. 该函数的调用方式为 pnorm(x, μ, σ).

rnorm: 生成正态分布随机数. 该函数的调用方式为 rnorm(m, μ, σ).

qnorm: 计算正态分布函数的反函数值. 该函数的调用方式为 qnorm(p, μ, σ).

例 2.4.7 若 $\xi \sim N(0, 1)$, 分别写出计算下列事件的程序代码:

$$\{-1 < \xi < 1\}, \quad \{-2 < \xi < 2\}, \quad \{-3 < \xi < 3\},$$

并给出计算结果.

解 由于 ξ 为连续型随机变量, 所以对于任何实数 a, b $(a < b)$, 有

$$\mathrm{P}(a < \xi < b) = \mathrm{P}(a < \xi \leqslant b).$$

注意到

$$\{a < \xi \leqslant b\} = \{\xi \leqslant b\} - \{\xi \leqslant a\},$$

再由概率的可减性知

$$\mathrm{P}(a < \xi \leqslant b) = \mathrm{P}(\xi \leqslant b) - \mathrm{P}(\xi \leqslant a) = \Phi_{\mu,\sigma}(b) - \Phi_{\mu,\sigma}(a).$$

所以

$$\mathrm{P}(a < \xi < b) = \Phi_{\mu,\sigma}(b) - \Phi_{\mu,\sigma}(a).$$

因此, 可用如下程序代码完成计算任务:

$$\text{pnorm(1:3,0,1)-pnorm(-(1:3),0,1)}$$

其计算结果为

$$\text{[1] 0.6826895 0.9544997 0.9973002}$$

即

$$P(-1 < \xi < 1) \approx 0.6826895,$$
$$P(-2 < \xi < 2) \approx 0.9544997,$$
$$P(-3 < \xi < 3) \approx 0.9973002. \qquad \blacksquare$$

定理 2.4.6 若 $\xi \sim N(\mu, \sigma^2)$, 则 ξ 的标准化服从分布 $N(0,1)$, 即

$$Z = \frac{\xi - \mu}{\sigma} \sim N(0,1). \qquad (2.54)$$

此定理的证明涉及定积分的计算, 感兴趣的读者可查阅 "概率论" 的教科书.

定理 2.4.7 对于任何实数 x, 有

$$\Phi_{\mu,\sigma}(x) = \Phi\left(\frac{x - \mu}{\sigma}\right). \qquad (2.55)$$

证明 设 $\xi \sim N(\mu, \sigma^2)$, 由定理 2.4.6 知

$$Z = \frac{\xi - \mu}{\sigma} \sim N(0,1),$$

进而

$$\Phi_{\mu,\sigma}(x) = P(\xi \leqslant x) = P\left(\frac{\xi - \mu}{\sigma} \leqslant \frac{x - \mu}{\sigma}\right) = P\left(Z \leqslant \frac{x - \mu}{\sigma}\right) = \Phi\left(\frac{x - \mu}{\sigma}\right). \qquad \blacksquare$$

(2.55) 式提供了由标准正态分布函数值计算一般正态分布函数值的方法. 在计算机没有普及时, 人们通过查标准正态分布函数表的方式得到正态分布函数的近似值. 现在, 一般的统计软件中都提供了计算正态分布函数值的方法, 但此定理还有其理论价值.

例 2.4.8 若 $\xi \sim N(\mu, \sigma^2)$, 估算下列三个事件的概率:

$$\{\mu - \sigma < \xi < \mu + \sigma\}, \quad \{\mu - 2\sigma < \xi < \mu + 2\sigma\}, \quad \{\mu - 3\sigma < \xi < \mu + 3\sigma\}.$$

解题难点及思路 由于本例中正态分布的参数不是具体的数字, 所以不能直接通过 R 语言中的函数 pnorm 来计算概率, 只能通过定理 2.4.7 来计算这些事件的概率.

解 由定理 2.4.7 知

$$P(\mu - \sigma < \xi < \mu + \sigma) = \Phi_{\mu,\sigma}(\mu + \sigma) - \Phi_{\mu,\sigma}(\mu - \sigma)$$
$$= \Phi\left(\frac{\mu + \sigma - \mu}{\sigma}\right) - \Phi\left(\frac{\mu - \sigma - \mu}{\sigma}\right)$$
$$= \Phi(1) - \Phi(-1) \approx 0.6827. \tag{2.56}$$

同理

$$P(\mu - 2\sigma < \xi < \mu + 2\sigma) = \Phi(2) - \Phi(-2) \approx 0.9545, \tag{2.57}$$
$$P(\mu - 3\sigma < \xi < \mu + 3\sigma) = \Phi(3) - \Phi(-3) \approx 0.9973. \tag{2.58}$$

$\blacksquare$

3σ 准则 认为正态分布随机变量与其均值的距离超过 3 倍标准差为异常事件, 事件即 $\{\xi \notin (\mu - 3\sigma, \mu + 3\sigma)\}$ 为异常事件.

3σ 准则广泛用于产品的质量控制. 例如, 在矿泉水灌装生产线上, 产品的灌装量 ξ 必须控制在 $\mu = 550$ ml 附近, 通常 $\xi \sim N(550, \sigma^2)$, 此时可以通过 3σ 准则控制产品的质量: 实时抽取产品样本检查 ξ 的值, 如果它与 550 的距离超过 3σ, 就认为生产线工作不正常, 需要调整.

正态分布的密度函数有完美的对称性, 利用这些性质可以得到一些事件的概率之间的关系, 如图 2.15 所示.

例 2.4.9 设 $\xi \sim N(\mu, \sigma^2)$, 试求下列事件的概率:

$$\{\mu < \xi < \mu + \sigma\}, \quad \{\xi > \mu + 3\sigma\}, \quad \{\mu + \sigma < \xi < \mu + 2\sigma\}.$$

解 由正态分布密度函数的对称性得

$$P(\mu < \xi < \mu + \sigma) = \frac{1}{2}P(\mu - \sigma < \xi < \mu + \sigma) \approx 0.3414,$$
$$P(\xi > \mu + 3\sigma) = \frac{1}{2}(1 - P(\mu - 3\sigma < \xi < \mu + 3\sigma)) \approx 0.0014,$$
$$P(\mu + \sigma < \xi < \mu + 2\sigma) = P(\mu < \xi < \mu + 2\sigma) - P(\mu < \xi < \mu + \sigma)$$
$$= \frac{1}{2}P(\mu - 2\sigma < \xi < \mu + 2\sigma) - 0.3414$$
$$\approx 0.1359.$$

$\blacksquare$

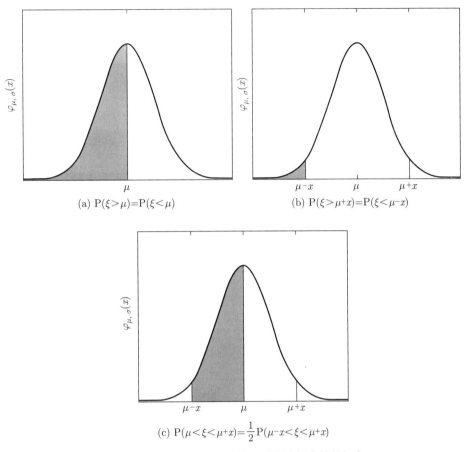

(a) $\mathrm{P}(\xi > \mu) = \mathrm{P}(\xi < \mu)$

(b) $\mathrm{P}(\xi > \mu + x) = \mathrm{P}(\xi < \mu - x)$

(c) $\mathrm{P}(\mu < \xi < \mu + x) = \dfrac{1}{2}\mathrm{P}(\mu - x < \xi < \mu + x)$

图 2.15 正态分布密度函数的对称性与事件的概率

§2.5 随机变量的其他数字特征

数学期望、方差和标准差都是随机变量的数字特征, 它们分别描述了随机变量的中心位置和集中程度. 还有其他一些描述随机变量特征的指标, 本节简单介绍一些其他常用的数字特征.

2.5.1 变异系数

案例 2.14 用 X 和 Y 分别表示大学生以米和厘米为度量单位的身高, 则 $Y = 100X$, 并且

$$\mathrm{D}(Y) = 100^2\mathrm{D}(X).$$

但从问题的实际背景看, X 和 Y 都是表示大学生身高, 它们应该有相同的离散程度. 从这个角度看, 方差或标准差不适合用来度量随机变量的离散程度.

为了解决此问题, 可以参考相对误差的概念, 用

$$CV(X) = \frac{\sqrt{D(X)}}{|E(X)|}$$

刻画 X 的相对 (均值的) 离散程度. 注意到 $CV(X)$ 是一个无量纲的量, 不受 X 的度量单位的影响. 这样就有

$$CV(X) = CV(Y),$$

即随机变量 X 和 Y 有相同的相对离散程度.

一般地, 若数值随机变量 ξ 的方差为实数, 均值非 0, 就称

$$CV(\xi) = \frac{\sqrt{D(\xi)}}{|E(\xi)|} \tag{2.59}$$

为 ξ 的 **变异系数**.

变异系数的解释:

● 变异系数是衡量随机变量的相对集中程度的数字特征, 它越小, 随机变量越相对集中于数学期望的附近, 并且它与随机变量的度量单位没有关系.

● 当进行两个或多个随机变量相对集中程度的比较时, 如果度量单位或平均数相同, 可以直接利用标准差来比较; 否则, 需采用变异系数来比较.

例 2.5.1 考查例 2.3.3 中的随机变量 ξ 以及每天早上 7 点至 8 点之间进入某大学东门的汽车辆数 $\eta \sim P(600)$, 试比较这两个随机变量的相对集中程度.

解 由例 2.3.3 和例 2.3.8 知 $\xi \sim U(0, 60)$, 再由定理 2.4.4 知

$$E(\xi) = \frac{0 + 60}{2} = 30, \quad D(\xi) = \frac{(60 - 0)^2}{12} = 3 \times 10^2,$$

因此

$$CV(\xi) = \frac{10\sqrt{3}}{30} = \frac{\sqrt{3}}{3}.$$

而由定理 2.4.3 知 $E(\eta) = D(\eta) = 600$, 所以

$$CV(\eta) = \frac{\sqrt{600}}{600} = \frac{\sqrt{6}}{60} < \frac{\sqrt{3}}{3} = CV(\xi),$$

即从相对集中程度角度看, η 的取值比 ξ 的取值更为集中. ■

2.5.2 原点矩与中心矩

参数估计的矩估计方法原理 (详见第五章) 涉及随机变量的原点矩和中心矩的概念, 在这里简单介绍它们的定义.

定义 2.5.1 假设 X 为随机变量. 若 X^k 的数学期望存在, 就称 $\mathrm{E}(X^k)$ 为 X 的 k **阶原点矩**.

k 阶原点矩是刻画随机变量的分布特征的指标. 例如, 1 阶原点矩就是数学期望, 1 阶原点矩和 2 阶原点矩决定了随机变量的方差. 在相当一般的情况下, 可以证明: 分布函数由所有的原点矩所决定 (参见文献 [3, 4]).

定义 2.5.2 假设 X 为随机变量. 若 X^k 的数学期望存在, 就称 $\mathrm{E}((X - \mathrm{E}(X))^k)$ 为 X 的 k **阶中心矩**.

中心矩的概念和原点矩的概念类似, 它是相对于数学期望的矩, 也是刻画随机变量分布的一种特征指标. 利用数学期望的线性性质, 可以证明各阶中心矩和各阶原点矩能相互表示.

思考题 分布函数相同的随机变量的 k 阶原点矩是否相等, k 阶中心矩是否相等? 为什么?

2.5.3 分位数、中位数与四分位数

还有一类刻画随机变量概率分布位置的特征指标, 它们能够很好地刻画分布密度图像的特征. 下面简要介绍这些指标.

案例 2.15 假如用有一个跳跃点的阶梯函数

$$H(x) = \begin{cases} 0, & x < a, \\ F(a), & x \geqslant a \end{cases}$$

近似随机变量 ξ 的分布函数 $F(x)$, 应该怎样选择 a 才能使得近似的效果最好?

用

$$e = \sup_{-\infty < x < +\infty} |H(x) - F(x)|$$

表示近似效果. 如图 2.16 所示, 有

$$\sup_{-\infty < x < +\infty} |H(x) - F(x)| = \max\{F(a), 1 - F(a)\}.$$

因此, 需要 $F(a)$ 和 $1 - F(a)$ 都接近于 0.5 才能使得近似效果最好, 即 a 需要满足如下条件:

$$\mathrm{P}(X < a) \leqslant 0.5, \quad \mathrm{P}(X > a) \leqslant 1 - 0.5.$$

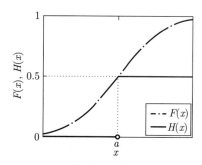

图 2.16　用有 1 个跳跃点的阶梯函数近似分布函数

若用有三个跳跃点的阶梯函数

$$H(x) = \begin{cases} 0, & x < a, \\ F(a), & a \leqslant x < b, \\ F(b), & b \leqslant x < c, \\ F(c), & c \leqslant x \end{cases}$$

来近似分布函数 $F(x)$, 达到最好近似效果的 a, b 和 c 应满足什么条件?

类似前面的讨论, 此时用 $H(x)$ 近似分布函数 $F(x)$ 的效果为

$$e = \max\{F(a), F(b) - F(a), F(c) - F(b), 1 - F(c)\}.$$

如图 2.17 所示, 只需要 a, b 和 c 满足如下条件:

$$P(X < a) \leqslant 0.25, \quad P(X > a) \leqslant 1 - 0.25;$$
$$P(X < b) \leqslant 0.5, \quad P(X > b) \leqslant 1 - 0.5;$$
$$P(X < c) \leqslant 0.75, \quad P(X > c) \leqslant 1 - 0.75.$$

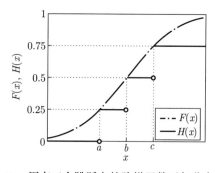

图 2.17　用有三个跳跃点的阶梯函数近似分布函数

一般地, 对于随机变量 X 和 $0 < \alpha < 1$, 考查满足如下条件的实数 x_α:

$$P(X < x_\alpha) \leqslant \alpha, \quad P(X > x_\alpha) \leqslant 1 - \alpha. \tag{2.60}$$

这个实数把实数轴分割成三部分 $(-\infty, x_\alpha)$, $\{x_\alpha\}$ 和 $(x_\alpha, +\infty)$, 使得 $P(X < x_\alpha)$ 和 $P(X > x_\alpha)$ 分别最接近于 α 和 $1 - \alpha$.

定义 2.5.3 对于随机变量 X, 称满足 (2.60) 式的数 x_α 为 X 的 α **分位数**.

α 分位数描述了随机变量的概率分布的位置信息. 特别地, 将 $x_{0.5}$ 称为**中位数**, $x_{0.25}$ 称为**下四分位数**, $x_{0.75}$ 称为**上四分位数**. 进一步, 将下四分位数、中位数和上四分位数统称为**四分位数**. 中位数将实数轴分割成两个区间, 使得随机变量落到每个区间的概率近似相等, 都最接近于 0.5; 三个四分位数将实数轴分割成四个区间, 使得随机变量落到每一个区间的概率都近似相等, 都最接近于 1/4. 通常人们也将随机变量 X 的中位数记为 $\mathrm{M}(X)$.

例 2.5.2 若 $\xi \sim B(1, 0.2)$, 求 ξ 的中位数.

解 易知 ξ 的密度矩阵为

$$\begin{pmatrix} 0 & 1 \\ 0.8 & 0.2 \end{pmatrix},$$

所以当 $x \in (-\infty, 0)$ 时,

$$P(\xi < x) = 0, \quad P(\xi > x) = 1;$$

当 $x \in (0, 1)$ 时,

$$P(\xi < x) = 0.8, \quad P(\xi > x) = 0.2;$$

并且

$$P(\xi < 0) = 0, \quad P(\xi > 0) = 0.2.$$

综上所述, ξ 的中位数 $x_{0.5} = 0$. ■

注意, α 分位数可能不唯一, 如当 $\xi \sim B(1, 0.5)$ 时, 闭区间 $[0, 1]$ 中所有实数都是 ξ 的 0.5 分位数.

2.5.4 离群数据与四分位数

在未知现象的认知过程中, 其基础是未知现象的观测数据. 如果所获取的数据中混有其他数据 (不是未知现象的观测数据), 将会影响认知的结论.

例如, 获取样本数据的过程中难免出错 (如在数据的记录过程中将小数点放错位置等), 导致错误数据. 样本中的这种错误数据对统计分析的结果有多大的影响变成人们关心的问题. 人们期望这种错误对于分析结果的影响越小越好!

通常这些错误数据远离其他数据, 呈现出离群的特性, 称之为**离群数据**或**离群点**.

离群数据对有些统计方法会产生很大的影响, 在 4.4.1 小节的案例 4.7 中就是如此. 离群数据可能是由错误的观测数据所引起的; 离群数据可能表明样本数据不是来自同一总体的重复观测; 离群数据也可能导致新的发现. 在实际应用中, 应该分析离群数据的产生原因, 并对症加以处理, 以改进统计分析的结果.

四分位数的一个主要应用领域是离群数据的判断. 考虑一个数据, 现在需要判断它是否为随机变量 ξ 的观测结果. 一个自然的想法是看它与随机变量的中心位置有多远, 如果太远了, 就判断它为离群数据, 即判断它不是 ξ 的观测结果.

现在的问题是选取哪个中心位置指标作为中心位置. 可选的有数学期望和中位数. 在实际应用中, 中心位置需要通过数据估计, 而数学期望受数据中的离群数据影响大 (详见 4.4.1 小节中的案例 4.7), 所以这里采用中位数作为 ξ 的中心位置.

进一步, 上四分位数和下四分位数都是刻画 ξ 的概率分布位置的指标, ξ 位于上四分位数和下四分位数之间的概率为 0.5, 可以认为离群数据位于该区间之外. 习惯上, 人们认为区间

$$[x_{0.25} - 1.5(x_{0.75} - x_{0.25}), x_{0.75} + 1.5(x_{0.75} - x_{0.25})] \tag{2.61}$$

之外的数据为离群数据. 当然, 在实际应用中, 人们会根据实际问题的背景和个人习惯将上式中的 1.5 调整为其他数值. 将这个数调小, 会使得数据的判断结果为离群数据的可能性变大; 将这个数调大, 会使得判断结果为离群数据的可能性变小.

2.5.5 众数

在数学期望和中位数的定义中, 其随机变量值的大小有量化的实际含义. 而分类变量的取值仅表示样本点的分类, 没有其他的含义, 因此对于分类变量而言, 数学期望和中位数就无意义了. 下面讨论分类变量的中心位置的定义方法.

案例 2.16 考查某城市居民的性别变量, 其中心是什么? 这个变量只有两个值: "男" 和 "女". 我们无法对这两个值进行算术运算, 因此不能用数学期望或中位数的概念描述此变量的中心. 在此类问题中, 我们应以少数服从多数的原则, 将出现概率大的变量值作为其中心. 也就是说, 若居民中 "男" 居多, 就以 "男" 为中心; 否则, 以 "女" 为中心.

定义 2.5.4 随机变量 ξ 的密度的最大值点称为 ξ 的**众数**, 记为 $O(\xi)$.

考查随机变量 ξ, 若它为离散型随机变量, 其密度矩阵为

$$\begin{pmatrix} x_1 & x_2 & \cdots & x_n \\ p_1 & p_2 & \cdots & p_n \end{pmatrix},$$

则

$$\mathrm{O}(\xi) = \arg\max_{x\in D} \mathrm{P}(\xi = x), \tag{2.62}$$

其中 $D = \{x_1, x_2, \cdots, x_n\}$; 若它为连续型随机变量, 其密度函数为 $p(x)$, 则

$$\mathrm{O}(\xi) = \arg\max_{x\in\mathbb{R}} p(x). \tag{2.63}$$

随机变量的众数可以不唯一. 例如, 当 $\xi \sim B(1, 0.5)$ 时, 0 和 1 都是 X 的众数. 又如, 当 $\xi \sim U(a, b)$ 时, (a, b) 区间上的任何数都是 ξ 的众数.

例 2.5.3 在某大学招收的新生中, 有文科类学生 980 人, 理科类学生 1200 人. 问: 是否可以用均值或者中位数来表达变量 "学科专业" 的中心? "学科专业" 的中心是什么?

解 因为变量 "学科专业" 是分类变量, 所以无法计算其均值和中位数, 而只能用众数来表达 "学科专业" 的中心. 根据给出的数据, 变量 "学科专业" 的中心为理科类. ■

分布密度的几何特征与数学期望、中位数和众数 对于单峰分布的数值随机变量 X 而言, 数学期望 $\mathrm{E}(X)$, 中位数 $\mathrm{M}(X)$ 和众数 $\mathrm{O}(X)$ 都是某种中心位置的度量, 综合这些中心位置的相对关系, 可在一定程度上刻画分布密度的整体几何形状特征. 此时, 当 $\mathrm{E}(X) = \mathrm{M}(X) = \mathrm{O}(X)$ 时, 分布密度图像应该是对称的, 如图 2.18 (a) 所示; 当 $\mathrm{O}(X) < \mathrm{M}(X) < \mathrm{E}(X)$ 时, 分布密度图像的峰值应该位于左边, 呈现右倾的形态, 如图 2.18 (b) 所示; 当 $\mathrm{E}(X) < \mathrm{M}(X) < \mathrm{O}(X)$ 时, 分布密度图像的峰值应该位于右边, 呈现左倾的形态, 如图 2.18 (c) 所示.

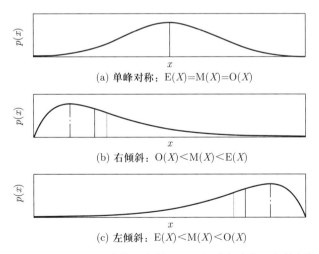

(a) 单峰对称：E(X)=M(X)=O(X)

(b) 右倾斜：O(X)<M(X)<E(X)

(c) 左倾斜：E(X)<M(X)<O(X)

图 2.18 数学期望、中位数和众数所蕴涵的分布密度几何特征信息

§2.6 概率论中的几个重要结论

通过案例 2.8, 我们归纳出可以用随机变量重复观测的算术平均值估计随机变量的数学期望. 问题是这种归纳结论是否具有普适性, 即对于其他的随机变量是否成立. 这成为统计学研究的理论问题. 另外, 重复观测的算术平均值还是一个随机变量, 其分布函数的特性也是人们关心的问题. 本节讨论这些问题, 其解答过程涉及大量的概率论知识, 感兴趣者可查阅 "概率论" 的教科书 (如参考文献 [2,4–6]).

关于这些问题的结论 (大数定律和中心极限定理) 在概率论中占有极其重要的地位, 也成为统计学归纳推理的重要依据, 成为一些基本的统计学方法的理论支撑. 本节意在帮助读者理解这些结论的内涵, 重点演示它们的初步应用, 在后面的各章中我们会进一步体会这些结论的价值.

2.6.1 大数定律简介

在案例 2.8 中, 我们讨论了一个离散型随机变量重复观测的算术平均值随着重复观测次数增加的变化情况. 下面我们考查均匀分布随机变量重复观测的变化情况.

案例 2.17 往区间 $(0,1)$ 上随机投一个质点, 其坐标 $\xi \sim U(0,1)$. 重复投点, 前 n 个观测值的算术平均值曲线如图 2.19 所示. 可见, 随 n 增加算术平均值趋近于 $E(\xi)$. "趋近于" 不能解释为数列的极限, 而是随机变量序列的某种特有极限.

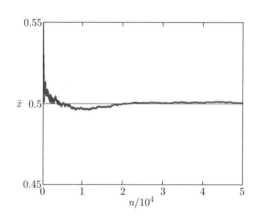

图 2.19 ξ 的重复观测的算术平均值与观测次数

定理 2.6.1 (柯尔莫哥洛夫强大数定律) 设 $X_1, X_2, \cdots, X_n$ 是随机变量 X 的重复观测样本. 若 X 的数学期望为有限数, 则

$$\lim_{n \to \infty} \frac{1}{n} \sum_{k=1}^{n} X_k = \mathrm{E}(X) \tag{2.64}$$

成立的概率为 1.

该定理的证明可参见 "概率论" 的教科书, 它给出了用重复观测的算术平均值估计数学期望的理论依据. 定理需要的条件为数学期望为有限数, 且观测为重复观测, 而对 X 的分布没有要求. 此定理是很多统计学方法的理论基础, 还可以应用到近似计算领域中.

问题 概率为 1 的事件与必然事件之间的关系是什么?

考虑概率空间 $(\Omega, \mathscr{F}, \mathrm{P})$, 其中 $\Omega = (0, 1)$, $\mathscr{F} = \{\Omega$ 的可求长度子集的全体$\}$, P 为几何概率.

显然

$$A = \{\omega : \omega \in \Omega, \text{ 且 } \omega \neq 0.5\} \in \mathscr{F},$$

且 $\mathrm{P}(A) = 1$, 但是 A 不是必然事件, 即 $A \neq \Omega$.

统计学观点: 认为概率为 1 的事件必然会出现, 此结论出错的概率为 0.

例 2.6.1 设 $X_1, X_2, \cdots, X_n$ 是随机变量 X 的重复观测样本. 若 X^k 的数学期望为有限数, 试证明:

$$\frac{1}{n} \sum_{i=1}^{n} X_i^k \to \mathrm{E}(X^k) \quad (n \to \infty) \tag{2.65}$$

成立的概率为 1.

证明 记 $Y = X^k, Y_i = X_i^k \ (i = 1, 2, \cdots)$, 则 Y 的数学期望是有限数, Y_i 为 Y 的第 i 次重复观测. 由定理 2.6.1 知

$$\lim_{n \to \infty} \frac{1}{n} \sum_{i=1}^{n} Y_i = \mathrm{E}(Y)$$

成立的概率为 1, 即 (2.65) 式成立. ■

例 2.6.2 试证明:

$$\lim_{n \to \infty} \frac{n(A)}{n} = \mathrm{P}(A) \tag{2.66}$$

成立的概率为 1.

证明 定义随机变量

$$X = \begin{cases} 1, & A \text{ 发生}, \\ 0, & \text{否则}, \end{cases}$$

用 $X_i\ (i=1,2,\cdots)$ 表示第 i 次实验中 X 的观测, 则

$$n(A) = \sum_{i=1}^{n} X_i,$$

从而由定理 2.6.1 知

$$\lim_{n\to\infty} \frac{n(A)}{n} = \lim_{n\to\infty} \frac{1}{n} \sum_{i=1}^{n} X_i = \mathrm{E}(X) \tag{2.67}$$

成立的概率为 1. 今 X 服从两点分布, 其密度矩阵为

$$\begin{pmatrix} 0 & 1 \\ \mathrm{P}(\overline{A}) & \mathrm{P}(A) \end{pmatrix},$$

从而

$$\mathrm{E}(X) = 0 \times \mathrm{P}(\overline{A}) + 1 \times \mathrm{P}(A) = \mathrm{P}(A). \tag{2.68}$$

由 (2.67) 式和 (2.68) 式知 (2.66) 式成立. ∎

从此例中的 (2.66) 式可以体会频率稳定于概率的内涵, 它是一个概率为 1 的事件. 这给我们的启示是: 可以用频率估计概率, 这种估计随着重复观测的次数增加而越来越精确. 事件 A 的概率可以通过重复观测来逐步认识.

定义 2.6.1 设 $X_1, X_2, \cdots, X_n$ 为随机变量 X 的 n 次重复观测, 称

$$F_n(x) = \frac{n(\{i : 1 \leqslant i \leqslant n, X_i \leqslant x\})}{n} \tag{2.69}$$

为 X 的**经验分布**, 这里

$$n(\{i : 1 \leqslant i \leqslant n, X_i \leqslant x\})$$

表示 $X_1, X_2, \cdots, X_n$ 中小于 x 的值的个数.

例 2.6.3 若 $X_1, X_2, \cdots, X_n$ 为随机变量 X 的 n 次重复观测, 试证明: 对于任意给定的实数 x,

$$\lim_{n\to\infty} F_n(x) = F(x) \tag{2.70}$$

成立的概率为 1, 其中 $F(x)$ 为 X 的分布函数.

证明 定义

$$Y = \begin{cases} 1, & X \leqslant x, \\ 0, & X > x, \end{cases}$$

$$Y_i = \begin{cases} 1, & X_i \leqslant x, \\ 0, & X_i > x, \end{cases} \quad i = 1, 2, \cdots, n,$$

则 $Y_1, Y_2, \cdots, Y_n$ 为 Y 的 n 次重复观测, 并且 Y 的密度矩阵为

$$\begin{pmatrix} 0 & 1 \\ 1 - \mathrm{P}(X \leqslant x) & \mathrm{P}(X \leqslant x) \end{pmatrix},$$

进而 $\mathrm{E}(Y) = \mathrm{P}(X \leqslant x) = F(x)$. 再由定理 2.6.1 知

$$\lim_{n \to \infty} \frac{1}{n} \sum_{k=1}^{n} Y_k = \mathrm{E}(Y) = F(x) \tag{2.71}$$

成立的概率为 1. 注意到

$$\sum_{k=1}^{n} Y_k = n(\{i : 1 \leqslant i \leqslant n, X_i \leqslant x\}),$$

结合经验分布函数的定义 (2.69) 和 (2.71) 式可得 (2.70) 式成立的概率为 1. ∎

上例给我们启示: 可用 X 的经验分布函数估计其分布函数, 这样的估计随着重复观测次数的增加而越来越精确. 也就是说, 随机变量的随机变化规律可以通过重复观测逐渐认识.

例 2.6.4 设 $f(x)$ 是区间 $[a,b]$ 上的连续函数, 试利用大数定律给出如下定积分的近似计算公式:

$$\int_a^b f(x)\mathrm{d}x.$$

解 取 $X \sim U(a,b)$, 根据数学期望的性质 (2.37), 有

$$\mathrm{E}(f(X)) = \int_a^b \frac{f(x)}{b-a}\mathrm{d}x = \frac{1}{b-a}\int_a^b f(x)\mathrm{d}x.$$

取 X 的 n 次重复观测 $X_1, X_2, \cdots, X_n$, 根据定理 2.6.1, 知

$$\int_a^b f(x)\mathrm{d}x = (b-a)\mathrm{E}(f(X)) = (b-a)\lim_{n \to \infty} \frac{1}{n}\sum_{k=1}^{n} f(X_k)$$

成立的概率为 1. 因此, 当 n 充分大时, 有近似计算公式

$$\int_a^b f(x)\mathrm{d}x \approx \frac{b-a}{n}\sum_{k=1}^{n} f(X_k). \tag{2.72}$$

此即定积分的一种近似计算公式. ∎

可以通过计算机模拟产生 n 个 $U(a,b)$ 分布随机数来代替 (2.72) 式中的 n 次重复观测 $X_1, X_2, \cdots, X_n$.

蒙特卡罗方法 用随机模拟解决问题的方法.

问题 蒙特卡罗方法能保证每次近似计算结果相同吗?

例 2.6.5 设 $X \sim N(0,1)$, 试写出用蒙特卡罗方法近似计算概率 $\mathrm{P}(0.1 < X < 2)$ 的 R 语言程序代码.

解 因为

$$\mathrm{P}(0.1 < X < 2) = \int_{0.1}^{2} \varphi(x)\mathrm{d}x,$$

所以

$$\mathrm{P}(0.1 < X < 2) \approx \frac{2 - 0.1}{n} \sum_{k=1}^{n} \varphi(Y_k),$$

其中 $Y_1, Y_2, \cdots, Y_n$ 是 $Y \sim U(0.1, 2)$ 的 n 次重复观测. 当取 $n = 10000$ 时, 下列 R 语言程序代码可完成任务:

```
Y<-runif(10000,0.1,2);
c<-(1/sqrt(2*pi));
f<-c*exp(-(Y*Y)/2);
p<-(2-0.1)*mean(f);
```

其中 p 为最后的近似计算结果. ■

需要说明的是: 在上面解答中, sqrt 为 R 语言中计算平方根的函数. 图 2.20 给出例 2.6.5 解答中 R 语言程序代码的两次运算结果.

图 2.20 例 2.6.5 的近似计算结果

思考题 为什么两次近似计算的结果不相同?

这两次的近似结果各不相同, 其原因是这里的蒙特卡罗方法是用随机变量的值做近似计算的, 当然各次计算的结果会有所不同, 但是其近似精确度却随着 n 的增加而提高. 为了比较例 2.6.5 中程序代码的计算精确度, 可利用 R 语言程序代码

```
pnorm(2,0,1)-pnorm(0.1,0,1)
```

计算该例中的概率值, 结果等于 0.4374. 虽然例 2.6.5 解答中 R 语言程序代码的各次运算结果会有不同, 但是这些结果都和近似的对象 0.4374 相差无几, 这种差别会随着 n 的增加逐步减小.

问题 是否可以用标准正态分布随机数来解答此题?

回答是肯定的. 事实上, 定义

$$I_{(0.1,2)}(x) = \begin{cases} 1, & x \in (0.1, 2), \\ 0, & 否则. \end{cases}$$

由数学期望的性质 (2.37) 知

$$\mathrm{E}(I_{(0.1,2)}(X)) = \int_{0.1}^{2} \varphi(x)\mathrm{d}x,$$

再由大数定律知

$$\mathrm{P}(0.1 < X < 2) \approx \frac{1}{n}\sum_{k=1}^{n} I_{(0.1,2)}(X_k),$$

其中 $X_i \ (i = 1, 2, \cdots, n)$ 为标准正态分布随机数. 可以用如下 R 语言程序代码完成近似计算任务:

```
x<-rnorm(100000,0,1);
I<-x>0.1&x<2;
p<-mean(I);
```

这实际上是用频率近似概率, 其一次计算结果为

```
[1] 0.43612
```

与例 2.6.5 中方法的结果十分相近.

大数定律应用于近似计算的关键 只要能用数学期望表示计算对象, 就可以借助大数定律做近似计算.

2.6.2 中心极限定理简介

对于 X 的重复观测样本 $X_1, X_2, \cdots, X_n$, 根据大数定律可以用

$$\overline{X}_n \triangleq \frac{1}{n}\sum_{k=1}^{n} X_k$$

来估计 $\mathrm{E}(X)$.

问题 $\overline{X}_n$ 是随机变量, 如何评价其估计效果?

只能通过 $\overline{X}_n$ 的分布来评估效果. 困难是: 一般情况下, 无法求得 $\overline{X}_n$ 的分布.

想法 是否可以通过 $\overline{X}_n$ 的极限分布来评价估计效果?

由大数定律, 样本均值的极限分布为单点分布, 因此不能用这个极限分布刻画随机变量 $\overline{X}_n$ 的随机变化规律.

新想法 由 (2.35) 式知 $\overline{X}_n$ 的标准化为

$$Z_n = \frac{\sqrt{n}(\overline{X}_n - \mathrm{E}(X))}{\sqrt{\mathrm{D}(X)}}. \tag{2.73}$$

Z_n 的方差恒等于 1, 其极限不会是单点分布. 如果 Z_n 的极限分布函数存在, 就可以通过这个极限分布近似刻画 $\overline{X}_n$ 的分布函数.

问题转化为 Z_n 的极限分布函数是什么. 为了回答此问题, 我们讨论如下案例:

案例 2.18 当 $X \sim B(1, 0.1)$ 时, 考查 (2.73) 式中 Z_n 的分布函数随 n 变化的极限情况.

先考查 Z_n 的密度函数图像随 n 增加的变化情况. 如图 2.21 所示, 随着重复观测次数 n 的增加, Z_n 的密度函数图像的形状越来越接近标准正态分布的密度函数图像. 因此, 可以猜想随着 n 的增加, Z_n 的分布函数图像会趋近于标准正态分布函数图像.

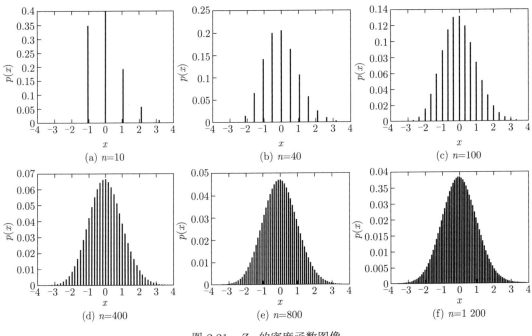

图 2.21 Z_n 的密度函数图像

为进一步验证这一想法, 我们通过图形来比较分布函数 $F_{Z_n}(x)$ 和标准正态分布函数 $\Phi(x)$ 之间的差别随着 n 增加的变化情况. 如图 2.22 所示, 随着重复观测次数 n 的增加, $F_{Z_n}(x)$ 的图像越来越接近于 $\Phi(x)$ 的图像.

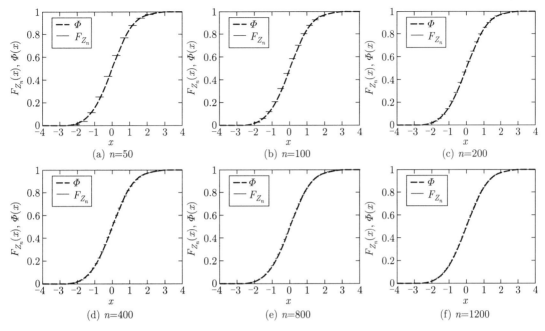

图 2.22 Z_n 的分布函数与标准正态分布函数的图像

将案例 2.18 中 X 的分布换成其他常用分布, 如二项分布、负二项分布、泊松分布、均匀分布、正态分布等, 均有相同的结论. 因此可以大胆推断: 随着 n 的增加, Z_n 的分布函数收敛于标准正态分布函数. 这种推断结论是否可以从理论上证明, 成为概率统计学家关心的问题. 经过复杂的推理, 人们得到如下的定理, 确认前面的推断结论正确:

定理 2.6.2 (中心极限定理) 设随机变量 X 的方差为大于 0 的实数. 若 $X_1, X_2, \cdots, X_n$ 为 X 的 n 次重复观测, 则

$$\lim_{n \to \infty} \mathrm{P}\left(\frac{\sqrt{n}(\overline{X}_n - \mathrm{E}(X))}{\sqrt{\mathrm{D}(X)}} \leqslant x\right) = \varPhi(x), \tag{2.74}$$

其中 $\overline{X}_n = \dfrac{1}{n}\sum_{k=1}^{n} X_k$.

定理 2.6.2 的证明涉及大量的概率论知识, 对证明感兴趣的读者可查阅 "概率论" 的教科书 (如文献 [2, 4, 6]). 中心极限定理给出了随机变量重复观测算术平均值的分布函数的近似表达式, 可以帮助我们了解这个算术平均值的随机变化规律.

另外, 在 (2.74) 式中,

$$\frac{\sqrt{n}(\overline{X}_n - \mathrm{E}(X))}{\sqrt{\mathrm{D}(X)}} = \sum_{k=1}^{n} \frac{X_k - \mathrm{E}(X_k)}{\sqrt{n\mathrm{D}(X)}}.$$

中心极限定理的结论说明, 众多小的、互不相干的随机因素的平均作用结果会产生正态分布. 这从一个方面揭示了正态分布的产生原因及正态分布在概率论中的重要性.

例 2.6.6 如果女大学生的平均体重为 51.96 kg, 标准差为 6.31 kg, 随机选择 36 名女大学生, 她们的平均体重超过 57 kg 的概率是多少?

解 记 X 为所选择女大学生的体重, $\overline{X}$ 为所选择的 36 名女大学生的平均体重, 则 $\mathrm{E}(X) = 51.96$ kg. 由中心极限定理得

$$\mathrm{P}\left(\frac{6 \times (\overline{X} - 51.96)}{6.31} > \frac{6 \times (57 - 51.96)}{6.31}\right) \approx 1 - \Phi\left(\frac{6 \times (57 - 51.96)}{6.31}\right),$$

运行程序代码

```
1-pnorm(6*(57-51.96)/6.31,0,1)
```

得计算结果 8.240182e−07, 即

$$\mathrm{P}(\overline{X} > 57) \approx 8.240182 \times 10^{-7}. \qquad \blacksquare$$

这里并没有假设 X 服从什么分布, 中心极限定理仅要求是重复观测即可.

例 2.6.7 设 $X \sim P(0.5)$, $X_1, X_2, \cdots, X_{30}$ 为 X 的 30 次重复观测,

$$\overline{X} \triangleq \frac{1}{30}\sum_{k=1}^{30} X_k, \quad Z \triangleq \frac{\sqrt{30}(\overline{X} - 0.5)}{\sqrt{0.5}}.$$

模拟 Z 的重复观测结果 1000 次, 将 Z 的经验分布函数 $F_{1000}(x)$ 与 $\Phi(x)$ 相比较, 并解释比较结果.

解 在 R 语言控制台窗口运行程序代码

```
x<-seq(-3,3,0.1)#自变量的值
y<-matrix(rpois(30000,0.5),1000,30)#模拟1000组容量为30的样本
z<-(rowSums(y)/30-0.5)*sqrt(60);#计算Z的各个观测值
f<-c();
for (i in 1:length(x)){
  f=c(f,sum(z <= x[i])/1000)
}#计算经验分布函数在x处的值f
Phi<-pnorm(x,0,1)#计算标准正态分布在x处的值
```

$F_{1000}(x)$ 和 $\Phi(x)$ 的计算结果分别存放在变量 f 和 phi 中. 在运行上述程序代码后, 可以用程序代码

```
plot(x,Phi,type="l",lty=1,pch=1,
    lwd=2,col="black",ylim=c(0,1),ylab="")
for(i in 1:60){
  lines(x[i:(i+1)],c(f[i],f[i]),lty=1,lwd=2,col="red")
  if(i==1)
    points(x[i],f[i],pch=20,col="red")
  else if (f[i-1]!=f[i])
    points(x[i],f[i],pch=20,col="red")
}
legend("topleft",c(expression(Phi),expression(F[1000])),
    lty= c(1,1),pch=c(-1,20),col=c("black","red"),lwd=2)
```

绘制 $F_{1000}(x)$ 和 $\Phi(x)$ 所对应的曲线, 如图 2.23 所示. 该图说明可以用标准正态分布函数来近似 Z 的经验分布函数. 根据例 2.6.3 的结果, 如果将样本容量 30 改为 300 或者更大, 用标准正态分布函数来近似 Z 的经验分布函数的效果会更好. ■

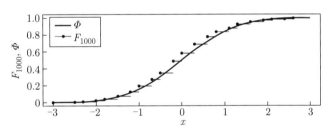

图 2.23　样本容量为 30 时, $F_{1000}(x)$ 与 $\Phi(x)$ 的比较

小　　结

在本章中, 我们介绍了概率论的基本概念, 这些基本概念是收集数据和分析数据的理论基础, 能够帮助读者更好地理解统计学的基本思想与方法. 在这一章里, 读者应该仔细体会概率论的基本概念和结论的内涵, 锻炼应用这些概念和结论解决问题的能力. 读者在本章中应该掌握的主要知识和能力如下:

(1) 随机现象、样本空间、事件及其运算;

(2) 概率空间和概率的基本性质;

(3) 随机变量、分布函数、密度、数学期望、方差、标准差和标准得分的简单性质;

(4) 二项分布、超几何分布、泊松分布、均匀分布和正态分布的产生背景;

(5) 变异系数、中心矩、原点矩、分位数和众数的内涵与应用;

(6) 四分位数和离群数据的内涵与应用;

(7) 蒙特卡罗方法、大数定律和中心极限定理的内涵及应用.

附录　R 语言中的随机模拟、循环和控制流程

一、关系运算符

在 R 语言中, 关系运算符的计算结果是逻辑数据, 它表明参加运算的两个变量是否满足特定的关系. 表 2-2 列出了 R 语言中的关系运算符及名称. 在 R 语言中, 不仅两个数之间可以进行关系运算, 向量和数之间以及矩阵和数之间也可以进行关系运算. 例如, 程序代码

```
X<-1:5#将向量1:5赋值给X
X<=4#判断X的各个分量是否小于或等于4
```

的运行结果在控制台窗口中的显示方式如下:

```
[1] TRUE TRUE TRUE TRUE FALSE
```

可以利用关系运算符显示向量中满足特定条件的分量, 将向量中满足特定条件的分量的值统一改为特定的值, 等等. 读者可通过注释理解下面程序代码, 并通过观察它们的运行结果体会关系运算符的应用价值:

```
X<-1:5#将向量1:5赋值给X
X[X<3]#显示X中小于3的分量构成的子向量
X[X<3]<-8#将X中小于3的分量都改为8
X==1:5#依次比较X的各个分量是否等于1:5所对应的分量
b<-"abc"#将字符"abc"赋值给b
c<-b#将b赋值给c
b=="ab"#判断变量b中的内容是否和字符"ab"相等
b==c#判断变量b存储的内容是否和变量c的相等
```

表 2-2　关系运算符及名称

运算符	<	<=	>	>=	==	!=
名称	小于	小于或等于	大于	大于或等于	等于	不等于

二、随机模拟

若随机变量 X 满足

$$\mathrm{P}(X=k)=1/n, \quad k=1,2,\cdots,n, \tag{2.75}$$

就称 X 服从以 n 为参数的离散均匀分布, 简称 X 服从离散均匀分布.

称以 n 为参数的离散均匀分布随机变量的观测值为以 n 为参数的离散均匀分布随机数, 简称为**离散均匀分布随机数**.

在 R 语言中, 可用函数 sample 模拟离散均匀分布随机数, 它的简单调用方式为

```
sample(x,#等可能地选择x的分量
       size,#size为要选取的变量的个数
       replace=F#replace为真,放回方式;否则,不放回方式
       )
```

其中输入变量 x 是一个向量, 函数是按照等可能的原则抽取这个向量的分量; 输入参数 size 是要抽取分量的个数, 即该函数返回向量 (模拟结果) 的维数; 输入参数 replace 用来指示是取后 "放回" 还是 "不放回" 地抽取分量, 其默认值为 FALSE. 当 replace 设置为 TRUE 时, 表示用 "放回" 方式生成随机数; 当设置为 FALSE 时, 表示用 "不放回" 方式生成随机数.

例如, 程序代码

```
sample(1:10,20,replace=T)
```

模拟用放回方式从 1~10 中任意抽取 20 个数, 这些数是以 10 为参数的离散均匀分布随机变量的重复观测值; 而程序代码

```
sample(1:10,5,replace=F)
```

模拟用不放回方式从 1~10 中任意抽取 5 数, 这些数分别是以 10, 9, 8, 7 和 6 为参数的离散均匀分布随机变量的观测值, 不是以 10 为参数的离散均匀分布随机变量的重复观测数据.

思考题　如下程序代码有何不妥?

```
sample(1:10,20)
```

可以用程序代码

```
x<-sample(c(0,1), 10000,replace=T)#将随机抽取结果赋值给x
mean(x)#计算取1的频率
```

模拟投掷 10000 次质地均匀骰子的结果, 并计算出现正面的频率. 读者可反复运行这一行程序代码, 体会投掷质地均匀骰子实验的特性.

例 2.A.1　用计算机模拟 100 次投掷一颗质地均匀骰子的实验结果, 并写出相应的 R 语言程序代码.

解　在 RStudio 中运行程序代码

sample(1:6,100,T)#从1~6中用放回方式任意抽取100个数

可以得到一个 100 维行向量, 该向量的第 i 分量是第 i 次掷骰子实验结果的模拟, 结果见表 2-3. 在表 2-3 中, 模拟结果介于 1~6 之间, 与掷出骰子的点数相对应. ■

表 2-3　模拟投掷 100 次均匀骰子实验的结果

实验序号	1	2	3	4	5	6	7	8	9	10
实验结果	6	2	5	3	3	4	2	4	4	1
实验序号	11	12	13	14	15	16	17	18	19	20
实验结果	6	5	5	3	1	5	2	3	1	2
实验序号	21	22	23	24	25	26	27	28	29	30
实验结果	6	6	2	6	3	4	4	4	4	5
实验序号	31	32	33	34	35	36	37	38	39	40
实验结果	4	5	4	4	6	5	2	4	1	2
实验序号	41	42	43	44	45	46	47	48	49	50
实验结果	5	5	1	4	3	6	2	1	3	6
实验序号	51	52	53	54	55	56	57	58	59	60
实验结果	6	4	4	5	1	1	4	1	3	2
实验序号	61	62	63	64	65	66	67	68	69	70
实验结果	5	4	1	6	5	6	5	3	2	4
实验序号	71	72	73	74	75	76	77	78	79	80
实验结果	4	5	5	3	5	3	2	4	4	5
实验序号	81	82	83	84	85	86	87	88	89	90
实验结果	6	5	5	6	6	4	4	5	3	4
实验序号	91	92	93	94	95	96	97	98	99	100
实验结果	2	1	2	1	1	3	5	2	2	6

在得到模拟结果后, 可以观察出现各个结果的频率随实验次数的动态变化规律, 即考查频率是否具有稳定性. 对于上例中的数据而言, 当然可以用手工统计频率的变化情况, 但耗时耗力, 效率不高. 而利用 R 语言的算术运算、关系运算和求和函数, 可以提高完成此任务的效率.

例 2.A.2　对于 $i = 1, 2, \cdots, 10$ 及 $i = 50, 100$, 分别模拟 $10i$ 次掷质地均匀骰子实验的结果, 计算各点出现的频率, 观察频率随实验次数增加的变化规律, 并写出完成上述任务的 R 语言程序代码.

解　在 R 语言控制台窗口中, 运行程序代码

```
i=1;#设定i的值
x<-sample(1:6,10*i,T);#模拟10i次掷骰子实验
x1=sum(x==1);x2=sum(x==2);#计算出现1点和2点的频数
x3=sum(x==3);x4=sum(x==4);#计算出现3点和4点的频数
x5=sum(x==5);x6=sum(x==6);#计算出现5点和6点的频数
f<-c(x1,x2,x3,x4,x5,x6)/(10*i);#计算频率向量
```

可得 $10i$ 次实验中各点数出现的频率计算结果 f, 其第 k 分量为第 k 点出现的频率.

通过改变上述程序代码中 i 的值, 可以完成例题要求的计算任务. 表 2-4 列出了最终的频率计算结果. 从该表中可以看出: 随着实验次数的增加, 掷出的各个点数的频率接近于 $1/6 \approx 0.16667$, 即频率随着实验次数的增加而稳定于概率. ■

表 2-4　模拟 1000 次投掷质地均匀骰子实验的频率统计结果

点数＼模拟次数	1	2	3	4	5	6
10	0.10000	0.10000	0.10000	0.40000	0.10000	0.20000
20	0.10000	0.10000	0.20000	0.35000	0.05000	0.30000
30	0.06667	0.13333	0.20000	0.30000	0.10000	0.20000
40	0.07500	0.12500	0.22500	0.35000	0.07500	0.15000
50	0.08000	0.12000	0.20000	0.38000	0.06000	0.16000
60	0.08333	0.10000	0.20000	0.35000	0.08333	0.18333
70	0.08571	0.11428	0.20000	0.31428	0.00000	0.18571
80	0.08750	0.11250	0.17500	0.31250	0.10000	0.21250
90	0.10000	0.11111	0.18888	0.27777	0.12222	0.20000
100	0.10000	0.12000	0.21000	0.26000	0.12000	0.1900
500	0.14200	0.15000	0.18400	0.19600	0.16600	0.16200
1000	0.14400	0.14800	0.20100	0.18900	0.16700	0.15100

三、逻辑运算符与条件语句

条件语句与关系运算符和逻辑运算符密切相关. 在本附录的第一小节中已经介绍了关系运算符, 下面简要介绍逻辑运算符和条件语句.

1. 逻辑运算符

逻辑运算符用于逻辑变量的运算, 常用的逻辑运算符及含义如表 2-5 所示, 它们都支持

逻辑向量或逻辑矩阵的运算. 读者可以从下面的程序代码和运行结果中理解这些逻辑运算符的含义:

```
!T#T的非运算结果为F
!F#F的非运算为T
T&T#T和T的与运算结果为T
T&F#T和F的与运算结果为F
F&F#F和F的与运算结果为F
T|T#T和T的或运算结果为T
T|F#T和F的或运算结果为T
F|F#F和F的或运算结果为F
x<-matrix(1:6,nrow=2)#将向量1:6转换成2×3矩阵后赋值给x
a<-x<=3#将2×3逻辑矩阵x<=3赋值给a
b<-x>2#将2×3逻辑矩阵x>2赋值给b
!a#a的非运算
a&b#a和b的与运算
a|b#a和b的或运算
a&F#逻辑矩阵和一维逻辑向量之间的与运算
a|F#逻辑矩阵和一维逻辑向量之间的或运算
```

表 2-5 逻辑运算符及名称

运算符	!	&	|
名称	非	与	或

表 2-5 中逻辑运算符的运算结果可以是逻辑向量或逻辑矩阵, 但逻辑运算 && 或 || 的计算结果是一维逻辑向量. 称 && 为**对象与**运算符, 它先将运算对象做 & 运算, 再将运算结果的各个分量做 & 运算. 例如, 程序代码

```
a<-x<=3#将2×3逻辑矩阵x<=3赋值给a
b<-x>2#将2×3逻辑矩阵x>2赋值给b
a&&b#a和b对象与运算的结果为F
```

中, 最后一行的运算结果为 FALSE. 称 || 为**对象或**运算符, 它先将运算对象做 | 运算, 再将运算结果的各个分量做 | 运算. 例如, 程序代码

```
a<-x<=3#将2×3逻辑矩阵x<=3赋值给a
b<-x>2#将2×3逻辑矩阵x>2赋值给b
a||b#a和b对象与运算的结果为T
```

中, 最后一行的运算结果为 TRUE.

2. 条件语句

在 R 语言中, 常用的条件语句是 if 语句, 它有三种调用方式. 下面分别介绍它们的使用方法.

(1) **单条件语句**. 这种语句的调用方式为

$$
\text{if (条件表达式)}
$$
$$
\text{\{程序代码\}}
$$

这种调用方式的程序代码执行过程为: 若 "条件表达式" 成立 (即 "条件表达式" 的运算结果为 TRUE), 就运行条件语句中的 "程序代码"; 否则, 不运行条件语句中的 "程序代码". 读者可运行如下程序代码, 从 x 的输出结果中体会这种单条件语句的功能:

```
x<-1;#设置变量x的值
if (x<1)#条件表达式的计算结果为F
{
        x<-x+1;#不运行此行程序代码
}
x#显示x的内容为1
if (x<2)#条件表达式的计算结果为T
{
        x<-x+1;#运行此行程序代码
}
x#显示x的内容为2
```

(2) **复合条件语句**. 这种语句的调用方式为

```
if (条件表达式){
    程序代码1
}else{
    程序代码2
}
```

要特别注意, else 要与左边花括号在同一行. 复合条件语句的程序代码执行过程为: 若 "条件表达式" 成立, 就运行条件语句中的 "程序代码 1"; 否则, 运行条件语句中的 "程序代码 2". 读者可运行如下程序代码, 从 x 的输出结果中体会这种复合条件语句的功能:

```
x<-1;#设置变量x的值
if (x<1)#条件表达式的计算结果为F
{
      x<-x+1;#不运行此行程序代码
}else
{
      x<-x+1;#运行此行程序代码
}
x#显示x的内容为2
```

(3) **多条件语句**. 这种语句的调用方式为

```
if (条件表达式1)
   {程序代码1
}else if (条件表达式2)
   {程序代码2
}
...
else if (条件表达式k)
   {程序代码k
}else
   {程序代码k+1}
```

要特别注意, else 要与左边花括号在同一行. 多条件语句的程序代码执行过程为: 若 "条件表达式 1" 成立, 就运行 "程序代码 1"; 若 "条件表达式 2" 成立, 就运行 "程序代码 2"; ……若 "条件表达式 k" 成立, 就运行 "程序代码 k"; 若上述所有条件表达式都不成立, 就运行 "程序代码 k+1". 读者可运行如下程序代码, 从 x 的输出结果中体会多条件语句的功能:

```
x<-1;y<-0#设置x和y的初始值
if (x<=0)#条件不成立
{
   y<-0;#不运行此行代码
}else if (x<=1)#条件成立
{
      y<-x#运行此行代码,y的值变为1
```

```
    }else{
        y=2 #不运行此行代码
    }
    y#显示y的值,为1
```

例 2.A.3　用 R 语言的条件语句写出计算分布函数

$$F(x) = \begin{cases} 0, & x \leqslant 0, \\ x, & 0 < x \leqslant 1, \\ 1, & x > 1 \end{cases}$$

的值的程序代码.

解　将自变量的值赋给 x 后, 可以用如下的程序代码计算这个分布函数在 x 点的值:

```
        Fx<-0#初始化分布函数的值为0
        if(x<=0){
            Fx<-0#当x<=0时,分布函数的值为0
        }else if(x<=1){
            Fx<-x#当x<=1时,分布函数的值为x
        }else{
            Fx<-1#其他情况下,分布函数的值为1
        }
```

计算结果存储在变量 Fx 中. ■

四、循环语句

循环语句是一种重要的程序控制语句, 其功能是表达一些有规律的重复程序代码. R 语言中有两种形式的循环语句, 它们分别是 for **语句**和 while **语句**. 下面简要介绍 R 语言中的循环语句结构.

1. for 循环语句

for 语句是 R 语言提供的两种循环语句中的一种, 它通过一个向量来制定是否重复执行某段程序的规则. 我们称这个向量为**循环向量**. for 语句的调用格式为

```
        for(i in v){
            expr
        }
```

其中 i 为循环变量; v 为向量, 它的各个分量给出了循环变量取值的范围; expr 为循环体, 它由一些程序代码组成. for 循环语句的执行过程如下:

第 1 步, 将 v 的第 1 分量值赋给循环变量 i.

第 2 步, 执行该循环体程序代码.

第 3 步, 判断是否存在 v 的下一个分量, 如果不存在, 就结束循环运算; 否则, 将 v 的下一个分量赋值给循环变量 i, 跳转到第 2 步.

2. while 循环语句

while 语句是 R 语言提供的另一种循环语句, 它通过一个条件表达式来制定是否重复执行某段程序的规则. while 语句的调用格式为

```
while(条件表达式){
    循环体
}
```

其中循环体由一些程序代码组成. while 循环语句的执行过程如下:

第 1 步, 计算条件表达式的值, 如果计算结果是 FALSE, 就结束循环语句; 否则, 执行下一步.

第 2 步, 运行循环体中的程序代码之后, 执行第 1 步.

例 2.A.4 连续投掷一颗质地均匀的骰子, 直到出现 6 点为止, 用 X 表示所做的实验次数. 用 R 软件模拟产生随机变量 X 的 10 次观测值, 并写出相应的程序代码.

解 下面的程序代码可以完成对 X 的 10 次模拟观测, 该段程序代码运行结束后, 10 维向量 Xn 的各个分量分别是 X 的 10 次模拟结果:

```
Xn<-1:10#定义名为Xn的变量
for(i in 1:10)#用i的10次循环完成模拟任务
{
    n<-0#将实验次数n初始化为0
    while(n>=0)
    {
        y<-sample(1:6,1)#模拟掷骰子实验的结果
        n<-n+1#计算开始实验的次数
        if(y==6)#当掷出6点时
        {
            Xn[i]<-n#将此时的实验次数赋值给Xn的第i分量
            n<--1#设置实验的次数为-1,以结束while循环
        }
    }
}
```

将上述程序代码在 RStudio 中运行, 得到的模拟观测结果如表 2-6 所示.

表 2-6 对 X 的 10 次模拟观测结果

模拟编号	1	2	3	4	5	6	7	8	9	10
模拟观测结果	1	3	11	9	2	2	3	4	7	23

例 2.A.5 简化例 2.A.2 解答中的程序代码.

解 利用循环语句和条件语句, 可以把例 2.A.2 解答中的程序代码简化如下:

```
x<-sample(1:6,1000,T)
f=c()
for(i in 1:12){
    if(i<11) {n<-i*10
    }else if(i==11) {n<-50*10
    }else {
    n<-100*10}
    y<-c(x[1:n])
    f<-c(f,c(sum(y==1),sum(y==2),sum(y==3),
            sum(y==4),sum(y==5),sum(y==6))/n)
}
f<-matrix(f,12,6,T)
```

运行这段程序代码后, 计算出的前 $10i$ 次的各个结果出现的频率依次存放在 12×6 矩阵 f 的各个行中. ∎

五、编写函数

如果发现某段程序代码会经常使用, 可以将这段程序代码编写成函数, 以提高工作效率. R 语言中函数的结构如下:

```
name<-function(arg1,arg2,···){
    expression
}
```

其中 name 为函数名称; arg1, arg2, ··· 为函数的输入变量或参数; expression 为函数体, 它由程序代码组成.

例如, 下面的程序代码编写了一个名为 mysum 的函数, 其功能是计算前 n 个自然数之和:

```
mysum<-function(n)#定义函数mysunm,它有一个输入变量n
{
    s<-n*(n+1)/2#将前n个自然数之和赋值给s
    return(s)#返回函数的计算结果s
}
```

要使用函数 mysum 计算前 n 个自然数之和, 必须先运行上述程序代码, 使得环境窗口中出现该函数的名称.

当环境窗口中显示出自己定义函数的名称之后, 就可以像其他 R 语言函数一样调用自己定义的函数了. 例如, 程序代码

```
mysum(50)#计算并显示前50个自然数之和
```

的运行结果在控制台窗口中显示如下:

$$[1] \ 1275$$

即前 50 个自然数之和为 1275.

练 习 题 二

练习 2.1 投掷一枚骰子, 可以用

$$\Omega = \{偶数点, 奇数点\}$$

作为样本空间吗? 如果可以, 这个样本空间都能表达什么事件?

练习 2.2 若事件 $A \subset B$, 通过维恩图判断事件 $A \cup C$ 和 $B \cup C$ 之间的关系.

练习 2.3 已知 $A \neq B$, $A \cap B \neq \varnothing$. 利用维恩图, 将事件 $A \cup B$ 分解成三个互不相容的事件之并, 并用 A 和 B 的运算表示这三个事件.

练习 2.4 对于事件 A 和事件 B, 试用交运算和补运算表示事件 $A - B$.

练习 2.5 对于事件 A 和事件 B, 试用交运算和补运算表示事件 $A \cup B$.

练习 2.6 若 $A_1 \subset A_2 \subset A_3$, 且 $A_1 \neq A_2 \neq A_3$, 试画出表示这三个事件之间关系的维恩图, 并将 A_3 表示成三个互不相容事件之并.

练习 2.7 设 A, B, C, D 是某一实验中的四个事件, 试用它们的运算表达如下事件:

(1) 四个事件中至少有一个发生; (2) 恰好有两个发生;

(3) 至少发生三个; (4) 至多发生一个.

练习 2.8 设 A, B, C 为某随机实验中的三个事件, 试说明下列关系的含义, 并画出相应的维恩图:

(1) $A \cap B \cap C = A$;   (2) $A \cup B \cup C = A$;

(3) $A \cap B \subset C$;   (4) $A \subset \overline{B \cap C}$.

练习 2.9 记录某电话机在 1 小时内的呼叫次数. 设 $A_k = \{$至少有 k 次呼叫$\}$, 试述事件 $\overline{A_k}$ 和 $A_k - A_{k+1}$ 的含义.

练习 2.10 试证明: 频率具有有限可加性, 即对于两两不相容的事件 $A_1, A_2, \cdots, A_m$, 有

$$\mathrm{F}\left(\bigcup_{k=1}^{m} A_k\right) = \sum_{k=1}^{m} \mathrm{F}(A_k).$$

练习 2.11 写出下列各实验的样本空间, 并指出事件所含的样本点:

(1) 将一枚硬币投掷 3 次, $A = \{$第 1 次为正面$\}$, $B = \{$3 次出现同一面$\}$, $C = \{$有正面$\}$.

(2) 将一颗骰子投掷两次, $A = \{$点数相同$\}$, $B = \{$其中一颗点数是另一颗点数的 2 倍$\}$, $C = \{$点数之和为 6$\}$.

(3) 将一个红球与一个黑球任意放入编号为 1, 2, 3 的三个盒中, $A = \{$1 号盒不空$\}$, $B = \{$1 号盒与 2 号盒各一个球$\}$, $C = \{$每盒至多一个球$\}$.

练习 2.12 现有质地均匀的红色和白色骰子各一颗, 同时投掷这两颗骰子, 用 A 表示 "红色骰子的点数大于白色骰子的点数" 的事件. 试通过计算机模拟 100 次, 估算事件 A 的概率.

练习 2.13 对于事件 A, 用符号 "$\omega \in A$" 表示事件 A 发生时, ω 的含义是什么?

练习 2.14 "概率" 与 "事件 A 的概率" 的含义相同吗?

练习 2.15 试证明概率的性质 (1) ~ (3).

练习 2.16 试证明概率的性质 (4) ~ (7).

练习 2.17 设袋中有编号为 $1 \sim 6$ 的 6 个球. 现不放回地从中任取出 3 个球, 求取出的 3 个球中至少有一个号码不超过 3 的概率.

练习 2.18 将一颗质地均匀的骰子投掷 n 次, 求得到最大点数为 5 的概率.

练习 2.19 试证明: 随机变量的分布函数是单调增函数, 即对于任何实数 $x_1 \leqslant x_2$, 有

$$F(x_1) \leqslant F(x_2).$$

练习 2.20 在例 2.3.3 中, 用随机变量表示事件 "他等待时间在 $30 \sim 50$ min 之间", 并求该事件发生的概率.

练习 2.21 考虑描述投掷一颗质地均匀骰子实验的概率空间 $(\Omega, \mathscr{F}, \mathrm{P})$, 其中

$$\Omega = \{1 \text{ 点}, 2 \text{ 点}, 3 \text{ 点}, 4 \text{ 点}, 5 \text{ 点}, 6 \text{ 点}\},$$

事件类 $\mathscr{F}$ 由 Ω 的一切子集所构成. 定义随机变量

$$\xi(\omega) = \begin{cases} 1, & \text{出现奇数点}, \\ 0, & \text{出现偶数点}. \end{cases}$$

问: 用随机变量 ξ 可以表示事件类 $\mathscr{F}$ 中的所有事件吗? 为什么?

练习 2.22 当两个离散型随机变量的密度矩阵相等时, 能否断言这两个随机变量相等? 请举例说明.

练习 2.23 某人有 n 把外形相似的钥匙, 其中只有一把能打开门. 现从中任选一把钥匙试开, 直至打开门为止. 试对每次试毕钥匙 (1) 不放回, (2) 放回两种情形求试开次数 ξ 的数学期望.

练习 2.24 计算两点分布随机变量的均值与方差.

练习 2.25 一台机器生产的螺栓有 10% 不合格, 若从这台机器生产的螺栓中随机选择 10 个, 求其中不合格螺栓超过 3 个的概率.

练习 2.26 某射手击中目标的概率为 0.8, 求该名射手在 20 次射击中击中目标的次数小于 15 的概率.

练习 2.27 假设男婴的出生率为 0.51, 求在 100 个新生儿中有 51 个男婴的概率.

练习 2.28 一次考试中, 你不知道一个有四个选项的单项选择题的正确答案, 结果你随机地猜了一个答案. 问: 你选对的概率是多少?

练习 2.29 假设男婴的出生率为 0.51, 请估计有三个孩子的 1000 个家庭中至少有一个男孩的家庭数.

练习 2.30 若产品的合格率为 0.99, 在 100 件产品中的合格品数量 ξ 的数学期望是什么?

练习 2.31 一位教师统计了在他安排的 1 小时答疑时间内来问问题的学生数, 结果发现平均有 1.5 个学生来问问题. 请估计在 1 小时答疑时间内来问问题的学生数超过 4 的概率.

练习 2.32 从 1970 年 1 月 1 日到 2004 年 12 月 31 日, 中国地震监测台网记录到了 399 次大地震 (震级在 6 Ms 以上). 用 ξ 表示一年内记录到的大地震次数. 若用泊松分布来近似 ξ 的分布, 估计下列事件发生的概率:

(1) 一年内没有发生大地震;

(2) 一年内发生小于 20 次大地震;

(3) 一年内发生 20 次以上大地震.

练习 2.33 设 $\xi \sim N(0,1)$, 求下列事件的概率:

(1) $\{0 < \xi \leqslant 1.2\}$;　　(2) $\{-1.2 \leqslant \xi < 0\}$;　　(3) $\{|\xi| < 1.2\}$;

(4) $\{\xi = 1.2\}$;　　(5) $\{\xi \geqslant 1.2\}$.

练习 2.34 某台机器生产的 100 根轴的平均直径为 5.01 cm, 并且轴直径的标准差为 0.05 cm. 如果规定轴的直径超出 $[4.9, 5.1]$ (单位: cm) 的范围, 就认为轴的质量不合格. 试估计该机器所生产轴的直径的平均值位于合格区间的概率.

练习 2.35　假设某厂生产的电视机的使用寿命为 X (单位: h), 且已知 $\mathrm{E}(X) = 10000$ h, $\sqrt{\mathrm{D}(X)} = 100$ h. 厂家保证, 从购买日期起, 如果电视机不能连续正常使用一年, 那么就可以退货. 试估计该厂家售出的 3200 台电视机的平均使用寿命超过一年的概率.

练习 2.36　试计算两点分布和二项分布的变异系数.

练习 2.37　试计算泊松分布和均匀分布的变异系数.

练习 2.38　试计算两点分布的 5 阶原点矩和 5 阶中心矩.

练习 2.39　试计算 $U(0,1)$ 的四分位数.

练习 2.40　试计算正态分布 $N(\mu, \sigma^2)$ 的众数.

练习 2.41　试计算二项分布 $B(3, 0.5)$ 的众数和数学期望.

练习 2.42　对于连续型或离散型随机变量, 如何预测其值?

练习 2.43　设 $\xi \sim B(1, 0.3)$, 对于 $i = 1, 2, \cdots, 10000$, 分别用 R 语言模拟 ξ 的重复观测结果 $10i$ 次, 并计算相应的重复观测结果的算术平均值 $\bar{x}_i$; 绘制 $(i, \bar{x}_i)$ 的折线图, 分析该折线随着 i 增大变化的趋势及原因.

练习 2.44　设 ξ 服从以 1000, 10 和 50 为参数的超几何分布, 对于 $i = 1, 2, \cdots, 10000$, 分别用 R 语言模拟 ξ 的重复观测结果 $10i$ 次, 并计算相应的重复观测结果的算术平均值 $\bar{x}_i$; 绘制 $(i, \bar{x}_i)$ 的折线图, 分析该折线随着 i 增大变化的趋势及原因.

练习 2.45　设 $\xi \sim P(1)$, 对于 $i = 1, 2, \cdots, 10000$, 分别用 R 语言模拟 ξ 的重复观测结果 $10i$ 次, 并计算相应的重复观测结果的算术平均值 $\bar{x}_i$; 绘制 $(i, \bar{x}_i)$ 的折线图, 分析该折线随着 i 增大变化的趋势及原因.

练习 2.46　设 $\xi \sim U(-10, 10)$, 对于 $i = 1, 2, \cdots, 10000$, 分别用 R 语言模拟 ξ 的重复观测结果 $10i$ 次, 并计算相应的重复观测结果的算术平均值 $\bar{x}_i$; 绘制 $(i, \bar{x}_i)$ 的折线图, 分析该折线随着 i 增大变化的趋势及原因.

练习 2.47　设 $\xi \sim N(0, 25)$, 对于 $i = 1, 2, \cdots, 10000$, 分别用 R 语言模拟 ξ 的重复观测结果 $10i$ 次, 并计算相应的重复观测结果的算术平均值 $\bar{x}_i$; 绘制 $(i, \bar{x}_i)$ 的折线图, 分析该折线随着 i 增大变化的趋势及原因.

练习 2.48　能用大数定律做近似计算的关键是什么?

练习 2.49　设 $\xi \sim B(10000, 0.3)$, 写出用蒙特卡罗方法近似计算 $F_\xi(5555)$ 的 R 语言程序代码, 并将计算结果与 pbinom$(5555, 10000, 0.3)$ 的计算结果相比较, 分析近似计算的精度与重复观测次数之间的关系.

练习 2.50　设 ξ 服从以 1000, 10 和 50 为参数的超几何分布, 写出用蒙特卡罗方法近似计算 $F_\xi(10)$ 的 R 语言程序代码, 并将计算结果与 phyper$(10, 10, 990, 50)$ 的计算结果相比较, 分析近似计算的精确度与重复观测次数之间的关系.

练习 2.51　设 $\xi \sim P(10)$, 写出用蒙特卡罗方法近似计算 $F_\xi(9)$ 的 R 语言程序代码, 并将计算结果与 ppois$(9, 10)$ 的计算结果相比较, 分析近似计算的精确度与重复观测次数之间的关系.

练习 2.52 设 $\xi \sim U(-10, 10)$, 写出用蒙特卡罗方法近似计算 $F_\xi(0.5)$ 的 R 语言程序代码, 并将计算结果与 punif(0.5, -10, 10) 的计算结果相比较, 分析近似计算的精确度与重复观测次数之间的关系.

练习 2.53 写出用蒙特卡罗方法近似计算 $\Phi_{1,3}(0)$ 的 R 语言程序代码, 并将计算结果与 pnorm(0, 1, 3) 的计算结果相比较, 分析近似计算的精确度与重复观测次数之间的关系.

练习 2.54 试用蒙特卡罗方法估算定积分 $\int_0^1 x^2 \mathrm{e}^{x^2} \mathrm{d}x$.

练习 2.55 设 $\xi \sim B(10000, 0.3)$, 写出用蒙特卡罗方法近似计算 ξ 的二阶原点矩和二阶中心矩的 R 语言程序代码, 并给出计算结果.

练习 2.56 设 ξ 服从以 1000, 10 和 50 为参数的超几何分布, 写出用蒙特卡罗方法近似计算 ξ 的二阶原点矩和二阶中心矩的 R 语言程序代码, 并给出计算结果.

练习 2.57 设 $\xi \sim P(10)$, 写出用蒙特卡罗方法近似计算 ξ 的二阶原点矩和二阶中心矩的 R 语言程序代码, 并给出计算结果.

练习 2.58 设 $\xi \sim U(-10, 10)$, 写出用蒙特卡罗方法近似计算 ξ 的二阶原点矩和二阶中心矩的 R 语言程序代码, 并给出计算结果.

练习 2.59 设 $\xi \sim N(1, 25)$, 写出用蒙特卡罗方法近似计算 ξ 的二阶原点矩和二阶中心矩的 R 语言程序代码, 并给出计算结果.

练习 2.60 若大学生中男生的身高均值为 173.61 cm, 标准差为 4.96 cm. 随机选取 16 名男大学生. 在 RStudio 中, 写出用中心极限定理近似计算这 16 名学生的身高均值落在区间 $(168.65, 178.57)$ (单位: cm) 内的概率的程序代码, 并给出近似计算的结果.

练习 2.61 设 $X \sim B(10, 0.4)$, 其 30 次重复观测为 $X_1, X_2, \cdots, X_{30}$. 记

$$\overline{X} \triangleq \frac{1}{30} \sum_{k=1}^{30} X_k, \quad Z \triangleq \frac{\sqrt{30}(\overline{X} - 4)}{\sqrt{2.4}}.$$

用计算机模拟 Z 的重复观测结果 1000 次, 将 Z 的经验分布函数 $F_{1000}(x)$ 与 $\Phi(x)$ 在点

$$x = -3 + 0.5k, \quad k = 0, 1, \cdots, 12$$

的值相比较, 给出相应的 R 语言程序代码, 并解释此比较结果.

练习 2.62 设 X 服从以 1000, 10 和 50 为参数的超几何分布, 其 30 次重复观测为 $X_1, X_2, \cdots, X_{30}$. 记

$$\overline{X} \triangleq \frac{1}{30} \sum_{k=1}^{30} X_k, \quad Z \triangleq \frac{\sqrt{30}(\overline{X} - \mathrm{E}(X))}{\sqrt{D(X)}}.$$

用计算机模拟 Z 的重复观测结果 1000 次, 将 Z 的经验分布函数 $F_{1000}(x)$ 与 $\Phi(x)$ 在点

$$x = -3 + 0.5k, \quad k = 0, 1, \cdots, 12$$

的值相比较, 给出相应的 R 语言程序代码, 并解释此比较结果.

练习 2.63　设 $X \sim P(2)$, 其 30 次重复观测为 $X_1, X_2, \cdots, X_{30}$. 记

$$\overline{X} \triangleq \frac{1}{30} \sum_{k=1}^{30} X_k, \quad Z \triangleq \frac{\sqrt{30}(\overline{X} - \mathrm{E}(X))}{\sqrt{\mathrm{D}(X)}}.$$

用计算机模拟 Z 的重复观测结果 1000 次, 将 Z 的经验分布函数 $F_{1000}(x)$ 与 $\Phi(x)$ 在点

$$x = -3 + 0.5k, \quad k = 0, 1, \cdots, 12$$

的值相比较, 给出相应的 R 语言程序代码, 并解释此比较结果.

练习 2.64　设 $X \sim U(0, 1)$, 其 30 次重复观测为 $X_1, X_2, \cdots, X_{30}$. 记

$$\overline{X} \triangleq \frac{1}{30} \sum_{k=1}^{30} X_k, \quad Z \triangleq \frac{\sqrt{30}(\overline{X} - 0.5)}{\sqrt{1/12}}.$$

用计算机模拟 Z 的重复观测结果 1000 次, 将 Z 的经验分布函数 $F_{1000}(x)$ 与 $\Phi(x)$ 在点

$$x = -3 + 0.5k, \quad k = 0, 1, \cdots, 12$$

的值相比较, 给出相应的 R 语言程序代码, 并解释此比较结果.

练习 2.65　设 $X \sim N(2, 9)$, 其 30 次重复观测为 $X_1, X_2, \cdots, X_{30}$. 记

$$\overline{X} \triangleq \frac{1}{30} \sum_{k=1}^{30} X_k, \quad Z \triangleq \frac{\sqrt{30}(\overline{X} - \mathrm{E}(X))}{\sqrt{\mathrm{D}(X)}}.$$

用计算机模拟 Z 的重复观测结果 1000 次, 将 Z 的经验分布函数 $F_{1000}(x)$ 与 $\Phi(x)$ 在点

$$x = -3 + 0.5k, \quad k = 0, 1, \cdots, 12$$

的值相比较, 给出相应的 R 语言程序代码, 并解释此比较结果.

第三章　数据的收集

应用统计学的方法解决问题的第一步是设法得到 "好" 数据, 因为最终的解题答案是建立在数据分析的基础上的.

案例 3.1　考虑问题: 2015 年 1 月 1 日 0 时北京市居民 (18 岁以上) 的平均身高是多少?

计算平均身高本是一个数学计算问题, 但是在获取身高数据的操作过程会遇到许多困难. 例如, 在任何时刻, 北京市居民都分布在世界各地, 我们不可能有那么多的人力、物力和财力来测量各位居民的身高. 由于成本太高, 而无法获取全部身高数据, 因此只能用部分的数据估计平均身高. 按统计学的定义, 这恰好构成了一个统计学研究问题, 即如何用北京市部分居民身高数据估计北京市居民平均身高的问题.

用统计学方法来认识平均身高, 需要研究问题背景, 确定收集数据的方法以及根据已掌握的知识 (包括概率论、统计学、数学和其他学科的已有知识) 设计估计平均身高的方法.

在平均身高估计问题中, 要收集的数据很明确, 就是居民的身高. 问题是如何确定收集数据的具体方案. 为了回答这个问题, 需要充分有效利用所掌握的知识设计平均身高的估计思路和数据采集方法.

为了解决此问题, 先用数学语言表述该问题. 记北京市全体居民为

$$\Omega = \{\omega_1, \omega_2, \cdots, \omega_N\},$$

并将 ω_i $(i = 1, 2, \cdots, N)$ 的身高记为 h_i. 我们需要估计的是 $\dfrac{1}{N}\sum_{i=1}^{N} h_i$. 如果能够设计概率空间 $(\Omega, \mathscr{F}, \mathrm{P})$ 及定义在其上的随机变量 ξ, 使得

$$\mathrm{E}(\xi) = \frac{1}{N}\sum_{i=1}^{N} h_i, \tag{3.1}$$

就可以通过 ξ 的重复观测值估计居民平均身高. 现在需要设计事件类 $\mathscr{F}$, 概率 P 和随机变量 ξ, 使之满足 (3.1) 式.

取 $\mathscr{F} = \{A : A \subset \Omega\}$, P 为古典概率, 定义

$$\xi(\omega_i) = h_i, \quad i = 1, 2, \cdots, N,$$

则 ξ 为概率空间 $(\Omega, \mathscr{F}, \mathrm{P})$ 上的离散型随机变量, 并且

$$E(\xi) = \sum_{i=1}^{N} h_i P(\xi = h_i) = \sum_{i=1}^{N} h_i P(\{\omega_i\}) = \frac{1}{N} \sum_{i=1}^{N} h_i.$$

因此, 可以通过 ξ 的重复观测值估计居民平均身高. 问题是如何获取 ξ 的重复观测值.

在前面的设计中, P 为古典概率, 可以通过离散型均匀分布随机数产生 ξ 的重复观测值, 然后估计居民平均身高. 具体方案如下:

(1) 将 Ω 中的样本点编号为 $1, 2, \cdots, N$;

(2) 产生以 N 为参数的离散均匀分布随机数 $i_1, i_2, \cdots, i_n$;

(3) 对于 $k \in S = \{i_1, i_2, \cdots, i_n\}$, 测量居民 ω_k 的身高 h_k;

(4) 计算居民平均身高的估计值:

$$\hat{h} = \frac{1}{n} \sum_{k \in S} h_k. \tag{3.2}$$

统计学中包含了一些最基本的概念和获取数据的方法, 本章介绍这些基本概念和数据收集原理.

§3.1 基 本 概 念

在案例 3.1 中, 涉及一些很有用的统计学基本概念, 下面一一介绍. 通常我们所感兴趣的问题都是以一些**个体**的某些定性或定量的特征指标表现出来的. 例如, 在上面案例中, 每一位北京居民都是一个体, 都有年龄、身高、体重、职业和受教育程度五项特征指标, 其中年龄、身高和体重为定量指标, 职业和受教育程度为定性指标. 在案例中关心的指标是身高.

在概率论观点下, 个体相当于概率空间中的样本点, 是特征指标的载体; 个体指标相当于随机变量. 但是产生这些术语的背景稍有不同: 样本点源于随机现象的研究, 不能事先预知一个样本点是否出现, 而个体则没有这方面的要求; 随机变量源于随机现象的研究, 不能事先预知随机变量的值, 而个体指标没有这样的要求. 为了讨论数据的收集方法, 需要如下概念:

总体 所有个体组成的集合, 常常用 Ω 表示.

有限总体 个体数为有限的总体.

总体给出了我们所研究个体的范围, 其中的个体是观测数据的载体. 总体是统计学中最基本的概念, 在实际问题中它必须被小心地定义.

在案例 3.1 中, 总体由 2015 年 1 月 1 日 0 时北京市居民 (18 岁以上) 构成, 它为有限总体. 此处如果去掉了时间定语, 总体的定义就不清晰了 (如对于某一具体公民, 他可能现在不是北京市民, 而在将来有可能成为北京市民, 即我们无法判断他是否是北京居民).

变量 个体的定性或定量特征指标.

在案例 3.1 中, 变量为居民的身高, 而关心的实际问题是身高变量的一种特征, 即平均身高. 严格地讲, 一个个体的特征指标并不是随机变量, 它是客观存在的量, 不会发生变化. 当我们以某种随机的方式获取个体时, 所得的个体特征指标就成为随机变量[1].

同一个体, 可以承载多个不同变量, 在很多时候这些变量之间的关系成为人们感兴趣的研究问题. 例如, 在案例 3.1 中, 对应于同一居民的变量有身高、体重、年龄、性别、受教育程度、职业和收入等变量, 这些变量之间的关系, 形成了大量的统计应用研究课题.

参数 描述变量某种特征的量, 也称为**总体参数**.

在实际应用中, 总体参数是未知的人们感兴趣的量, 可以用实数刻画, 没有随机性.

特别地, 对于有限总体, 人们关心的参数主要有如下几个:

总体总量 总体中所有个体变量值之和.

总体均值 总体中所有个体变量值的算术平均值.

总体比率 总体中具有某种变量特征的个体在总体中的比率.

例如, 在案例 3.1 中, "身高" 之和、"身高" 的均值以及女性居民的比率都为参数, 这些参数都是客观存在的实数, 不具有随机性. 该案例中我们关心的参数为北京市居民的平均身高, 即 "身高" 的均值.

普查 收集所有个体变量的数据.

普查是获取参数真值的必经途径, 但是在实现普查的过程中会遇见许多难以克服的困难. 例如, 在案例 3.1 中, 需要得到的是北京市居民平均身高的真值. 为了完成此任务, 必须通过普查得到所有居民的身高数据, 然后计算这些数据的算术平均值. 但此时普查的问题是:

(1) 北京市居民分布在世界各地, 需要投入大量的人力、物力和财力才能找到各个个体, 测量其身高, 成本无法担负;

(2) 由于北京市居民众多, 难免在身高数据普查过程中出现失误, 结果导致总体参数的计算值的误差.

因此, 很难完成北京市居民平均身高的计算任务. 又如, 一般情况下无限总体不能完成普查任务; 在有些实际问题中, 对于个体变量的测量具有破坏性 (如商店购进的袋装奶的质量检验等), 此时也不容许普查. 为了解决上述障碍, 需要探索用部分个体变量值估计总体参数的方法.

为了交流方便, 有必要引入与所取出的部分个体数据相关的术语.

样本 从总体取出的一些个体.

样本容量 样本所包含的个体数.

样本点 样本中个体的变量值.

样本数据 样本点的全体.

---

[1]如 (3.2) 式中的 h_1.

例如, 案例 3.1 中, 个体 $\omega_{i_1}, \omega_{i_2}, \cdots, \omega_{i_n}$ 构成一个容量为 n 的样本; 对于 $1 \leqslant k \leqslant n$, $h(\omega_{i_k})$ 为一个样本点; 身高 $h(\omega_{i_1}), h(\omega_{i_2}), \cdots, h(\omega_{i_n})$ 构成样本数据. 从概念上讲, 样本和样本数据指的是两个不同的概念, 但在实际交流中 (为了简便) 人们经常将样本数据简称为**样本**.

样本数据是我们估计总体参数的基础. 在案例 3.1 中, 我们是用样本数据的算术平均值 (3.2) 来估计总体参数 —— 北京市居民平均身高的. 样本数据的算术平均值完全由样本数据所决定, 可以看成以样本数据为自变量的函数. 我们用这个函数来估计总体参数.

统计量 不含有任何未知参数的, 以样本数据为自变量的函数.

统计量是样本信息的加工工具, 其用途之一是估计总体参数. 不同的统计量相当于不同的参数估计方法. 在案例 3.1 中,

$$\hat{h} = \frac{1}{n} \sum_{k \in S} h_k$$

为统计量, 而

$$\hat{h}_1 = h_{i_1} \quad \text{和} \quad \hat{h}_2 = h_{i_1} + h_{i_1}$$

也都为统计量, 它们都可以用来估计北京市居民平均身高, 只不过估计的效果不同.

要讨论这些不同统计量估计北京市居民平均身高的效果, 需要概率论的知识. 其中的 $\hat{h}$ 是依据大数定律结论所建立的, 随着样本容量的增加它会趋近于要估计的对象 —— 北京市居民平均身高. 因此, 在这类研究中, 我们希望样本容量尽量大, 以得到更可靠的统计推断结论. 但增加样本容量会提升获取样本观测值的成本.

为了方便应用, 人们将变量进行分类. 下面简要介绍这方面的内容, 并讨论在实际应用中的注意事项.

属性变量 描述个体属性特征的变量.

例如, 对于个体居民而言, 性别、职业和受教育程度都为属性变量. 属性变量也称为**分类变量**或**定性变量**.

在数据处理的过程中, 常常把属性变量的不同取值用数字来表示, 以方便计算机处理. 但此时不同的数字仅代表不同个体的属性特征, 而没有其他含义. 这时诸如变量的平均值、中位数等特征就失去了意义.

数值变量 描述个体数量特征的变量.

例如, 对于个体居民而言, 年龄、身高和体重都是数值变量, 其数学期望、方差、分位数等有实际的含义. 数值变量也称为**定量变量**.

离散型变量 仅能取有限个或可数个不同值的变量.

连续型变量 取值充满某个区间的变量.

问题 值为数值的变量都是数值变量吗?

例 3.1.1 某个药品制造商关心本公司开发的某种新药能控制高血压的比率. 请回答下列问题:

(1) 总体是有限总体吗?　　　　(2) 所关心的变量是什么?

(3) 所关心的参数是什么?　　　　(4) 我们知道这个参数的值吗?

解 (1) 这里总体 Ω 由所有的高血压病人组成, 为有限总体.

(2) 所关心的变量是个体服用新药后是否能控制高血压的分类变量.

(3) 关心的参数是新药能够控制高血压的比率 p.

(4) 不知道参数 p 的值, 它是需要估计的对象. ■

例 3.1.2 在例 3.1.1 中, 为了估计新药能控制高血压的比率 p, 从高血压病人中抽取 n 个人服用新药, 记

$$X_i = \begin{cases} 1, & \text{第 } i \text{ 人的高血压被新药控制}, \\ 0, & \text{否则}, \end{cases} \quad i = 1, 2, \cdots, n.$$

请给出 p 的一种估计方法.

解 这里样本为 $X_1, X_2, \cdots, X_n$, 从而统计量

$$T_1(X_1, X_2, \cdots, X_n) = \frac{1}{n} \sum_{i=1}^{n} X_i$$

为样本中新药能够控制高血压病人的比率, 可以用它来估计参数 p. ■

问题 $T_2(X_1, X_2, \cdots, X_n) = X_1$ 是 p 的一种估计方法吗?

例 3.1.3 考查高等院校在职教师平均年龄时, 总体和参数分别是什么? 感兴趣的变量是什么? 这个变量是什么类型的? 请至少给出两个不同的估计参数的统计量.

解 总体为当前各高等院校全体在册教师; 感兴趣的变量是教师的年龄, 它是数值变量; 教师的平均年龄为参数. 记样本为 $X_1, X_2, \cdots, X_n$, 则

$$\overline{X} = \frac{1}{n} \sum_{i=1}^{n} X_i \quad \text{和} \quad T = \sin X_1 + 35$$

是两个不同的统计量, 都可用来估计高等院校在职教师的平均年龄. ■

§3.2　观测数据的收集

观测数据是对客观现象进行实地观测所取得的数据, 并且在取得数据的过程中没有人为地约束产生数据的外部条件.

3.2.1 方便样本与判断样本

案例 3.2 一次失败的民意调查: 1936 年, 美国总统选举前,《文学摘要》杂志进行了一次民意调查. 专家根据电话簿和车辆登记簿上的名单给约 1000 万人发放调查表, 回收 200 万份, 统计结果是兰登 (Landon) 将以 57% 对 43% 的比例获胜.

根据收回的调查问卷, 该杂志社预测兰登将赢得选举. 但结果是罗斯福 (Roosevelt) 获胜. 这次失败的民意调查后不久, 该杂志社便关门停刊.

问题 为什么此次民意调查会出错?

1936 年是美国经济大萧条时期, 汽车和电话不像现在这样普及. 专家图方便, 利用车辆登记簿和电话簿获取样本, 导致所获得的样本仅能代表富有者的观点, 不能很好地代表全体选民的观点.

在案例 3.2 是一个失败的收集数据的案例, 专家为了方便, 借助车辆登记簿和电话簿抽取样本, 付出了惨痛的代价. 为了讨论方便, 人们给这类样本取了一个特殊的名称:

方便样本 从那些容易接触到的个体中抽取的样本.

方便样本只能代表容易得到的那些个体, 所得的结论自然只适合这一群体. 例如, 案例 3.2 中的方便样本取自富有者阶层, 而富有者的观点与其他选民的观点不一致, 导致了悲剧的发生. 如果不注意数据的这种来源背景特点, 而盲目地使用 R 软件分析数据, 就会像《文学摘要》杂志社一样付出惨痛的代价.

在第一章例 1.1.2 中, 我们讨论了一篮水果的质量判断问题, 其中样本是篮中表面的水果, 是容易得到的方便样本. 通常摊主在装箱时, 会把好水果放在表面, 使得表层水果的质量与其他水果的质量有差异, 这是问题所在.

以总体中那些容易得到的个体作为样本, 牺牲了样本数据的代表性, 却降低了获取样本的成本. 研究者在无奈的情况下也研究方便样本, 这主要是因为得不到更好的样本. 例如, 心理学上的一些研究样本经常是 "心理学" 课程的学生; 医学研究者经常以自己的病人作为样本; 市场调查者经常以被他们说服的合作者作为样本; 有时杂志社会向读者发放一些调查问卷, 并要求寄回答卷, 结果只能得到读者中那些愿意花时间和精力寄回答卷的读者 (如对问题有强烈主张者); 等等.

人们常常根据经验选择有代表性的个体组成样本, 这种获取样本的方法称为**判断抽样** (或**经验抽样**), 相应的样本称为**判断样本** (或**经验样本**).

判断样本的代表性取决于所依据的经验是否正确, 无法从理论角度分析判断样本的代表性.

在现实生活中, 有些人为了特定的目的而选取样本, 以达到欺骗目的. 例如, 在一些产品广告中, 厂商为了获取高额回报, 会用有利于产品的数据做统计分析, 以说明产品的有效性; 在观点辩论中, 辩论者常常引用一些有利于自己观点的案例来论证自己的观点的正确性.

3.2.2　随机样本

案例 3.3　炒菜时, 在菜出锅前需要将锅中的菜充分翻炒均匀, 然后装盘, 这样才能得到口味均匀的一盘菜.

一口菜的味道取决于其中组成菜的各种不同味道的原料和调料的比例. 如果盘中每口菜的这种比例都相同, 那么整盘菜的口味就均匀.

可以把一盘菜看成由一些个体组成的总体, 且每个个体有一个名为 "味" 的变量. 将锅中的菜充分翻炒均匀, 实际上是保证了组成菜的任何一个个体进入样本的可能性相同, 结果使得样本的味道能够代表整盘菜的味道.

在案例 3.3 中, 如果放入口中的菜没有盐分, 品尝出的味道就会不对劲. 一般对于有限总体来说, 要使样本能代表总体, 必须保证总体中的每个个体进入样本的可能性都大于 0.

入样概率　个体被选入到样本中的概率.

随机抽样　每个个体的入样概率都大于 0.

随机样本　用随机抽样获取的样本.

随机抽样使任何个体都有进入到样本的机会, 可以根据个体的入样概率设计出合理的估计总体参数的方法. 如何在现有的方法中确定最好的参数估计方法, 是应用领域专业人士的任务. 专业人士与统计学家合作能提高参数估计的效率. 如何创建适合于专业领域的精确度更高的估计方法, 是统计专家的任务. 完成此任务需要了解专业领域的背景知识, 统计专家与应用领域专业人士合作能缩短了解背景知识的时间, 提高工作效率.

案例 3.1 中的抽样方法是基于大数定律的随机抽样, 它实际上等价于用取后放回的方法从总体 Ω 中依次任意选取 n 个样本点. 将案例 3.1 中的抽样方法一般化, 得到如下的随机抽样方法:

放回简单随机抽样　用取后放回的方法从总体中依次任意取出样本点.

放回简单随机样本　用放回简单随机抽样获取的样本, 也称为**独立同分布样本**.

仅在有限总体情形下, 才能进行放回简单随机抽样. 如无特殊说明, 本节中的总体都是有限总体.

显然, 放回简单随机样本的各个样本点是随机变量 ξ 的重复观测, 其共同的密度矩阵为

$$\begin{pmatrix} x(\omega_1) & x(\omega_2) & \cdots & x(\omega_N) \\ 1/N & 1/N & \cdots & 1/N \end{pmatrix}, \tag{3.3}$$

其中 N 为总体所含的个体数, 个体 $\omega_i \ (i = 1, 2, \cdots, N)$ 被选入到样本的概率为

$$p_i = \sum_{k=1}^{n} \binom{n}{k} \left(\frac{1}{N}\right)^k \left(1 - \frac{1}{N}\right)^{n-k} = 1 - \left(1 - \frac{1}{N}\right)^n. \tag{3.4}$$

此概率与 i 无关, 即各个体被等可能选入到样本中, 这体现了各个个体地位平等的原则.

例 3.2.1 若 $X_1, X_2, \cdots, X_n$ 为放回简单随机样本, 求样本均值

$$\overline{X} = \frac{1}{n} \sum_{i=1}^{n} X_i$$

的数学期望和方差.

解 由数学期望的线性性质和 (3.3) 式知

$$\mathrm{E}(\overline{X}) = \frac{1}{n} \sum_{i=1}^{n} \mathrm{E}(X_i) = \frac{1}{n} \sum_{i=1}^{n} \left(\frac{1}{N} \sum_{k=1}^{N} x(\omega_k) \right) = \frac{1}{N} \sum_{k=1}^{N} x(\omega_k), \tag{3.5}$$

即样本均值的数学期望等于总体均值. 由各个样本点是随机变量的重复观测、定理 2.3.3 和 (3.3) 式知

$$\mathrm{D}(\overline{X}) = \frac{1}{n^2} \sum_{i=1}^{n} \mathrm{D}(X_i) = \frac{1}{n^2} \sum_{i=1}^{n} \left(\sum_{k=1}^{N} (x(\omega_k) - \mathrm{E}(\overline{X}))^2 \frac{1}{N} \right)$$

$$= \frac{1}{nN} \sum_{k=1}^{N} (x(\omega_k) - \mathrm{E}(\overline{X}))^2. \tag{3.6}$$

■

由大数定律和本题结果知, 放回简单随机样本的样本均值可以估计总体均值. 进一步, 由 (3.6) 式知这种估计总体均值方法的均方误差与样本容量成反比.

3.2.3 简单随机抽样

案例 3.4 考查总体 $\Omega = \{\omega_1, \omega_2, \cdots, \omega_{1000}\}$ 以及变量 $x(\omega_k)$. 在放回简单随机抽样中, 出现样本

$$X = \{x(\omega_1), x(\omega_1), \cdots, x(\omega_1)\}$$

的概率大于 0 吗? 通过此样本来估计总体均值的效果如何?

用抽后不放回的方法从总体中依次任意抽取样本 $Y_1, Y_2, \cdots, Y_n$, 能有效避免重复抽到同一个体的情况, 从而提高样本均值的总估计效果.

由案例 3.4, 可以抽象出如下术语:

简单随机抽样 用抽后不放回的方法从总体中依次任意抽出样本点.

简单随机样本 用简单随机抽样获取的样本.

案例 **3.5**　简单随机样本的样本均值是否具有更高的估计精确度? 为了探讨这个问题的答案, 我们先通过随机模拟考查具体案例的比较结果. 下面我们探讨

$$x(\omega_k) = k, \quad k = 1, 2, \cdots, 1000$$

的情况. 此时, 利用等差数列的求和公式可以计算得总体均值为

$$\frac{1}{1000} \sum_{k=1}^{1000} x(\omega_k) = \frac{1}{1000} \sum_{k=1}^{1000} k = 500.5.$$

下面限定容量为 100, 分别模拟放回简单随机样本和简单随机样本, 考查它们的样本均值对于总体均值的估计效果.

可以用如下程序代码模拟放回简单随机样本, 并计算模拟样本的均值:

```
N=1000;#总体中个体的总数
n=100;#样本容量
X=sample(1:N,n,T);#模拟放回简单随机抽样的样本
Xbar=mean(X);#计算放回简单随机抽样的样本均值
```

运行上述程序代码, 此时模拟估计的结果 Xbar 在控制台窗口显示如下:

[1] 517.23

再运行程序代码

```
Y=sample(1:N,n,F);#模拟简单随机抽样(不放回)的样本
Ybar=mean(Y);#计算简单随机抽样的样本均值
```

得到简单随机抽样的模拟样本以及样本均值计算结果:

[1] 510.17

与真实的总体均值 500.5 相比较, 简单随机抽样的样本均值对 500.5 的估计精确度更高.

由上述模拟结果可以断言 "简单随机抽样的样本均值估计总体均值的效果更好" 吗? 这样断言的可信程度值得怀疑, 因为再次运行上述程序代码, 所得的结果会有所不同. 为了避免单次模拟估计的随机性, 可以通过多次模拟估计的结果比较两种均值的估计效果.

常用的衡量多次模拟估计效果的指标有两个: 一是多次估计的平均, 它与被估对象之差 (即估计偏差, 详见定义 5.1.3), 它的绝对值越小越好; 二是各次估计与估计对象之差的平方的平均值 (即均方误差的估计, 详见定义 5.1.2), 这个平均值越小越好. 下面一段程序代码可以完成上述任务:

```
trueMean=500.5;#总体均值
m=10000;#重复估计的次数
N=1000;#总体中个体的总数
n=100;#样本容量
Xmean=c(0);#初始化累计值为0
Ymean=c(0);#初始化累计值为0
XD=c(0);
YD=c(0);
for(k in 1:m){
   X=sample(1:N,n,T);#模拟第k次放回简单随机抽样的样本
   tmp=mean(X)#计算样本均值
   Xmean=Xmean+tmp;#计算放回简单随机抽样的样本均值的累计结果
   XD=XD+(tmp-trueMean)^2;#计算放回简单随机抽样估计误差平方的累计结果
   Y=sample(1:N,n,F);#模拟第k次简单随机抽样的样本
   tmp=mean(Y);#计算样本均值
   Ymean=Ymean+mean(Y)#计算简单随机抽样的样本均值的累计结果
   YD=YD+(tmp-trueMean)^2;#计算简单随机抽样估计误差平方的累计结果
}
results<-c(Xmean,Ymean,XD,YD);
   #将模拟估计值和误差平方的累计结果存为向量
results=results/m;#计算平均估计值和平均误差平方值
results<-matrix(results,2,2);#将结果转换为矩阵
results#显示模拟计算结果
```

上述程序代码运行后, results 为 2×2 矩阵, 其第 1 列的两个分量分别是放回简单随机样本的平均估计结果和简单随机样本的平均估计结果, 第 2 列的两个分量分别是放回简单随机样本的误差平方的平均

$$\frac{1}{100}\sum_{i=1}^{100}(\overline{X}_i - 500.5)^2$$

和简单随机样本的误差平方的平均

$$\frac{1}{100}\sum_{i=1}^{100}(\overline{Y}_i - 500.5)^2,$$

其中 $\overline{X}_i\,(i=1,2,\cdots,100)$ 为第 i 次模拟的放回简单随机样本的样本均值, $\overline{Y}_i\,(i=1,2,\cdots,100)$ 为第 i 次模拟的简单随机样本的样本均值. 下面是上述程序代码的一次运行结果:

	[,1]	[,2]
[1,]	500.8164	837.4703
[2,]	500.5547	739.3410

其中第 1 列的两个分量分别是放回简单随机抽样和简单随机抽样的模拟估计结果的平均, 第 2 列的两个分量分别是相应的均方误差 (见定义 5.1.2) 的估计结果. 结果表明, 简单随机样本均值多次估计的平均值更接近于估计对象, 估计误差平方的平均更小. 因此, 在此种情况下, 简单随机抽样的样本均值估计总体均值的效果更好.

读者自然要问再一次运行上述程序代码是否会得到完全相同的模拟计算结果? 答案是否定的, 即模拟的结果多半不同, 但基本都支持结论 "简单随机抽样的样本均值估计总体均值的效果更好". 大数定律保证, 随着重复模拟次数的增加, 支持结论 "简单随机抽样的样本均值估计总体均值的效果更好" 的可能性越来越大.

事实上, 可以从理论上证明简单随机抽样样本均值的平均误差的平方更小, 即该种方法的估计精确度更高. 下面给出这一结论的简要证明, 仅供感兴趣的读者参考. 样本点 Y_i $(i = 1, 2, \cdots, n)$ 的密度矩阵还是 (3.3) 式, 但是它们不再是随机变量的重复观测. 由数学期望的线性性质得样本均值的数学期望

$$\mathrm{E}(\overline{Y}) = \frac{1}{n} \sum_{i=1}^{n} \mathrm{E}(Y_i) = \frac{1}{n} \sum_{i=1}^{n} \left(\frac{1}{N} \sum_{k=1}^{N} x(\omega_k) \right) = \frac{1}{N} \sum_{k=1}^{N} x(\omega_k). \tag{3.7}$$

可以证明[2]样本均值的方差

$$\mathrm{D}(\overline{Y}) = \frac{N-n}{nN(N-1)} \sum_{k=1}^{N} (x(\omega_k) - \mathrm{E}(\overline{Y}))^2.$$

与 (3.6) 式比较, 知 $\mathrm{D}(\overline{Y}) < \mathrm{D}(\overline{X})$. 由方差的含义知 $\overline{Y}$ 更集中于 $\frac{1}{N} \sum_{k=1}^{N} x(\omega_k)$ 的附近, 即 $\overline{Y}$ 估计总体均值的效果更好.

简单随机抽样能够保证每个个体进入到样本的概率相等, 均为

$$1 - \binom{N-1}{n} \bigg/ \binom{N}{n} = \frac{n}{N}. \tag{3.8}$$

简单随机抽样是其他一些随机抽样方法的基础. 若用样本均值估计总体均值, 则用简单随机抽样的效果好于放回简单随机抽样. 因此, 在实际应用中, 人们不采用放回简单随机抽样获取样本数据. 为了描述简单随机抽样的实施步骤, 引入下面的术语:

抽样框 包含所有个体编号的名单或清册.

---

[2]冯士雍, 等. 抽样调查理论与方法. 中国统计出版社, p.41.

利用抽样框, 可以建立起编号与个体的相互对应关系, 这样就可以把对于个体抽样的问题转化为编号的抽样问题, 而后者很容易在计算机上实现. 若总体中有 N 个个体, 常用的编号为 $1 \sim N$, 或者是 $0 \sim N-1$. 对于第一种编号, 可以按照如下步骤得到容量为 n 的简单随机样本:

(1) 编制抽样框;

(2) 模拟产生从 $\{1, 2, \cdots, N\}$ 中不放回依次任意取出 n 个数 $i_1, i_2, \cdots, i_n$;

(3) 对于 $k \in S = \{i_1, i_2, \cdots, i_n\}$, 测量变量值 $X(\omega_k)$.

在 R 语言中, 可以通过函数 sample 模拟完成第 (2) 步, 具体程序代码如下:

X<-sample(1:N,n,F)#将简单随机抽样的样本编号赋值给X

当然, 在运行该程序代码之前, 需要先给其中的个体总数 N 和样本容量 n 赋值.

在制作抽样框时要十分小心, 不能遗漏总体中的任何个体, 也不能使任何个体有重复编号. 若在制作抽样框的过程中遗漏了某些个体编号, 那么按上述方法抽取的样本就不是随机样本, 因为遗漏的个体进入样本的概率为 0; 若在抽样框中存在一些个体的重复编号, 那么按上述方法所抽取的样本也不是简单随机样本, 因为重复编号的个体进入样本的概率会变大.

3.2.4 等距抽样

案例 3.6 考虑某地区当年小麦平均亩产估计问题. 如何利用往年各地块产量数据建立抽样方法, 提高平均亩产估计精确度?

可以把一块小麦地看成个体, 总体由该地区各块小麦地构成.

为了避免 "坏样本" 的产生, 可以借助于各地块历史平均亩产数据 (这些数据包含了各地块的生长信息). 将各个地块按历史平均亩产的高低编号, 在前 $K = N/n$ 个编号中任取一编号 i_1, 然后取

$$i_j = i_1 + (j-1)K, \quad j = 2, 3, \cdots, n.$$

将第 i_j $(j = 1, 2, \cdots, n)$ 块地的亩产作为第 j 个样本点 X_j. 显然, 用此方法能避免前述 "坏样本", 提高样本均值的估计精确度.

在案例 3.6 中, 运用了经验信息改进抽样方法, 使得样本有更好的代表性. 这里的经验是该地区各块地的小麦历史产量数据, 数据中包含了各块地的生产能力信息, 利用这些信息使得样本数据中均衡地包含了高产地块和低产地块, 从而改善了样本的代表性. 这是利用应用行业领域背景知识创建好抽样方法的一个案例, 从该案例中可以抽象出如下的抽样方法:

等距抽样 将总体中的所有个体排序, 先在规定的范围内随机地抽取一个个体, 然后在序列中按照等间隔的原则抽取其他样本点.

案例 3.7 为了估计某高中一年级同学的平均身高, 将一年级全体同学按男生和女生交叉排列成一纵队. 在前两名同学中任选一名同学, 如果选出的是第 1 名同学, 就取队列中序

号为奇数的同学为样本；如果选出的是第 2 名同学，就取队列中序号为偶数的同学为样本. 这样获取的样本仅能代表男生身高或女生身高的情况，是一个"坏样本"，其对全班同学平均身高的估计效果差.

此案例说明，等距抽样的效果受个体的排序影响，如果排序呈现出规律性，可能得到不好的样本.

等距抽样特性

- 等距抽样是一种随机抽样，它的随机性体现在第一个个体的抽取；
- 等距抽样实施简单，但其主要缺点是样本的质量与个体排序有关，比较难以把握；
- 有时总体中的个体已经自然有一个顺序，可以省略抽样中的排序步骤.

3.2.5 分层随机抽样

案例 3.8 考查案例 3.6 中的等距抽样方法. 如何进一步改进样本的代表性？不妨用 $\omega_i\ (i=1,2,\cdots,N)$ 表示按历史平均亩产大小排序为第 i 的地块，则总体为

$$\Omega = \{\omega_1, \omega_2, \cdots, \omega_N\},$$

且等距抽样能以 $1/k$ 的概率抽到如下的样本：

$$X(\omega_1),\ X(\omega_{k+1}),\ \cdots,\ X(\omega_{(n-1)k+1}).$$

显然，此样本的样本均值低估平均亩产，是"坏样本". 如何能减少这类"坏样本"的产生呢？

实际上，这里的等距抽样是将总体按历史平均亩产的大小依次分割成 n 个子总体，然后按规定的方式在每个子总体中各取一个样本点，其中在第 1 个子总体中的抽样采用的是简单随机抽样.

问题 当取出的第 1 个样本点为 $X(\omega_1)$ 时，从第 2 个子总体中抽取样本点采用的是随机抽样吗？所取出的样本点能很好地代表第 2 个子总体吗？

不是，因为在该子总体中，

$$X(\omega_{k+2}),\ X(\omega_{k+3}),\ \cdots,\ X(\omega_{2k})$$

被选入样本的概率为 0，此时从第 2 个子总体抽出的样本点 $X(\omega_{k+1})$ 偏小，不能很好地代表第 2 个子总体. 类似地，随后从各个子总体抽出的样本都不是随机样本，都不能很好地代表各自的子总体.

问题 如何能从子总体中抽出代表性更好的样本点？

在各个子总体中都采用简单随机抽样抽取一个样本点，以更好地代表各个子总体. 将这些样本点合在一起，形成样本数据.

案例 3.8 是案例 3.6 的继续, 是对等距抽样方法的本质做进一步的分析. 这里发现缺陷, 寻找修正的方法, 进而形成了一种新的抽样方法. 案例 3.8 的思想可抽象为如下的抽样方法:

分层抽样 按照所关心的变量特征大小信息将总体分割成若干个子总体, 每个子总体称为一层, 在每个层中按规定的样本容量 n_i 抽取简单随机样本, 再把各层抽出的样本合在一起作为样本.

可以认为分层抽样实际上是经验抽样思想与简单随机抽样思想组合的产物, 这里分层通常带有经验的色彩. 分层抽样所得样本的代表性好, 数据处理也比较简单, 是应用最为普遍的抽样技术之一.

例 3.2.2 某数学科学学院想了解本院本科生利用互联网学习时间的算术平均值 a, 应该如何选取容量为 80 的随机样本?

解 显然, 随着学习的深入, 各个年级的同学需要用互联网收集资料的工作量会有所不同. 因此, 可将总体次序按年级分为 4 层, 在第 i $(i = 1, 2, 3, 4)$ 层中抽出简单随机样本

$$X_{i1}, X_{i2}, \cdots, X_{i20},$$

再把各层样本合在一起得到分层抽样样本. ∎

在一般的分层抽样中, 可以证明: 若各个层中的样本容量 n_i 与该层中个体数不成比例, 样本均值的数学期望就可能不等于总体均值. 此时, 样本均值估计总体均值的效果不是最好的. 为了解决此问题, 人们在实际应用中常采用一种特殊形式的分层抽样方法.

比例分层抽样 各个层中所抽取样本的容量与该层所包含的个体数成比例的分层抽样, 即第 i 层抽出的样本点个数为

$$n_i = \frac{N_i}{N} \cdot n,$$

其中 N 和 N_i 分别是总体的个体数和第 i 层的个体数, 而 n 是样本容量.

比例分层抽样所得的样本均值的数学期望等于总体均值, 用它近似总体均值的效果比用简单随机抽样所得的样本均值来近似的效果好.

例 3.2.3 请给出例 3.2.2 解答中样本均值的数学期望等于 a 的条件.

解 样本均值的数学期望为

$$\mathrm{E}(\overline{X}) = \frac{1}{80}\mathrm{E}\left(\sum_{j=1}^{20} X_{1j} + \sum_{j=1}^{20} X_{2j} + \sum_{j=1}^{20} X_{3j} + \sum_{j=1}^{20} X_{4j}\right)$$

$$= \frac{1}{80}(20\overline{Y}_1 + 20\overline{Y}_2 + 20\overline{Y}_3 + 20\overline{Y}_4),$$

而

$$a = \frac{1}{N}(N_1\overline{Y}_1 + N_2\overline{Y}_2 + N_3\overline{Y}_3 + N_4\overline{Y}_4),$$

所以样本均值的数学期望等于 a 的充分条件为

$$N_1 = N_2 = N_3 = N_4 = \frac{1}{4}N. \qquad \blacksquare$$

例 3.2.2 和例 3.2.3 说明抽样方法决定了样本均值的数学期望是否等于总体均值. 例 3.2.2 解答中的分层抽样样本不一定是比例分层抽样样本, 样本均值的数学期望也有可能不等于 a. 在分层抽样中, 人们更喜欢用下面定理中的 (3.9) 式来估计总体均值.

定理 3.2.1 在分层抽样中, 用 m 表示总体分层数,

$$X_{i1},\ X_{i2},\ \cdots,\ X_{in_i}$$

表示第 i 层抽出的简单随机样本, N_i 表示第 $i\ (i = 1, 2, \cdots, m)$ 层的个体数, 则

$$\hat{X} = \frac{1}{N} \sum_{i=1}^{m} \left(\frac{N_i}{n_i} \sum_{j=1}^{n_i} X_{ij} \right) \qquad (3.9)$$

的数学期望等于总体均值.

证明 用 Ω 表示总体, Ω_i 表示第 $i\ (i = 1, 2, \cdots, m)$ 层个体的全体, 则 $\Omega = \bigcup_{i=1}^{m} \Omega_i$. 对于任意样本点 $\omega \in \Omega$, 用 $x(\omega)$ 表示该样本点所对应的变量值. 显然, $\overline{X}_i = \frac{1}{n_i} \sum_{j=1}^{n_i} X_{ij}$ 是第 i 层个体抽出的简单随机样本的样本均值. 由 (3.7) 式知

$$\mathrm{E}(\overline{X}_i) = \frac{1}{N_i} \sum_{\omega \in \Omega_i} x(\omega).$$

注意到

$$\hat{X} = \frac{1}{N} \sum_{i=1}^{m} \left(\frac{N_i}{n_i} \sum_{j=1}^{n_i} X_{ij} \right) = \frac{1}{N} \sum_{i=1}^{m} N_i \overline{X}_i,$$

由数学期望的线性性质得

$$\mathrm{E}(\hat{X}) = \frac{1}{N} \sum_{i=1}^{m} N_i \mathrm{E}(\overline{X}_i) = \frac{1}{N} \sum_{i=1}^{m} \left(\sum_{\omega \in \Omega_i} x(\omega) \right) = \frac{1}{N} \sum_{\omega \in \Omega} x(\omega),$$

注意到上式右端就是总体均值, 可得结论. $\blacksquare$

定理 3.2.1 启示我们, 对于分层抽样样本, 我们应该用 (3.9) 式中的 $\hat{X}$ 而不是用样本均值估计总体均值.

3.2.6 整群随机抽样

案例 3.9 要调查某城市重点高中应届高中生报考专业的分布情况,如何抽样才能节约成本?

考虑到市各个重点高中的学生素质、教育水平基本相同,从而各个重点高中的应届毕业生对报考专业的态度应该是近似的. 因此,可以随机选择其中的几所重点高中的所有应届生作为样本,并且这种抽样可借助于学校教师组织完成,节约抽样成本.

在获取样本数据时,经常受到经费的限制,案例 3.9 给出了解决此类问题的一种思路,它可一般化为如下的抽样方法:

整群抽样 将总体分割成若干子总体,使得各个子总体有相似的变量特征,每个子总体都称为**群**. 在所有群中随机抽取一些群,将抽出的群中的所有个体合在一起作为样本.

整群抽样实际上也是经验抽样思想与随机抽样思想结合的产物,分群带有经验的色彩,要保证各个群中个体变量的分布相同. 整群抽样便于实施,节省交通费用,广受实际工作者欢迎. 如果群中个体变量的均值与总体均值不同,整群抽样的样本均值就不是总体均值好的估计,此时需要额外信息改进总体均值的估计方法.

§3.3 实验数据的收集

人们经常通过实验探讨某一现象的变化是否与特定因素有关以及此因素如何影响该现象的变化. 通常将这种因素称为**解释变量**,也称为**输入变量**、**自变量**或**实验变量**;而将输入变量所影响的结果变量称为**响应变量**,也称为**输出变量**、**因变量**或**结果变量**. 在这类实验过程中,人们约束解释变量在指定值 (水平),观测响应变量的值,以探索解释变量对于响应变量的影响. 这类通过实验获取的数据称为**实验数据**.

案例 3.10 早在 17 世纪初,英国海军试图发现坏血病的起因.

英国海军部怀疑是因为缺乏柑橘水果导致此病. 为了确认此怀疑,海军部用四艘出港长期航行的军舰做实验,让其中一艘军舰上的水手每天喝柑橘汁,而另外三艘军舰上则没有柑橘汁供应. 到航行快要结束时,没有柑橘汁供应的船上的大部分水手得坏血病,以致不得不把有柑橘汁供应军舰的水手分配到这些船上以帮助军舰进港.

在案例 3.10 中,解释变量 x 和响应变量 y 都是分类变量:

$$x = \begin{cases} 1, & \text{供应柑橘汁,} \\ 0, & \text{否则,} \end{cases} \qquad y = \begin{cases} 1, & \text{患坏血病,} \\ 0, & \text{否则.} \end{cases}$$

实验数据 在人为控制的实验环境下所取得的数据.

应尽量严格控制实验的 (除解释变量外) 环境, 以增强实验数据分析结果的可信性. 实验是检验变量之间因果关系的一种方法, 是进一步分析输入变量和输出变量之间关系的基础.

例 3.3.1　树苗生长实验: 给一组树苗施肥, 而另一组不施肥, 观察树苗的生长量. 请指出此实验中的响应变量和解释变量, 给出解释变量的量化定义和实验目的, 并讨论能够得到更可信实验数据分析结果的实验前提条件.

解　这里响应变量是树苗生长量, 解释变量为表示施肥或不施肥的分类变量. 解释变量可量化为

$$x = \begin{cases} 1, & \text{施肥}, \\ 0, & \text{否则}. \end{cases}$$

实验的目的是考查施肥是否对树苗生长量有影响.

为了使得实验数据分析的结果能归因于是否施肥, 需要消除其他因素对于实验结果的影响. 应该考虑实验之初两组树苗的状况是否相同, 两组树苗的生长环境是否相同. 两组树苗的初始状况和生长环境越近似, 实验数据的分析结果的归因就越可信. ■

为了比较一种方法是否有效, 将参加实验的个体分为两组, 对其中一组施用该方法, 称之为**实验组**; 另一组不施用该方法, 称之为**对照组**.

在案例 3.10 中, 喝柑橘汁的水手构成实验组, 其余水手构成对照组; 在例 3.3.1 中, 施肥的那些树苗构成实验组, 其他的树苗构成对照组.

为了保证实验的外部环境相同, 需要按如下的原则选取实验组和对照组:

选择实验组和对照组的原则: 随机选择, 即从总体中随机地选择个体构成实验组和对照组.

随机选择实验对象的原则是英国统计学家 R. A. Fisher 爵士的一个主要贡献, 在此原则之下实验的结果可以唯一地归结为所施用的方法不同.

在案例 3.10 中, 实验组和对照组的安排并没有遵循这一原则, 可导致对实验结果的另一种解释: 也许没有供应柑橘汁的三艘军舰本身的特殊环境可以导致坏血病. 尽管这种情况发生的可能性很小, 但是也有发生的可能. 要是按随机的原则选取实验组, 而不是按船来分组, 结果会更有说服力.

思考题　在案例 3.10 中, 是否可以采用自愿的原则来产生实验组和对照组, 例如把喜欢喝柑橘汁的水手安排在实验组, 其余水手安排在对照组呢?

以人为对象的实验, 利用随机性原则安排实验组和对照组是非常困难的, 有时甚至是不可能的. 安排一株马铃薯到一块贫瘠的土地比安排一个人到低于正常人的生活环境容易得多. 以人为对象的实验涉及组织问题、心理学问题、道德问题等.

组织问题　人们都有自己的计划、兴趣和生活习惯, 未必会服从科学家们的研究兴趣. 他们未必能够保证按实验计划行事, 从而不一定能产生预期的实验数据. 此时需要额外信息

研究这类数据的特殊分析方法.

心理学问题 在实验研究中, 人们对成为研究对象非常敏感, 这使得他们更加注意自己的行为, 从而产生与平常不同的行为, 进而产生错误的实验数据.

案例 3.11 1924 年至 1933 年, 通用电气公司研究各种照明度对于工人的生产效率的影响. 研究者们增加照明度, 发现产量增加. 但奇怪的是, 对照组 (减少照明度) 的产量也增加. 看来产量增加的原因是研究者的关注, 而不是照明度.

这实际上是工人的心理因素引起的产量变化. 为了解决心理因素引起的变异, 需要消除引起实验组和对照组心理变化的原因, 使工人在正常心态下进行实验.

又如, 在药物实验中, 给对照组服用 "安慰剂", 就是为了消除对照组成员的心理因素对于实验结果的影响.

道德问题 当某种道德问题和收集数据联系在一起时, 实验者更容易陷入道德困境中.

案例 3.12 人们进行阿司匹林对心脏病的预防作用的研究时, 让实验组 (11037 人) 服用阿司匹林, 对照组 (11034 人) 不服用该药, 然后长期跟踪观察两个组心肌梗死发病情况. 但是, 当实验进行到第 5 年时, 所记录数据清晰表明阿司匹林的预防效果, 以致研究人员提前终止实验, 于 1989 年发表相应研究结果.

上面的案例中, 药的预防作用在实验结束之前就清楚了. 但是中断实验, 使得研究者不能发现长期服用药物是否有副作用. 有的时候, 药品的长期副作用会抵消短期的治疗效果.

凡是涉及人类健康后果的实验, 都应该经过专家的筛选, 确定有无道德问题, 如克隆、转基因等技术的研究应用实验.

敏感性问题 人们常常关心一些敏感性问题, 此时不容易收集到真实数据.

案例 3.13 为了调查某校学生考试作弊情况, 在该校中抽取了 200 名学生进行了调查. 问题是如何才能够使被调查者如实回答.

一种解决方案是向被调查者保证不向第三者泄露信息, 以使得他们能够回答真实情况. 但有时这还不足以打消被调查者的疑虑, 更好的解决方案是使被调查者相信: 世界上没有人能够知道自己对问题的答案. 为此, 需要特殊的问卷设计:

请投掷一枚均匀硬币, 如果正面向上, 就回答下面的问题 I, 否则回答问题 II, 并将问题的答案写在括号中. ( )

问题 I: 你在以往考试中是否作过弊?

问题 II: 你的父亲阳历生日日期是否是奇数?

由于无人知道调查对象投掷硬币的结果, 因而也就不可能有人知道答案是针对哪个问题. 将此道理向被调查者解释清楚, 就可以使他消除顾虑, 给出符合实际情况的答案.

现在的问题是: 如何从调查问卷的结果中估计样本中回答 "作过弊" 的人数? 这就需要

统计学知识了: 可以通过样本数据估计答问题 II 的人数, 在此基础上估计问题 II 中答案为 "是" 的人数, 进而估计问题 I 中答 "是" 的人数.

例如, 假设答卷中有 53 人的答案为 "是". 由于投掷硬币出现反面的可能性是 0.5, 通过频率近似于概率的想法, 可以估计出有 100 人回答了问题 II.

可以认为生日在任何一天的概率都相等, 而阳历一年的 365 天中有 187 天是奇数, 因此父亲的阳历生日是奇数的概率为

$$\frac{187}{365} \approx 0.51.$$

再次根据频率近似于概率的想法, 可以判断出在回答问题 II 的 100 人中, 应该有 51 人回答了 "是".

所以, 回答 "作过弊" 的人数估计值为

$$53 - 51 = 2,$$

即估计有 2% 的学生考试作弊.

设计调查问卷之前, 要明确所关心的问题 (即所关心的未知现象) 是什么, 由问题的背景决定调查问卷的题目, 并要考虑从问卷中提取有用信息的方法. 关于调查问卷的设计还有许多其他方面的要求, 感兴趣的读者可以查看有关资料.

小　结

统计学是通过收集数据和分析数据来认知未知现象的一门科学, 其研究的第一步就是将未知现象用变量来表述, 然后是研究该变量观测数据的收集方法和分析方法. 本章主要讨论变量观测数据的收集方法, 为此抽象出一些基本的概念与方法, 读者应该通过它们的来龙去脉体会统计学的思维方式与创新过程, 理解这些概念与方法内涵, 认识收集数据的重要性.

个体是变量的载体, 是刻画未知现象的最基本单位; 总体从本质上界定了未知现象的变化范围; 而未知现象则是通过变量来描述的. 与专门描述随机现象的样本空间不同, 总体的内涵更为广泛. 这源于未知现象为不确定现象, 随机现象只是其特例.

有限总体的总体均值计算是一个数学问题, 仅当普查成本无法接受时, 才通过样本来估计总体均值. 用放回简单随机样本的样本均值估计总体均值的理论支撑是大数定律, 这可以看作蒙特卡罗方法的一种应用.

教材在分析放回简单抽样缺点的基础上, 引出简单随机抽样, 读者应该从这一过程体会统计创新研究的基本思路; 教材通过分析额外信息, 引入等距抽样, 读者应该从中体会由问题背景分析入手, 发现更多有用信息, 是统计创新研究的源泉; 教材在案例3.6基础上, 进一步分析等距抽样的不足, 进而引入分层抽样, 读者应该从中进一步体会统计创新的基本思路. 读者在本章需要掌握的知识和具备的能力如下:

(1) 个体、总体和总体变量;

(2) 属性变量、数值变量、离散型变量和连续型变量;

(3) 有限总体、普查以及普查的困难;

(4) 样本、样本点、样本数据和样本容量;

(5) 蒙特卡罗方法与放回简单随机抽样;

(6) 放回简单随机抽样、简单随机抽样、系统抽样、分层抽样和整群抽样的原理与内涵;

(7) 对照实验的背景、组织原则以及以人为个体的对照实验问题.

练 习 题 三

练习 3.1　考查案例 3.1 中获取样本的方法.

(1) 它是放回简单随机抽样吗?

(2) 在抽取第 i 个样本点时, 抽到 ω_1 的概率是什么?

(3) ω_1 被选入到容量为 n 的样本中的概率是什么?

练习 3.2　某大学招生办公室要估计一学期学生教科书的费用. 令变量 X 为本学期一个学生购置的所有教科书的总费用. 方法是随机地抽取 100 名学生, 并得到他们总的教科书费用. 这 100 名学生的平均费用将被用于估计所有学生的平均费用. 试描述:

(1) 总体是什么?　　　　　　　　(2) 所关心的变量是什么?

(3) 变量的分布是离散型的还是连续型的?　(4) 所关心的参数是什么?

(5) 如何用总体分布来表示参数?　　(6) 样本是什么?

练习 3.3　质量控制员从某装配线上挑出装配部件, 并记录每个部件的下列信息:

A: 有缺陷还是无缺陷;　B: 装配此部件工人的工号;　C: 部件的重量.

请回答下列问题:

(1) 总体是什么?　　　　　　　　(2) 样本是什么?

(3) 此总体是有限总体还是无限总体?　(4) 上述三个变量是属性变量还是数值变量?

练习 3.4　确定下面例子中每一个变量是属性 (定性) 变量还是数值 (定量) 变量:

(1) 给定型号的钢丝绳的抗断强度;　　(2) 某校新生的性别;

(3) 打印机每个工作日的输出页数;　　(4) 自来水龙头是否有缺陷;

(5) 在一次标准化考试中, 回答问题正确的数目;

(6) 某房地产公司办公室接答一个服务电话所需要的时间长度.

练习 3.5　若某人向你咨询样本和总体的概念,

(1) 你的回答是什么?

(2) 你将用什么样的理由去解释为什么人们要取一组样本来代替对总体中每个个体的观测?

练习 3.6　若某人向你咨询统计量和参数的差别,

(1) 你的回答是什么？

(2) 你将用什么样的理由去解释为什么人们要用统计量的值来近似 (总体的) 参数？

练习 3.7 在案例 3.5 中, 假设总体中样本的个数 $N = 1000$, 并在编制抽样框的过程中错误地将个体 ω_{1000} 重复 101 次编号, 形成了如下的编号与个体对应的清单：

编号	1	2	$\cdots$	999	1000	1001	$\cdots$	1100
个体	ω_1	ω_2	$\cdots$	ω_{999}	ω_{1000}	ω_{1000}	$\cdots$	ω_{1000}

即编号与个体的对应关系为

$$k \leftrightarrow \omega_{\min\{k, 1000\}}, \quad k = 1, 2, \cdots, 1100.$$

通过模拟实验考查简单随机样本的样本均值随着样本容量增加的变化趋势, 由此分析重复编号对于样本均值的影响.

练习 3.8 请给出等距抽样的步骤.

练习 3.9 请给出比例分层抽样的步骤.

练习 3.10 请举出一个随机样本均值的数学期望不等于总体均值的例子.

练习 3.11 请给出整群抽样的步骤.

练习 3.12 将总体分为若干层后, 再在其中选取几层作为样本, 用随机模拟的方法比较样本均值和 (3.9) 式对于总体均值的估计效果.

练习 3.13 考查案例 3.5 中的模拟案例, 将个体按其取值大小排序[3], 用等距抽样抽取容量为 100 的样本, 并用样本均值估计总体均值. 在该案例的模拟程序中添加比较等距抽样的程序代码, 并分析模拟结果.

练习 3.14 考查案例 3.5 中的模拟案例, 将个体按其取值大小分为 10 层, 每层中有 100 个个体, 用分层抽样抽取容量为 100 的样本, 并用样本均值估计总体均值. 在该案例的模拟程序中添加比较分层抽样的程序代码, 并分析模拟结果.

练习 3.15 用随机模拟的方法比较非比例分层抽样中样本均值和 (3.9) 式对于总体均值的估计效果.

练习 3.16 如果在编制抽样框时将某一个体编号两次, 如编号 1 和编号 2 都对应于同一个体, 而其他个体与编号一一对应, 问: 样本点的数学期望是否等于总体变量的数学期望？

练习 3.17 某中学教师在长期的教学过程中总结出了一套教学方法. 现在想用实验来检验该教学方法是否有必要在校内推广, 应该如何确定实验组和对照组? 如何安排实验？

练习 3.18 想要考查两位高中数学教师的教学水平是否有差异, 应该如何编班, 如何获取数据, 才能将数据的分析结果归因于两位教师的教学水平的差异大小？

---

[3]在实际抽样问题中, 我们不可能将个体按其取值大小编号. 这里仅想表达利用个体变量的额外信息, 可以得到代表性更好的样本, 分层抽样方法就是如此.

练习 3.19　要想考查某种转基因食品是否会影响人类健康, 应该如何选择实验组和对照组? 如何控制实验的外部条件? 进行这类实验的困难将会有哪些?

练习 3.20　请设计一个敏感性问题调查问卷, 调查驾驶员是否有闯红灯行为.

练习 3.21　请设计一个调查问卷, 调查是否有不遵守交通规则行为.

练习 3.22　请设计一个调查问卷, 调查是否有吸毒行为.

练习 3.23　请设计一个调查问卷, 调查是否有赌博行为.

第四章 数据中的总体信息初步描述

得到数据后, 需要从它们中寻找有用的信息, 并把这些信息用某种方式表达出来. 统计图表和样本数字特征都是表达总体信息的一种方法.

§4.1 样本数据的记录与基本概念

人们常常以列表的方式存放原始数据, 以便查阅和分析这些数据.

三线表 用顶线、栏目线和底线 (无竖线) 区分出标题栏、项目栏、数据栏和标注栏的表格.

例如, 表 4-1 就是一个三线表.

表 4-1   20 名学生考试成绩的原始数据

序号	数学分析	高等代数	解析几何	常微分方程	统计学导论	概率论
1	67	77	71	74	78	70
2	79	78	79	83	74	83
3	85	84	85	82	87	84
⋮	⋮	⋮	⋮	⋮	⋮	⋮
20	72	76	76	79	82	81

* 取自 ×× 学院 2010 届学生的考试成绩.

当关心的个体指标仅有一个时, 按表 4-1 的方式将数据书写在纸面上太浪费纸张, 因此把原始样本数据按表 4-2 的方式排列. 在表 4-2 中, 所有数据都写到小数点后 1 位, 即使这

表 4-2   56 名学生的身高数据 (单位: cm)

171.8	175.6	177.3	171.1	172.1	177.3	175.0	176.6
179.1	176.4	172.6	177.3	174.5	172.6	181.3	175.2
172.2	176.9	180.0	176.8	177.4	175.3	174.5	177.6
174.4	175.2	173.4	172.9	164.2	161.4	165.7	165.3
164.9	158.3	163.5	165.7	166.1	165.5	164.9	160.2
166.0	164.6	166.5	166.8	164.7	166.0	164.0	164.0
163.9	162.1	165.7	168.7	163.3	163.5	167.2	165.1

个数为整数. 这样书写数据主要是表示样本数据的精确度是小数点后 1 位, 其次还使得数据排列整齐. 以后在整理和表示观测数据时都要遵守这一约定.

在有限总体中, 各个体的变量值是确定的实数, 应该没有总体分布的定义. 将总体赋予了古典概率, 进而导出了总体分布的定义. 在此种定义下, 总体变量的算术平均值恰为总体分布的数学期望, 而总体变量的其他特征都可以用总体分布的相应特征来刻画.

总体分布函数 当 $\Omega = \{\omega_1, \omega_2, \cdots, \omega_N\}$ 为有限总体时, 称密度矩阵

$$\begin{pmatrix} X(\omega_1) & X(\omega_2) & \cdots & X(\omega_N) \\ 1/N & 1/N & \cdots & 1/N \end{pmatrix} \tag{4.1}$$

所对应的分布函数为**总体分布函数**[1]; 当总体变量 X 是随机变量时, 称 X 的分布函数为**总体分布函数**. 将总体分布函数简称为**总体分布**.

总体密度 总体分布所对应的密度.

借助于总体分布函数的概念, 可以进一步解释第三章中 "样本代表性" 的内涵: 各个样本点的分布函数与总体分布函数相同; 各个样本点的取值尽可能不同.

本章中的总体信息指的就是总体分布信息, 如密度的形态、总体变量的数学期望、方差等. 这些信息都要从样本数据中获取. 本章介绍的是总体信息的初步获取方法, 其基本假设是:

(1) 每个样本点都与总体变量同分布;

(2) 每个样本点都是总体变量的重复观测.

称具有上述特点的样本为**独立同分布样本**. 实际上, "独立同分布样本" 和前面提到的 "重复观测" 是同义语, 只是前者能更直接表达其内涵, 广为概率统计研究者所使用.

除非特殊声明, 我们以后约定所谈及的样本都为独立同分布样本.

§4.2 直方图与连续型总体变量的密度函数

当描述、考查和比较数据集时, 人们实际上关心的本质问题是总体分布. 本节讨论如何从样本数据中提取连续型总体变量密度函数的几何特征.

4.2.1 密度函数与频率直方图

案例 4.1 考虑小区间 $[a, b]$ 上的密度函数近似问题. 密度函数为曲边梯形的顶边, 它可以用以该区间为底的矩形的顶边来近似, 只要这个矩形的面积等于曲边梯形的面积, 如图 4.1 所示. 区间长度越短, 这种近似的精确度越高.

---

[1] 当不是用简单随机抽样获取样本时, 样本点的分布密度矩阵可能与密度矩阵 (4.1) 不同.

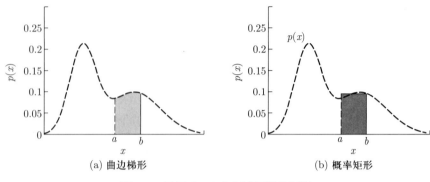

图 4.1   区间 $(a, b]$ 上密度函数的近似

在实际应用中, 我们并不知道这个随机变量的密度函数. 这个函数成为我们认知的对象. 如何依据随机变量的重复观测来认知密度函数呢?

我们可以制作底边为 $(a, b]$ 的矩形, 使其面积等于随机变量落在该底边上的频率. 根据大数定律, 可以用频率近似概率, 因此这个矩形的顶边就可以近似密度函数在 $(a, b]$ 上的值. 当重复观测的次数很大, 并且这个小区间的长度很短时, 这种近似的精确度会很高 (参见图 4.2).

为了理清案例 4.1 所蕴涵的统计思想, 需要引入如下术语:

$(a, b]$ **上的概率矩形**   以区间 $(a, b]$ 为底、面积等于总体变量落入 $(a, b]$ 内的概率的矩形, 简称为**概率矩形**.

$(a, b]$ **上的频率矩形**   以区间 $(a, b]$ 为底、面积等于样本点落入 $(a, b]$ 内的频率的矩形, 简称为**频率矩形**.

在案例 4.1 中, 我们可以通过概率矩形来认识密度函数的局部形状信息: 当将实数轴分割成小区间后, 各个概率矩形的顶边近似于密度函数曲线. 由大数定律, 可以用频率近似概率, 而频率矩形的顶边可以用来近似概率矩形的顶边, 进而也可以用各个频率矩形的顶边来近似密度曲线. 这两个近似的效果, 需要有特定的条件来保证:

- 分割成的小区间的长度越短, $(a, b]$ 上的概率矩形的顶边越接近于密度函数曲线;
- 依据大数定律, 样本容量越大, 频率矩形越接近于概率矩形.

案例 4.2   如何通过样本数据判断总体变量密度函数的整体几何特征?

在一个小区间上, 可用频率矩形的顶边近似该区间上的密度函数曲线. 因此, 可将实数轴按数据的分布范围分割成小区间, 然后制作各个小区间的频率矩形, 通过这些频率矩形的顶边判断密度函数的几何特征, 如图 4.2 所示. 在该图中, 各个频率矩形的顶边能很好地刻画密度曲线的整体几何特征, 如大的峰值的个数及位置等; 在个别小区间上, 频率矩形的顶边与相应的密度函数曲线段相差比较大, 这是由样本的随机性所引起的.

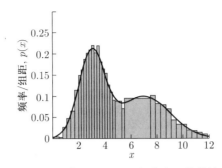

图 4.2　频率矩形的顶边与密度函数曲线

案例 4.2 启示我们, 可以用类似于图 4.2 的方法认识密度函数曲线的整体几何特征. 为了方便, 引入如下术语:

频率直方图　在直角坐标系中, 各个区间上的频率矩形构成的图形, 简称为**直方图**.

对于<u>重复观测样本</u>, 当样本容量趋于无穷, 且区间组分割的组距趋于 0 时, 频率直方图的顶边趋于密度曲线.

4.2.2　频率直方图的制作

制作直方图, 需要先将数据分组, 其过程如图 4.3 所示: 先选取数据的下界 a 和上界 b; 再选取数据的分割点 $x_0 < x_1 < \cdots < x_m$, 使得 $x_0 = a$, $x_m = b$. 之后, 依次统计相邻两个边界之间的样本点的个数, 计算频率, 就可以制作频率直方图. 为了讨论方便, 引入如下术语:

组边界　所选取的分割点.

分组数　组边界中点的个数减 1.

第 i 组距　$x_i - x_{i-1}$, 简称为**组距**.

等距分组　组边界中的点构成等差数列, 即所有的组距都相等.

不等距分组　组边界中的点不构成等差数列, 即存在不相等的组距.

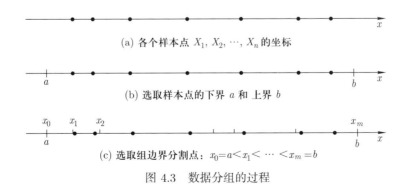

图 4.3　数据分组的过程

下面以等距分组为例介绍直方图相关知识. 在制作数据分组统计表或直方图的过程中, 各个区间频数的计算是一个简单重复的劳神工作. 利用 R 软件, 可以大大提高工作效率. 下面简要介绍制作直方图的函数.

在 R 语言中, 用函数 hist 制作直方图, 其基本的调用方式如下:

$$\text{hist(x,breaks="Sturges",freq= F)}$$

其中 x 是数据向量; breaks 是组边界参数, 用来指定组边界; freq 是一个逻辑参数, 用来指定是制作直方图还是制作分组频数条形图 (详见 4.2.4 小节). breaks 的默认参数是 "Sturges", 表示等距分组; breaks 还可以是 3 维数值向量, 其各个分量依次是图 4.3 中的 a, b 和组距. freq 的默认值为 Ture 或 T, 表示要制作分组频数条形图; freq 还可以是 FALSE 或 F, 表示要制作直方图. 关于 hist 函数的详细用法, 可参见 R 软件的在线帮助.

例 4.2.1 若 56 维向量 x 的各个分量为表 4-2 中的身高数据, 请写出制作该身高数据的频率直方图的 R 语言程序代码, 并分析身高总体密度函数的特征.

解 R 语言程序代码如下:

```
x<-c(171.8,175.6,177.3,171.1,172.1,177.3,175.0,176.6,
     179.1,176.4,172.6,177.3,174.5,172.6,181.3,175.2,
     172.2,176.9,180.0,176.8,177.4,175.3,174.5,177.6,
     174.4,175.2,173.4,172.9,164.2,161.4,165.7,165.3,
     164.9,158.3,163.5,165.7,166.1,165.5,164.9,160.2,
     166.0,164.6,166.5,166.8,164.7,166.0,164.0,164.0,
     163.9,162.1,165.7,168.7,163.3,163.5,167.2,165.1);
g<-seq(157.3,181.8,3.5);
hist(x,breaks=g,#以向量g为组边界
     freq=F,#制作直方图
     main="",xlab="身高",ylab="频率/组距");
```

其中 hist 的参数 main 指定图形的标题, xlab 和 ylab 分别指定直方图的横轴和纵轴的标注. 上述程序代码运行的结果会生成如图 4.4 所示的直方图. 显然, 总体变量密度函数曲线的对称性不太好, 它应该有两个峰, 分别位于 $(164.3, 167.8]$ 和 $(174.8, 178.3]$ 中. ∎

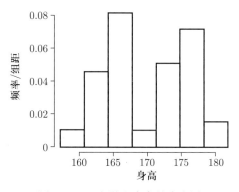

图 4.4 56 名学生身高的直方图

4.2.3 分组数的确定原则

由案例 4.1 和案例 4.2 的探讨过程知, 当样本容量趋于无穷, 且区间组分割的组距趋于 0 时, 直方图的顶边才趋于密度曲线. 但是, 在实际应用中, 我们总是面临有限样本, 即样本容量总是一个正整数. 一个自然的问题是: 如何选定分组数才能很好地体现总体变量密度函数的整体几何特征? 下面我们以容量为 200 的重复观测样本为例, 讨论相应直方图的整体几何特征随分组数的变化情况.

案例 4.3 对于案例 4.1 中的密度函数, 给定来自该密度函数的容量为 200 的重复观测样本, 考查分组数对直方图整体几何特征的影响.

图 4.5 给出不同分组数下的直方图, 从中可以看出它们的整体几何特征差别. 对于 1 分组情况, 直方图为一个矩形, 这个矩形仅能展现数据的分布范围, 失去了密度曲线的峰值和谷值情况, 如图 4.5 (a) 所示; 对于 4 分组情况, 直方图具有单峰形状, 与密度曲线的几何形状差异较大, 如图 4.5 (b) 所示; 对于 7 分组情况, 直方图具有单峰形状, 与密度曲线的几何形状差异变小, 如图 4.5 (c) 所示; 对于 10 分组情况, 直方图具有双峰形状, 峰和谷的位置与密度曲线的吻合程度好, 如图 4.5 (d) 所示; 对于 20 分组情况, 直方图具有三峰形状, 与密度曲线的几何形状吻合程度较好, 如图 4.5 (e) 所示; 对于 80 分组情况, 直方图具有很多峰, 与密度曲线的几何形状差异较大, 如图 4.5 (f) 所示.

综上所述, 样本数据的分组数不能太多, 也不能太少. 分组数太多, 虽然会体现样本数据构成的细节, 但无法反映总体变量密度函数的整体几何特征; 分割的区间个数太少, 也会损失大量的总体变量密度函数的几何特征信息.

对样本数据分组时, 应该同时兼顾样本数据的局部和总体分布整体信息的表达. 人们习惯上参考如下公式来确定数据的分组数:

$$k \approx 1 + \log_2 n, \tag{4.2}$$

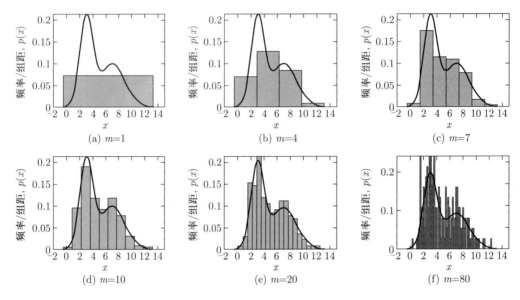

图 4.5 m 分组的直方图与密度函数曲线 (样本容量为 200)

其中 n 为样本容量.

在实际应用中, 取 k 为公式 (4.2) 计算值的附近值即可. 例如, 在制作图 4.4 时, 理想分组数为 $k \approx 6.8$, 实际取的是 $k = 7$, 当然也可以取 $k = 6$ 或 $k = 8$ 等.

在给定分组数 m 后, 也可以用不等距分组制作直方图, 使得每个分割区间内的样本点数目尽可能相等.

4.2.4 频率直方图的应用

这里连续型随机变量的分布特征指的是密度函数的曲线特征, 这些特征通过曲线非零值的分布范围、曲线是否对称 (如果对称, 对称的位置在哪)、曲线峰的个数以及曲线是否单调等来刻画. 图 4.6 给出了几个典型的密度曲线形状: 图 (a) 为单峰对称密度曲线; 图 (b) 为 U 形密度曲线; 图 (c) 为向右倾斜 (正偏) 的密度曲线; 图 (d) 为向左倾斜 (负偏) 的密度曲线; 图 (e) 为 J 形密度曲线; 图 (f) 为反 J 形密度曲线.

一般的密度曲线可能是由几个基本几何形状特征曲线构成, 形成密度曲线的高低起伏变化, 而形成不同的几何特征. 密度曲线主要特征如下: 分布范围 (大于 0 的区间范围)、形状特征、峰的个数、中心位置、离散程度等.

例 4.2.2 表 4-3 列出了来自两个年级学生概率论的成绩, 试对两个年级学生的成绩分布密度函数特征做出分析和比较.

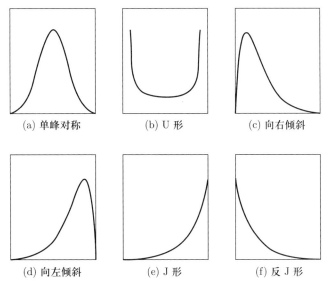

图 4.6　几个典型的密度曲线形状

表 4-3　概率论成绩表															(单位: 分)
2002 级															
58	91	80	99	99	71	91	47	39	50	48	98	68	72	75	60
93	98	59	54	84	90	87	82	80	74	72	90	80	88	80	84
90	48	76													
2003 级															
35	38	41	41	42	43	44	47	47	47	49	50	51	52	55	57
58	59	71	61	62	64	65	67	86	96	96	70	70	70	70	71
71	72	73	73	74	74	74	74	75	75	75	75	75	76	76	76
76	78	78	78	78	79	79	80	80	81	81	81	83	84	85	85
85	85	86	86	86	86	86	86	86	86	87	87	88	88	89	90
90	90	90	90	90	91	91	91	92	93	93	95	95	96	96	96

解　在 RStudio 中, 将表 4-3 中 2002 级的成绩数据存储为向量 prob02, 2003 级的成绩数据赋值给向量 prob03. 运行程序代码

```
hist(prob02,right=F,freq=F,#左闭右开区间分组
    breaks=c(0,60,70,80,90,100),#组边界
    main="",ylab="频率/组距",xlab="成绩");#标题与坐标轴标注
```

得到 2002 级学生概率论成绩的直方图, 如图 4.7 (a) 所示; 运行程序代码

```
hist(prob03,right=F,freq=F,
     breaks=c(0,60,70,80,90,100),
     main="",ylab="频率/组距",xlab="成绩");
```

得到 2003 级学生概率论成绩的直方图, 如图 4.7 (b) 所示.

从直方图 4.7 (a) 中可以看出, 2002 级学生概率论成绩的直方图呈 J 形, 其最大值在 $90 \sim 100$ 分之间达到; 从直方图 4.7 (b) 中可以看出, 2003 级学生概率论成绩的直方图呈现单峰形状, 其峰值在 $70 \sim 80$ 分之间达到.

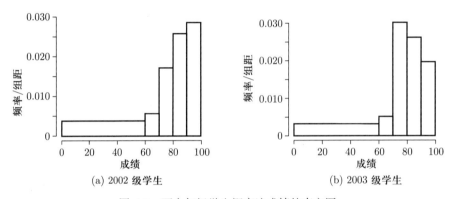

(a) 2002 级学生 (b) 2003 级学生

图 4.7 两个年级学生概率论成绩的直方图

对比两个直方图的分布特征, 可认为 2002 级学生的概率论平均成绩高于 2003 级学生的概率论平均成绩. ∎

在实际应用中, 有时会关注样本点落入各个区间的频数, 此时会利用纵轴直接表达频数. 为了与频率直方图作区分, 引入下面的术语:

分组频数条形图 在频率直方图中, 将各个频率矩形的高改为频数后所得到的图形.

在 R 语言中, 也可以利用函数 hist 绘制分组频数条形图, 此时仅需将函数的参数 freq 设置为 T 即可. 例如, 对于例 4.2.1 中的数据, 程序代码

```
hist(x,g,freq=T,main="",ylab="频数",xlab="身高");
```

可绘制该例中数据的频数条形图, 如图 4.8 (b) 所示. 为了对比方便, 将该例中的直方图放在条形图的左边, 即图 4.8 (a). 对比该例的直方图和分组频数条形图, 它们的几何外观相同, 唯一不同之处在于纵坐标的标注.

分组频数条形图主要用来表示各个区间的数据频数, 在等距分组时也能兼顾展现总体变量密度函数的几何特征, 此时分组频数条形图与直方图的差别在于坐标纵轴的刻度.

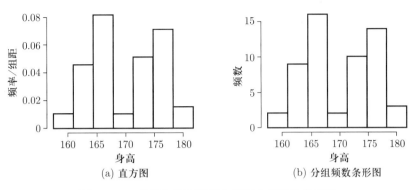

图 4.8　56 名学生身高的直方图和分组频数条形图

要特别注意, 在不等距分组情况下, 分组频数条形图的整体几何外观与密度函数的几何外观有区别. 例如, 图 4.9 给出了例 4.2.2 中两个年级学生概率论成绩的直方图和分组频数条形图, 由于不是采用等距分组, 直方图和分组频数条形图的几何外观不再相似了. 显然, 在不等距分组的情况下, 不能用分组频数条形图推断总体变量密度曲线的几何特征.

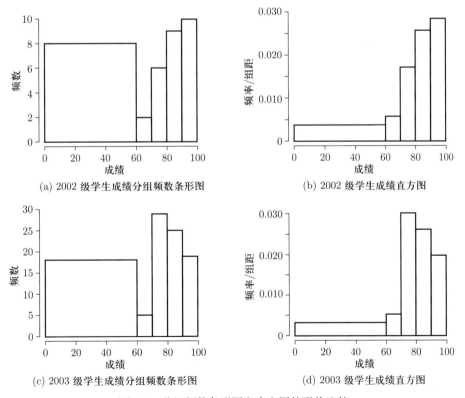

图 4.9　分组频数条形图和直方图的形状比较

思考题 对于固定的区间分组, 当样本容量 n 趋于无穷时, 分组频数条形图的峰值高度趋于什么? 直方图的峰值高度趋于什么?

4.2.5 小结

• 通过直方图的各个小矩形顶边的变化情况, 来判断总体变量密度函数的整体几何形状特征;

• 为了兼顾展现样本数据中的整体和细节信息, 人们习惯上用公式 (4.2) 来确定样本数据的分组数;

• 大数定律保证了随着重复观测样本容量的增加, 直方图所反映出的总体变量密度函数的几何特征越来越可靠.

§4.3 分布密度形状信息的可视化

样本数据的可视化是指利用图形表达样本数据的分布密度特征. 例如, 在上一节中, 我们就是通过频率直方图将隐藏在样本数据中的总体变量密度函数的几何特征可视化. 在本节中, 介绍其他几种常用的样本数据的可视化方法. 这些方法的理论依据都是大数定律.

4.3.1 条形图与饼图

分类变量是描述总体中个体分类特征的变量, 常见的分类变量只取有限个不同的值, 每一个值代表总体中的一类个体. 对于分类变量, 通常想要知道总体中各类个体所占的百分比或各类型的分布情况. 例如, 我们想要知道大学本科生中男、女生的比例, 全国公民受教育的情况等.

案例 4.4 为了研究某大学学生的性别比例情况, 从该大学中随机抽取了 29 名学生, 得到样本数据如表 4-4 所示. 试展示样本数据的分类统计结果.

表 4-4 学生性别原始数据表

女	男	女	女	女	女	女	男	女	女
女	男	男	女	男	女	女	女	女	女
男	男	女	男	女	男	男	男	男	

这里的问题是性别变量的值没有大小的含义, 因此不可以把分类变量的值按大小分组, 进而就不能用 §4.2 中的直方图或分组频数条形图展示表 4-4 中的数据.

由于这里的性别变量只取两个值, 即"男"或"女", 所以我们可以将表 4-4 中的数据按"男"和"女"进行分类统计汇总, 得到性别数据汇总表 4-5, 并称之为**列联表**.

表 4-5 频数列联表

	性别		合计
	男	女	
频数	12	17	29

显然, 表 4-5 没有损失样本数据中的任何信息. 在 R 语言中, 分类变量的观测数据用因子变量表示, 可以通过函数 table 统计各类的频数. 例如, 运行程序代码

```
x<-c("女","男","女","女","女","女","女","男",
    "女","女","女","男","男","女","男","女",
    "女","女","女","女","男","男","女","男",
    "女","男","男","男","男")
y<-as.factor(x)#将字符向量x转换为因子向量y
u<-table(y)#计算变量y的分类汇总结果
```

后, u 存储的是分类汇总结果, 该变量的运行结果在控制台窗口按如下格式显示:

```
y
男   女
12   17
```

其中第 1 行显示变量的名称, 后两行给出分类汇总结果. 函数 table 的计算结果为 table 类型变量, 该变量的构造和表 4-5 相类似, 仅是差了第 1 列数据的标识和最后一列的合计. 可以用函数 addmargins 向 table 类型变量添加合计列. 例如, 程序代码

```
addmargins(u)
```

的运行结果在控制台窗口中的显示格式如下:

```
y
男   女   Sum
12   17   29
```

可以利用函数 prop.table 计算各个类别的频率汇总结果. 例如, 运行程序代码

```
prop.table(u)
```

后, 在控制台窗口显示内容如下:

```
y
      男            女
0.4137931   0.5862069
```

还可以通过 addmargins 添加频率合计项, 如程序代码

$$v\text{<-prop.table(u)}\#计算列联表u的频率$$
$$addmargins(v)\#向列联表中添加合计项$$

的运行结果在控制台窗口显示如下:

```
        y
         男          女          Sum
   0.4137931   0.5862069   1.0000000
```

也可以制作频率列联表, 如表 4-6 所示. 在重复观测样本下, 依据大数定律, 频率列联表中的两个频率会随着样本容量的增加而分别趋近于总体中的男生比例和女生比例.

表 4-6　频率列联表

	性别		合计
	男	女	
频率	0.41	0.59	1.00

　　用图形更加直观地表达数据分类统计表的内容, 常用的表达分类数据的图形有条形图和饼图两类. 在 R 语言中, 用函数 barplot 绘制条形图. 例如, 程序代码

$$barplot(u)$$

绘制的频数条形图如图 4.10 (a) 所示, 程序代码

$$barplot(v)$$

绘制的频率条形图如图 4.10 (b) 所示. 在条形图中, 用条形的高度表示所关心的量, 各个条的高度变化展示了分布密度变化的几何特征. 频数条形图和频率条形图的唯一差别在于纵坐标的标注.

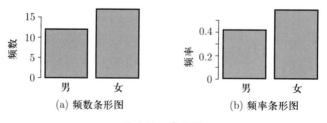

图 4.10　条形图

　　在 R 语言中, 用函数 pie 制作饼图. 例如, 程序代码

$$pie(u)$$

制作的饼图如图 4.11 所示, 表示女性扇形的面积明显大于男性扇形的面积, 即数据中女性比率高.

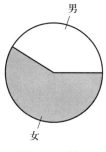

图 4.11　饼图

一般地, 对于常见的只取有限个不同值的分类变量或离散型变量, 可以用类似于表 4-5 的方式展现样本数据. 为了讨论方便, 引入如下术语:

列联表　把分类变量或离散型变量的样本数据按其取值而分类汇总的表.

条形图　纵坐标为频率 (频数) 的直角坐标系中, 由相互分离的、竖立在横轴上位于变量值处的条所构成的图形, 这里各个条的高度为相应属性值的频率 (频数).

饼图　由不同扇形组成的圆, 其中每一个扇形所占的面积比例 (扇形面积与圆面积之比) 都唯一对应于特定变量值的频率.

我们在考查一个条形图时, 一定要注意纵坐标的起始坐标是否为 0. 在制作条形图时, 纵坐标一定要从 0 开始, 否则容易误解条形图所提供的信息.

思考题　可根据图 4.12 所给的频率条形图断言 "女生人数是男生人数的两倍多" 吗?

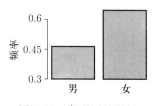

图 4.12　条形图的误导

案例 4.5　某大学招收文、理实验班, 入学一年后分专业. 分专业前, 为了了解学生选择志愿的情况, 抽取了 69 名学生进行调查. 结果有 29 名学生报文科, 其中有 12 名男生, 17 名女生; 有 40 名学生报理科, 其中有 19 名男生, 21 名女生.

现在, 对应于每名学生有两个分类变量与之对应, 一个是专业变量 X, 另一个是性别变量 Y. 此时可以将原始数据汇总列在表 4-7 中, 得到两个分类变量的**列联表**. 从该表中可以恢复原始数据 (除样本编号以外), 即表保留了原始数据中的所有信息. 该表的最后一行给出

了样本中变量 Y 的汇总情况: 有 31 名男生, 38 名女生; 最后一列给出了样本中变量 X 的汇总情况: 有 29 名学生喜欢文科, 40 名学生喜欢理科.

表 4-7 性别与专业分类频数表

X		男	女	合计
		\multicolumn Y		
	文科	12	17	29
	理科	19	21	40
合计		31	38	69

可以用条形图同时展示或比较多个分类变量的分布特征. 这时可选的条形图有两类: 一类是**堆积条形图**, 如图 4.13 和图 4.14 所示; 另一类是**并列条形图**, 参见图 4.15. 上述图形都是利用函数 barplot 和表 4-7 中的数据所绘制的.

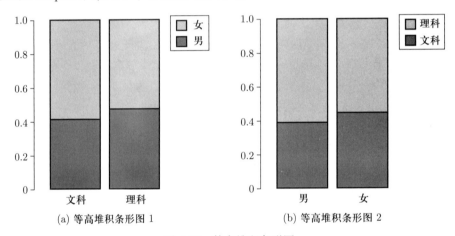

(a) 等高堆积条形图 1　　　　　(b) 等高堆积条形图 2

图 4.13 等高堆积条形图

图 4.13 中的两个条形图又称为**等高堆积条形图**, 其中图 (a) 表明文科中女生比例偏高; 图 (b) 表明男生更偏爱理科.

为了绘制这两个等高条形图, 首先将表 4-7 中的数据存储为 table 型变量, 如下程序代码完成此任务:

```
x<-matrix(c(12,19,17,21),nrow= 2,ncol=2)
colnames(x)<-c("男","女")#更改列名
rownames(x)<-c("文科","理科")#更改行名
y<-as.table(x)
```

运行此段程序代码后, y 为 table 型变量, 它在控制台窗口显示的结果为

	男	女
文科	12	17
理科	19	21

其中第 1 行给出了 y 的各个列的名称, 第 1 列给出了 y 各个行的名称.

可以分别用 colnames(y) 和 rownames(y) 得到 table 型变量的列名称和行名称. 现在, 可用程序代码

```
barplot(prop.table(t(y),margin=2),#计算给定学科时的条件概率
        xlim=c(0,3.5),#设置x轴的范围
        legend.text=colnames(y),#设置图例名称为y的列名称
        args.legend=list(x="topright"))#设置图例位置
```

绘制图 4.13 (a), 可用程序代码

```
barplot(prop.table(y,margin= 2),
        xlim=c(0,3.5),legend.text=rownames(y),
        args.legend=list(x="topright"))
```

绘制图 4.13 (b).

在上面两段程序代码中, prop.table(t(y), margin=2) 用于计算 y 的转置的条件概率, 计算结果在控制台窗口中显示为

	文科	理科
男	0.4137931	0.4750000
女	0.5862069	0.5250000

而 prop.table(y, margin=2) 用于计算 y 的条件概率, 计算结果在控制台窗口中显示为

	男	女
文科	0.3870968	0.4473684
理科	0.6129032	0.5526316

关于函数 prop.table 的更多使用方法可查阅 R 软件的在线帮助.

图 4.14 中的两个图称为**非等高堆积条形图**, 简称为**堆积条形图**. 从这种条形图中能够得到原始数据信息, 如实验班中喜欢文、理科专业的比例信息, 实验班中男、女生的比例信息, 还可以间接分析对比男、女生对于专业态度的差别.

图 4.14 (a) 中两个堆积条的高度差别表明实验班学生更喜欢理科; 另外, 从两个堆积条中男生矩形高度占对应堆积条高度的比例看, 理科中的男生比例高, 即男生比女生更喜欢理科 (从等高条形图更容易看出这一点).

条形图 4.14 (b) 也是堆积条形图, 该图中两个堆积条高度的差别表明实验班中的女生多;

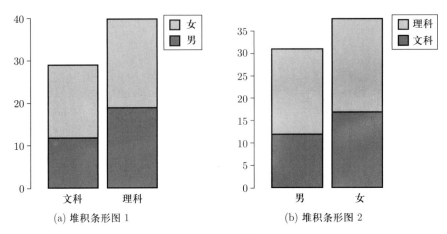

图 4.14 堆积条形图

另外, 从两个堆积条中文科矩形高度占对应堆积条高度的比例看, 女生中的文科比例高, 说明女生比男生更喜欢文科 (从等高条形图更容易看出这一点).

可以用如下的程序代码绘制图 4.14 (a):

```
barplot(t(y),xlim=c(0,3.5),legend.text=colnames(y),
        args.legend="topright")
```

而用如下的程序代码绘制图 4.14 (b):

```
barplot(y,xlim=c(0,3.5),legend.text=rownames(y),
        args.legend="topright")
```

这两段程序代码更为简单, 是因为不需要将 y 中的频数转换为条件概率.

图 4.15 中的两个条形图称为**并列条形图**. 从这种条形图中能够得到原始数据信息, 如实验班中喜欢文、理科专业的比例信息, 实验班中男、女生的比例信息, 还可以间接分析对比男、女生对于专业态度的差别.

图 4.15 (a) 表明, 喜欢理科的学生比例高于喜欢文科的学生比例, 男生比女生更喜欢理科, 女生比男生更喜欢文科; 图 4.15 (b) 表明, 实验班中女生的比例高于男生的比例, 男生比女生更喜欢理科, 女生比男生更喜欢文科.

为了绘制并列条形图, 只需在 barplot 中添加输入参数 beside=T 即可. 制作图 4.15 (a) 的程序代码为

```
barplot(t(y),beside=T,legend.text=colnames(y),
        args.legend=list(x="topleft"))
```

制作图 4.15 (b) 的程序代码为

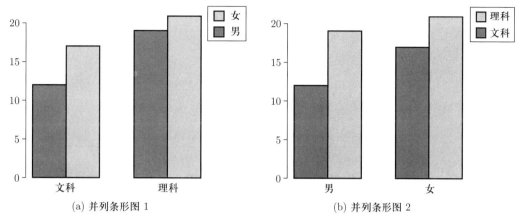

(a) 并列条形图 1　　　　　　　　　(b) 并列条形图 2

图 4.15　并列条形图

```
barplot(y,beside=T,legend.text=rownames(y),
        args.legend= list(x="topleft"))
```

在案例 4.5 中, 介绍了如下术语的内涵: 列联表、堆积条形图、并列条形图、等高堆积条形图和非等高堆积条形图. 这些术语是统计学常用术语, 广泛应用于各种场合, 望读者仔细体会其内涵. 这些图表的内涵基本相同, 只不过突出的特征有所不同. 等高堆积条形图能够很好地比较在一个变量的各个不同取值限定条件下, 另一变量的比例变化情况; 非等高堆积条形图有利于展现一个变量的分布密度几何特征; 并列条形图最有利于展现在给定一个变量的条件下, 另一个变量的分布密度几何特征.

4.3.2　点图与茎叶图

前面介绍的频率直方图可以用来探索连续型变量分布的特征, 频率条形图可以用来探索离散型变量的分布特征, 但这两种图形都需要在获得全部样本数据之后才能制作. 下面将要介绍的两种图形也可以描述总体分布密度的形状特征, 并且可以在样本数据的采集过程中逐步制作, 它们都能帮助研究者初步观察总体分布的特征.

1. 点图

考虑总体变量的重复观测样本数据 $x_1, x_2, \cdots, x_n$. 在一个由表示总体变量取值的横坐标与表示频数的纵坐标组成的平面直角坐标系中, x_i 用坐标 (x_i, n_i) 上的点表示, 其中 n_i 为 $x_1, x_2, \cdots, x_n$ 中等于 x_i 的数的个数, 这样得到的图形, 称为**点图**(参见图 4.16).

点图没有损失任何样本信息, 即样本数据和点图一一对应. 点图中堆积点的高度变化情况反映了总体分布密度的特征, 可以帮助我们区分总体变量是否为连续型变量.

点图可以随着样本数据的采集过程而逐点制作, 即在画第 i 个数据所对应的点时, 仅需

要知道前 i 个样本点. 这种特征在实际中有广泛的应用, 如教练员在指挥比赛时, 可以通过点图统计判断队员技术水平的临场发挥情况, 以及时调整战术.

思考题 点图和频数条形图有何相似的地方?

例 4.3.1 从某年级中随机抽取 20 名学生, 其数学成绩如表 4-8 所示. 用点图表示样本数据, 并讨论这个年级学生数学成绩的分布特征.

表 4-8　某年级学生的数学成绩表　　　　　(单位: 分)

42	55	64	70	75	78	80	82	82	82
85	85	85	85	88	90	90	92	95	87

解 表 4-8 所对应的点图为图 4.16 (这时 x 为数学成绩), 从中可以看出: 大部分学生的数学成绩集中在 $75 \sim 95$ 分之间, 并且在 85 分处的频数达到最大. 猜想该年级学生数学成绩的分布密度曲线应该是在 85 分左右达到峰值的单峰形状. ■

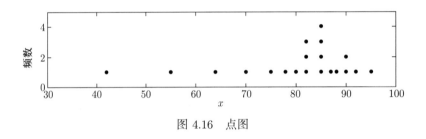

图 4.16　点图

对于连续型随机变量, 在理论上可以证明多次重复观测中有相等观测结果的概率为 0 (感兴趣的读者可查阅 "概率论" 的教科书), 因此相应样本数据的点图中点的堆积高度不应该超过 1. 但是, 由于样本数据的四舍五入, 此时也可能出现点的堆积高度超过 1 的情况. 例如, 在例 4.3.1 中, 可以认为数学成绩为连续型变量, 只不过在判卷时无法给出成绩的精确值, 结果造成了点的堆积高度超过 1. 当然, 这种状况会随着数据精确度的提高而减少.

思考题 连续型随机变量的重复观测样本数据的点图有何特点?

对离散型随机变量, 点图和频数条形图的高度堆积形状相近似. 此时点图中的点堆积高度与频数条形图中条的高度一致, 都反映了离散型随机变量取相应值的频数. 因此, 在离散型随机变量情形中, 点图是一种变异的条形图, 可以通过各个点的堆积形状推断总体分布密度的几何形态.

2. 茎叶图

将点图中堆积点的思想与分组频数条形图原理相结合, 可以得到分组频数条形图的一种变异表示方法. 下面详细介绍.

任一数据都可以分解为高位数字和低位数字, 称高位数字为该**数据的茎**, 称低位数字为该**数据的叶**. 例如, 表 4-8 中数据都是两位数据, 我们可以把每个数据分解为茎 (十位上的数字) 和叶 (个位上的数字), 如数据 42 所分解的茎为 4, 叶为 2.

将各个数据的茎按从小到大的方式竖直排列在一条竖线的左边, 所构成的图形称为**茎图**, 再将各个数据的叶依次排在竖线相应茎的右边, 所构成的图形为**茎叶图**. 例如, 表 4-8 中的数据对应的茎图和茎叶图分别如图 4.17 (a), (b) 所示, 其中的竖线和它左边的数字可以看成植物的茎, 竖线右边的数字可以看成植物的叶, 整个图形就是一个在茎上长满叶的图形, 这也是茎叶图名称的来由. 在茎叶图中, 某一茎所能记录的最小数据与下一茎所能记录的最小数据之间的距离称为**茎距**. 例如, 在图 4.17 (b) 中的茎距为 10 分.

图 4.17   学生数学成绩的茎图和茎叶图

可把茎叶图逆时针旋转 90° 变成水平排放, 这样它更像一个频数条形图. 例如, 图 4.17 (b) 按逆时针旋转 90° 得到水平放置的茎叶图, 如图 4.18 所示. 在茎叶图中, 某一茎上叶堆积的高度 (以数字的高度为单位) 等于分组频数条形图中该茎所对应的区间上矩形的高度. 在这个观点之下, 茎叶图就是组距等于茎矩的等距分组频数条形图的一种变异.

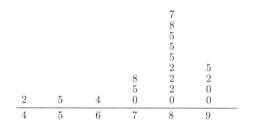

图 4.18   学生数学成绩的水平茎叶图

在等距分组下, 分组频数条形图与频率直方图相似, 它们之间仅相差一个纵轴的刻度变换. 因此, 可以在水平放置的茎叶图中, 依据叶的堆积形状判断总体变量密度曲线的整体几何特征.

思考题   茎叶图和点图有何相似的地方?

茎叶图制作方便, 可以在获取样本数据的过程中制作, 它不损失样本数据的任何信息. 但是, 当样本容量很大时, 就不宜使用茎叶图了, 因为此时或者是茎太长, 或者是叶太长, 不利于书写与观看.

有时, 茎也可以由数字和表示特定含义的符号组成, 以构成具有更小茎距的茎叶图. 例如, 想要对表 4-8 中的数据建立茎距为 5 分的茎叶图, 可以用 "4+" 表示位于 45 ~ 49 分之间的数据的茎, 这样得到的茎叶图如图 4.19 所示. 它类似于组距为 5 分的等距频数条形图, 能更好地表示总体变量密度的函数几何特征细节.

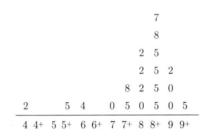

图 4.19　茎距为 5 分的成绩茎叶图

小的茎等级虽然能够反映总体变量密度函数的几何特征细节, 但前提条件和大数定律的条件一致, 需要重复观测样本的容量足够大, 否则茎叶图对总体变量密度函数的几何特性的描述能力会变弱. 这一点和直方图所要求的条件是一致的.

例 4.3.2　从甲、乙两个班级中分别随机抽取 20 名学生, 他们的数学成绩如表 4-9 所示. 试分析这两个班学生数学成绩的分布特点.

表 4-9　甲、乙两个班级学生的数学成绩　　　　　　　　(单位: 分)

甲班	42	55	64	70	75	78	80	82	82	82
乙班	39	52	61	68	72	76	77	78	79	78
甲班	85	85	85	85	88	90	90	92	95	99
乙班	83	83	81	81	85	87	86	91	91	98

解题思路　为了便于比较两个班级学生数学成绩的分布特点, 把两个班级学生的数学成绩数据绘制成一个共茎的水平茎叶图, 其中茎上方的叶由甲班学生的数学成绩数据构成, 茎下方的叶由乙班学生的数学成绩数据构成, 详见图 4.20.

解　两个班级学生的数学成绩分布密度都呈现单峰的形状; 甲班的峰值在 85 分的茎达到, 乙班的峰值在 75 分的茎达到; 甲班学生数学成绩的对称性比乙班的好; 甲班的叶更集中在值高的茎上. 因此, 甲班学生的数学成绩应该比乙班的好. ■

											8		
										2	5		
										2	5	2	
									8	2	5	0	9
甲班		2			5	4		0	5	0	5	0	5
	3+	4	4+	5	5+	6	6+	7	7+	8	8+	9	9+
乙班	9			2		1	8	2	6	1	5	1	8
									7	1	6	1	
									8	3	7		
									8	3			
									9				

图 4.20 甲、乙两个班级学生数学成绩的茎叶图

4.3.3 小结

• 直方图、条形图、点图和茎叶图都是通过某种高度的变化特点来展示总体分布密度的几何特征;

• 对于重复观测样本而言, 大数定律保证了随着样本容量的增加, 上述统计图形所展示的总体分布密度几何特征越来越可靠;

• 点图和茎叶图都不损失样本数据的任何信息, 且可以在样本数据的采集过程逐步制作;

• 条形图和饼图用于描述分类变量或离散型变量分布密度的几何特征, 适合于显示大容量的样本分布特征;

• 点图可用于判断总体变量是否为离散型变量.

§4.4 总体数字特征信息的提取与离群数据

通过统计图形可以使我们了解有关总体分布密度的几何特征, 但这种了解只是感观上的整体几何印象, 如分布密度峰值的个数、分布密度是否对称等. 统计图形不能直接提供有关总体数字特征信息, 而这种信息在实践中有广泛的应用价值. 如第二章所述, 总体的数字特征主要刻画如下三个方面的特征: 分布的中心位置、分布的离散程度和分布的形状. 作为这些数字特征的一个应用, 本节最后简要介绍离群数据的探索方法.

4.4.1 总体变量中心位置的提取

从不同的角度出发, 可以得到不同的刻画总体变量中心位置的数字特征, 如在第二章中定义的数学期望和中位数. 总体变量的中心位置是我们区分不同总体分布的重要数字特征, 在统计学中占有重要的地位. 本小节讨论如何由样本来提取总体变量的这两个中心位置信息以及相应的特性, 并简单介绍分类变量中心位置的刻画方法.

1. 数学期望的估计

数学期望是总体变量的概率加权平均, 是一种刻画总体变量中心位置的指标, 有广泛的应用.

案例 4.6 第二次世界大战期间, 德国人在制造坦克时, 把坦克从 1 开始进行了连续编号. 战争中, 盟军从缴获和击毁的德军坦克中得到了一些坦克的生产编号 $x_1, x_2, \cdots, x_n$. 如何估计德军拥有的坦克总数 N?

把坦克编号看成总体变量, 则总体均值 (数学期望) 为

$$\frac{1}{N} \sum_{i=1}^{N} i = \frac{N+1}{2}.$$

若假设每辆坦克被缴获或被击毁的概率为 $1/N$, 就可以把 $x_1, x_2, \cdots, x_n$ 看成取自于该总体的简单随机样本. 依据大数定律, 可以用样本的算术均值

$$\overline{x} = \frac{1}{n} \sum_{k=1}^{n} x_k$$

近似总体均值, 即 N 的一个估计为

$$\hat{N} = 2\overline{x} - 1.$$

在此案例中, 解决问题的本质想法是用样本点的算术平均值估计总体均值, 其理论依据是大数定律. 这种思想方法在实际研究中有广泛的应用. 为了交流方便, 人们给出如下定义:

定义 4.4.1 若 $X_1, X_2, \cdots, X_n$ 为样本, 称

$$\overline{X} \triangleq \frac{1}{n} \sum_{k=1}^{n} X_k \tag{4.3}$$

为**样本均值**或**样本平均数**, 简称为**均值**或**平均数**.

人们通常将 $\overline{X}$ 读作 "X bar" 或 "X 杠", 并受大数定律的启发用样本均值作为总体均值的近似. 大数定律的成立是有条件的, 它能保证对重复观测样本或简单随机样本的近似效果. 对于其他样本, 要根据问题的背景出发, 寻找额外信息, 以改进样本均值的近似效果. 另外, 样本均值不适用于 (已数量化的) 分类变量中心位置的度量.

在 R 语言中, 用函数 mean 计算样本均值. 例如, 程序代码

```
mean(x)
```

用来计算数值向量 x 的样本均值. 读者可利用 R 软件的在线帮助查阅该函数的更多使用方法.

案例 4.6 中估计坦克总量的方法会出现

$$\hat{N} < x_{(n)} = \max_{1 \leqslant i \leqslant n} x_i$$

的不合理情况, 因此这种估计方法还有改进余地. 事实上, 理论上可以证明: 用

$$\tilde{N} = \left(1 + \frac{1}{n}\right) x_{(n)} \tag{4.4}$$

估计 N 的效果更好.

第二次世界大战后的档案材料证明, 统计学家给出的德军坦克总数估计, 比任何其他渠道的情报都准确. 这进一步提示我们, 不要忘记统计学的思维方式: 根据实际问题背景寻求更有效的方法.

在 R 语言中, 可以用函数 sort 将数据排序, 其简单用法见下面一段程序代码中的注解, 关于此函数更加详尽的使用方法可查阅 R 软件的在线帮助:

```
x<-rnorm(4,0,1)#标准正态分布样本数据
y<-sort(x)#将数据按升序排列
z<-sort(x,decreasing=T)#将数据按降序排列
xyz<-matrix(c(x,y,z),4,3)#将数据用矩阵形式排列
colnames(xyz)<-c("x","y","z")#更改矩阵xyz的列名
t(xyz)#显示矩阵xyz的转置
```

在 RStudio 中运行上述代码后, 在控制台窗口显示如下内容:

	[,1]	[,2]	[,3]	[,4]
x	1.361748	-0.64117311	-1.69579942	-0.02193721
y	-1.695799	-0.64117311	-0.02193721	1.36174791
z	1.361748	-0.02193721	-0.64117311	-1.69579942

读者可从中体会数据 x, y 和 z 的差别.

思考题 当你运行上述程序代码后会得到不一样的输出结果, 原因是什么?

2. 中位数的估计

中位数也是随机变量的一种中心位置: 随机变量落在其中位数两边的概率近似相等. 下面讨论中位数的估计问题. 假设 $X_1, X_2, \cdots, X_n$ 为随机变量 X 的重复观测样本, m 为 X 的中位数. 根据强大数定律 (详见例 2.6.2), 有

$$P(X < m) \approx \frac{n(\{k : X_k < m\})}{n}, \quad P(X > m) \approx \frac{n(\{k : X_k > m\})}{n},$$

其中 $n(\{k : X_k > m\})$ 和 $n(\{k : X_k < m\})$ 分别表示集合 $\{k : X_k > m\}$ 和 $\{k : X_k < m\}$ 中元素的个数. 因此, 可用满足条件

$$n(\{k : X_k < \hat{m}\}) = n(\{k : X_k > \hat{m}\})$$

的数 $\hat{m}$ 估计中位数 m.

定义 4.4.2 将样本 $X_1, X_2, \cdots, X_n$ 按从小到大的次序排列为

$$X_{(1)}, \; X_{(2)}, \; \cdots, \; X_{(n)},$$

称它为该样本的**次序统计量**或**顺序统计量**. 称

$$Q_2 \triangleq \begin{cases} \dfrac{X_{(m)} + X_{(m+1)}}{2}, & n = 2m, \\ X_{(m)}, & n = 2m - 1, \end{cases} \tag{4.5}$$

为**样本中位数**, 简称为**中位数**.

本书中用带括号的下标表示样本点的从小到大的次序号, 如在样本 $X_1, X_2, \cdots, X_n$ 中, $X_{(1)}$ 表示最小的样本点, $X_{(n)}$ 表示最大的样本点, 而 $X_{(3)}$ 表示次序号为 3 的样本点.

图 4.21 给出了样本中位数 Q_2 的相对位置示意图: 位于它两边的样本点个数近似相等. 通常用样本中位数作为总体变量中位数的近似. 在重复观测样本条件下, 大数定律保证这样近似的精确度 (指样本中位数接近于总体变量中位数的程度) 随着样本容量的增加而提高.

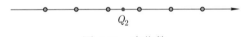

Q_2

图 4.21 中位数

在 R 语言中, 用函数 median 计算样本中位数. 例如, 程序代码

```
median(x)
```

的功能是计算 x 的中位数. 可利用 R 软件的在线帮助查阅该函数的其他使用方法.

案例 4.7 考查例 4.3.1 中学生的数学成绩数据. 如果最后一个数据错记成 8, 这会对样本均值和样本中位数产生什么样的影响, 其影响程度如何?

在 RStudio 中运行程序代码

```
x<-c(42,55,64,70,75,78,80,82,82,82,85,85,85,85,88,90,90,92,95,87)
y<-x#将x赋值给y
y[20]<-8#将y的最后一分量改为8
xMean<-mean(x)
yMean<-mean(y)
```

得原始数据样本均值 xMean 和错误数据样本均值 yMean, 它们分别是 79.60 和 75.65, 即这个错误数据使得样本均值减小了 3.95.

现在运行程序代码

$$xQ2<-median(x)\#正确数据中位数$$

$$yQ2<-median(y)\#错误数据中位数$$

得原始数据样本中位数 xQ2 和错误数据样本中位数 yQ2, 它们分别是 83.5 和 82, 即这个错误数据使得样本中位数减小了 1.5, 比样本均值的情况好得多.

对比上面的计算结果可知, 这个错误数据会引起样本均值和样本中位数的变化. 样本均值对于错误数据更为敏感; 样本中位数对于错误数据不那么敏感.

一般地, 称远离其中心位置的样本点为**离群点**或**离群数据**. 离群点对于统计分析的影响较大, 应该分析其产生原因, 是否由错误数据引起.

3. 众数的估计

下面讨论如何通过样本数据近似总体变量的众数. 当总体变量为分类变量或离散型变量时, 根据强大数定律应该用样本数据中出现次数最多的值作为总体变量众数的估计. 当总体变量是连续型变量时, 样本中各个样本点相等的概率为 0, 因此不能用样本数据中出现次数最多的值作为总体变量众数的估计. 根据强大数定律, 连续型变量的众数应该用频率直方图中最高的频率矩形底边区间中点的数来近似. 基于上述想法, 引入如下概念:

定义 4.4.3　对于分类变量或离散型变量, 称样本数据中出现次数最多的值为**样本众数**. 对于连续型变量, 称直方图中最高的频率矩形底边中点的横坐标为**样本众数**. 样本众数也简称为**众数**.

人们常常用样本众数作为总体变量众数的近似, 大数定律保证了这样近似的精度 (指样本众数接近于总体变量众数的程度) 随着样本容量的增加而提高. 众数不仅适用于数值变量, 还适用于分类变量.

在 R 语言的基本函数库中, 没有计算样本众数的函数, 但读者可以借助函数 hist, table, which.max 和 names 来计算样本众数. 对于连续型变量的样本数据 x, 可以用如下的程序代码计算样本众数:

```
#计算连续型变量样本数据的众数
y<-hist(x,plot=F)#计算x的分组数据统计结果
maxID<-which.max(y$counts)#计算最大频数所在区间序号
xo<-mean(y$breaks[maxID:(maxID+1)])#计算第maxID区间的中心
```

所计算的样本众数存储在变量 xo 中. 这里函数 hist 用来计算分组数据统计结果, 该结果是一个名为 histogram 的列表, 列表中的变量 counts 为各个分组的频数, 变量 breaks 为各个分组区间的左端点. 在 hist 中, 用输入参数 plot 表明是否需要绘制条形图, 该参数的默认值为 T, 表示绘制条形图, 参数值 F 表示不绘制条形图. 用函数 which.max 计算向量最大值所在的位置, 可借助 R 软件的在线帮助了解该函数的详细使用方法.

对于离散型变量或分类变量的样本数据 x, 可以用如下的程序代码计算样本众数:

```
#计算离散型变量样本数据的众数
y<-table(x)#计算x的分组数据统计结果
xo<-names(which.max(y))#计算最大频数
```

所计算的样本众数存储在字符变量 xo 中.

例 4.4.1 从某大学招收的新生中用简单随机抽样的方法抽取了 20 名学生, 这些学生的性别数据如表 4-10 所示, 其中 1 代表男生, 0 代表女生. 试写出计算样本众数的 R 语言程序代码, 并给出计算结果.

表 4-10   某大学新生性别数据

1	0	1	0	0	0	0	1	1	0
0	1	0	0	0	1	0	1	0	1

解 假设我们已经将表 4-10 中的数据复制到 Windows 系统的剪贴板中, 可以用如下程序代码计算样本众数:

```
x<-scan(file="clipboard",dec=".")#读取剪贴板中数据
y<-table(x)#制作数据x的频数表
xo<-names(which.max(y))#计算众数
```

最后的计算结果保存在变量 xo 中, 这个结果为 0, 即样本众数为女生.   ■

4. 小结

• 大数定律建议: 可分别用样本均值、样本中位数和样本众数估计总体变量的均值、中位数和众数. 在重复观测样本的条件下, 大数定律能保证这样估计的优良性质.

• 表 4-11 列出了离群点对于上述中心位置估计方法的影响程度. 要依据数据的产生背景和要解决的问题选择恰当的刻画中心位置的指标.

表 4-11　样本均值、样本中位数和样本众数的性质

数字特征	定义	常用程度	离群点的影响	使用范围
样本均值	$\dfrac{1}{n}\sum\limits_{i=1}^{n} x_i$	最常用	大	数值变量
样本中位数	中间的值	常用	小	数值变量
样本众数	频数最大的值	有时用	小	所有变量

4.4.2　总体变量离散程度的提取

数值随机变量分布的离散程度是刻画这个变量变化剧烈程度的一个数字特征, 在统计学中占有重要的地位. 像分布密度中心位置的描述一样, 从不同的角度出发可得不同的离散程度刻画方法. 在第二章中给出了几种刻画随机变量离散程度的数字特征, 如方差、标准差和变异系数, 这里讨论它们的估计方法.

1. 方差的估计

假设数值随机变量 X 的重复观测样本为 $X_1, X_2, \cdots, X_n$, 根据强大数定律, 应该用

$$\frac{1}{n}\sum_{k=1}^{n}(X_k - \mathrm{E}(X))^2$$

来近似总体 X 的方差. 但是, 因为上面的表达式与未知的数学期望有关, 需要用样本均值来近似这个数学期望才能得到估计总体方差的统计量. 基于上述想法, 引入如下概念:

定义 4.4.4　若样本为 $X_1, X_2, \cdots, X_n$, 称

$$S^2 = \frac{1}{n-1}\sum_{i=1}^{n}(X_i - \overline{X})^2 \tag{4.6}$$

为样本方差.

在样本方差 (4.6) 中, 除以 $n-1$ 是为保证 $\mathrm{E}(S^2) = \mathrm{D}(X)$, 即样本方差是方差的无偏估计量 (详见定义 5.1.3). 由于在样本方差的定义中采用了距离的平方, 使得离群数据对样本方差的影响大于对样本均值的影响.

在 R 语言中, 用函数 var 来计算样本方差. 该函数的名称是英文单词 variance 的前三个字母. 程序代码

```
var(x)
```

表示计算数值向量 x 的样本方差. 读者可查阅 R 软件的在线帮助了解该函数使用方法.

例 4.4.2　用 R 语言程序计算例 4.3.2 中甲、乙两个班级学生数学成绩的样本方差, 并解释其含义.

解 运行程序代码

```
x<-c(42,55,64,70,75,78,80,82,82,82,
     85,85,85,85,88,90,90,92,95,99)
y<-c(39,52,61,68,72,76,77,78,79,78,
     83,83,81,81,85,87,86,91,91,98)
var(x)
var(y)
```

得甲班的样本方差为 $S_\text{甲}^2 = 187.33$, 乙班的样本方差为 $S_\text{乙}^2 = 190.4316$. 因此 $S_\text{甲}^2 < S_\text{乙}^2$, 即甲班学生的数学成绩更稳定. ■

2. 标准差的估计

由于标准差是方差的平方根, 因此自然应该用样本方差的平方根来近似总体变量的标准差. 对于重复观测样本, 大数定律保证了随着样本容量的增加, 这种近似的精确度越来越高.

定义 4.4.5 设样本为 $X_1, X_2, \cdots, X_n$, 称

$$S = \sqrt{\frac{1}{n-1} \sum_{i=1}^{n} (X_i - \overline{X})^2}$$

为**样本标准差**.

在 R 语言中, 可以用函数 sd 来计算样本标准差. 这个函数的名称是英文单词 standard deviation 的缩写.

例 4.4.3 写出例 4.4.2 中计算甲班学生数学成绩样本标准差的 R 语言程序代码, 并给出计算结果.

解 沿用例 4.4.2 中的符号, x 为甲班学生数学成绩样本数据的数值向量, 可以用程序代码

```
sd(x)
```

计算甲班学生数学成绩的样本标准差. 该程序代码运行的结果在控制台窗口显示如下:

```
[1] 13.68672
```

即甲班学生数学成绩的样本标准差为 $S = 13.68672$. ■

3. 标准得分的估计

下面通过案例讨论样本标准差的一个应用, 该例涉及标准得分的估计问题. 在 2.3.4 小节的定义 2.3.9 中, 定义了标准得分, 它是一个无量纲的量, 常常用于消除 (来自于同一总体的) 不同样本之间的度量单位和其他因素干扰的影响. 问题是如何估计标准得分. 显然, 应该用数学期望和标准差的估计值取代定义 2.3.9 中的数学期望和标准差, 得到标准得分的估计.

定义 4.4.6 假设 $X_1, X_2, \cdots, X_n$ 为样本. 对于 $1 \leqslant i \leqslant n$, 称

$$Z_i = \frac{X_i - \overline{X}}{S}$$

为第 i 个样本数据的**标准化**或**标准得分**; 称 $Z_1, Z_2, \cdots, Z_n$ 为相应的**标准化样本**.

标准得分消除了原始数据的均值和方差的影响, 能够反映各个样本点相对于样本均值的偏离程度, 其度量单位是样本标准差, 与原始数据的度量单位无关. 标准得分为 0 等价于相应的原始样本数据等于样本均值.

在 R 语言中, 使用函数 scale 将数据转化为标准化数据. 读者可仿照下面案例中的方法使用该函数, 或者利用 R 软件的在线帮助了解该函数的使用细节.

案例 4.8 (成绩比较问题) 从某班抽取了 20 名学生, 他们的统计学导论成绩和概率论成绩如表 4-12 所示.

表 4-12 20 名学生的成绩表 (单位: 分)

序号	1	2	3	4	5	6	7	8	9	10
统计学导论	79.0	87.0	75.0	94.0	69.0	81.0	64.0	62.0	71.0	70.0
概率论	86.0	78.0	73.0	90.0	42.0	75.0	71.0	87.0	71.0	41.0
序号	11	12	13	14	15	16	17	18	19	20
统计学导论	64.0	70.0	69.0	67.0	61.0	71.0	72.0	71.0	88.0	83.0
概率论	75.0	78.0	68.0	73.0	61.0	60.0	70.0	47.0	74.0	70.0

第 3 名学生的统计学导论分数比概率论分数高, 是否说明这名学生对统计学导论知识掌握得更好?

实际上, 我们说这名学生成绩好与不好应该是相对于班级整体而言的, 因而不应该直接用两门课程的分数高低来下结论. 在这种意义下, 我们应该通过两门课程的标准得分比较这名学生哪门课程学得更好.

在 RStudio 中运行程序代码

```
x<-c(79.0,87.0,75.0,94.0,69.0,81.0,64.0,62.0,71.0,70.0,
     64.0,70.0,69.0,67.0,61.0,71.0,72.0,71.0,88.0,83.0)
y<-c(86.0,78.0,73.0,90.0,42.0,75.0,71.0,87.0,71.0,41.0,
     75.0,78.0,68.0,73.0,61.0,60.0,70.0,47.0,74.0,70.0)
xy<-matrix(c(x,y),20,2)#原始分数
xyScale<-scale(xy)#标准化分数
```

得两门课程成绩的标准得分矩阵 xyScale, 其第 1 列为统计学导论标准得分, 第 2 列为概率论标准得分. 运行程序代码

$$xyScale[3,]$$

在控制台窗口得第 3 名学生的标准得分如下:

$$[1]\ 0.1749694\ 0.2581342$$

即该学生的统计学导论标准得分为 0.17, 概率论标准得分为 0.26, 所以第 3 名学生的概率论成绩应该比统计学导论成绩好.

在该案例中, 所考查的是同一班级 (总体) 的两门不同课程的成绩, 可以用标准得分比较同一个体的不同课程的成绩.

思考题 案例 4.8 中的结论一定正确吗? 请解释原因.

例 4.4.4 对于例 4.3.2 中的数据, 是否可以通过在各自班的标准得分来比较来自两个班级的两名学生的数学学习状况?

解 由例 4.4.2 中的数据计算得甲班和乙班学生数学成绩的样本均值分别为 80.20 分和 77.30 分. 由于两个班级的整体数学学习水平有差异, 从而在标准得分 (相应于各自班的标准得分) 相等的情况下, 来自甲班的学生的数学学习状况要好于来自乙班的学生的数学学习状况. 因此, 不能通过标准得分来比较来自两个班级的两名学生的数学学习状况. ■

在实际应用中, 要特别注意标准得分的适用范围, 以免推出不合理的结论.

4. 变异系数的估计

下面考查总体变量变异系数的估计问题. 由 2.5.1 小节中变异系数的定义 (2.59) 式知, 变异系数可以表示为标准差除以数学期望的绝对值, 自然应该用样本标准差除以样本均值的绝对值来估计它.

定义 4.4.7 称样本标准差与样本均值的绝对值之比为**样本变异系数**, 简称为**变异系数**.

例 4.4.5 表 4-13 列出了从某单位随机抽取的 7 名职工的月收入数据. 与表 4-9 中甲班学生的数学成绩数据相比较, 月收入数据是否离散程度更高?

表 4-13　月收入数据　(单位: 元)

5600	1500	4030	2150	6400	3200	5200

解　由例 4.4.2 知甲班学生数学成绩数据的变异系数为

$$\frac{\sqrt{187.33}}{80.20} = 0.17,$$

而职工月收入数据的均值为 4011.42, 方差为 1829.05, 变异系数为

$$\frac{\sqrt{1829.05}}{4011.42} = 0.01,$$

从而甲班学生数学成绩数据的相对离散程度更高. ■

5. 小结

在本小节中, 我们学习了一些刻画数据离散程度的统计量, 包括样本方差、样本标准差及样本变异系数. 这些统计量各有特点, 详见表 4-14.

表 4-14　各种刻画离散程度的统计量的特点

名称	定义	离群点影响程度
样本方差	$S^2 = \dfrac{1}{n-1} \sum\limits_{i=1}^{n} (X_i - \overline{X})^2$	较大
样本标准差	$S = \sqrt{\dfrac{1}{n-1} \sum\limits_{i=1}^{n} (X_i - \overline{X})^2}$	中等
样本变异系数	$\dfrac{S}{|\overline{X}|}$	中等

4.4.3　总体变量分位数的提取

在 2.5.3 小节中介绍了 α 分位数, 它描述了随机变量概率分布的位置信息, 随机变量落在它两边的概率分别最接近于 α 和 $1 - \alpha$. 下面讨论如何从样本中提取总体变量的 α 分位数信息.

依据频率近似于概率的思想, 应该用满足如下条件的 $\hat{x}_\alpha$ 提取信息:

$$\frac{\text{小于 } \hat{x}_\alpha \text{ 的样本点的个数}}{n} \leqslant \alpha, \qquad \frac{\text{大于 } \hat{x}_\alpha \text{ 的样本点的个数}}{n} \leqslant 1 - \alpha.$$

基于此想法, 可以构建用于估计总体变量的 α 分位数的统计量.

定义 4.4.8 对于任意 $\alpha \in (0,1)$, 记 k 为数 $\alpha n + 0.5$ 的整数部分, 并约定 $X_{(0)}$ 等于 $X_{(1)}$, $X_{(n+1)}$ 等于 $X_{(n)}$. 称

$$\hat{x}_\alpha = (\alpha n + 0.5 - k)(X_{(k+1)} - X_{(k)}) + X_{(k)} \tag{4.7}$$

为样本 $X_1, X_2, \cdots, X_n$ 的**样本 α 分位数**, 简称为 **α 分位数**.

位于 $\hat{x}_\alpha$ 左边的样本点的个数不超过且最接近于 $n\alpha$. 当样本为总体变量的重复观测样本时, 样本 α 分位数为随机变量, 其极限为总体变量的 α 分位数.

在 R 语言中, 用函数 quantile 计算样本 α 分位数. 该函数提供了 9 种不同的样本 α 分位数的计算方法, 并能够通过函数的输入参数 type 指定具体的分位数计算方法, 其中第 5 种方法就是公式 (4.7) 中的样本 α 分位数计算方法. 在默认方式下, 该函数用第 7 种方法计算样本 α 分位数, 其调用方式如下:

```
quantile(x,a)
```

这里 x 为样本观测数据, a 是 α 的值. 若要指定用 (4.7) 式计算样本 α 分位数, 可采用如下程序代码:

```
quantile(x,a,type=5)
```

读者可通过 R 软件的在线帮助了解该函数的详细信息.

例 4.4.6 计算例 4.3.1 中数学成绩的 0.4 分位数 $\hat{x}_{0.4}$.

解 在 RStudio 中运行程序代码

```
x<-c(42,55,64,70,75,78,80,82,82,82,
     85,85,85,85,88,90,90,92,95,87)
quantile(x,0.4,type=4)
```

得到控制台窗口的输出

```
40%
 82
```

即数学成绩的 0.4 分位数为 $\hat{x}_{0.4} = 82$. ∎

4.4.4 Q-Q 图

在实际研究中, 很多统计方法, 如极大似然估计和假设检验等, 都需要总体分布函数的信息. 问题是这些总体分布函数的信息是否正确.

由例 2.6.3 知, 对于重复观测样本 $X_1, X_2, \cdots, X_n$, 可以用经验分布函数近似总体分布函数. 可以借助此结论解答上述问题.

案例 4.9 考查表 4-2 中的身高数据. 已知这些数据是重复观测样本数据, 判断其总体分布是否为正态分布.

一个直观的想法是: 比较经验分布和正态分布函数, 看它们是否接近, 从而得出分析结论. 虽然我们知道正态分布的分布函数为

$$\Phi_{\mu,\sigma}(x) = \int_{-\infty}^{x} \varphi_{\mu,\sigma}(t)\mathrm{d}t,$$

但是这个函数中含有两个未知的参数 μ 和 σ, 不能直接和经验分布函数

$$F_{56}(x) = \frac{1}{56}\sum_{k=1}^{56} I_{(-\infty,x]}(x_k) \tag{4.8}$$

作比较, 这里 x_k 为表 4-2 中的第 k 个数据,

$$I_{(-\infty,x]}(x_k) = \begin{cases} 1, & x_k \leqslant x, \\ 0, & x_k > x. \end{cases}$$

为了解决此问题, 可以分别用

$$\overline{x} = \frac{1}{56}\sum_{k=1}^{56} x_k \quad \text{和} \quad s = \sqrt{\frac{1}{55}\sum_{k=1}^{56}(x_k - \overline{x})^2}$$

取代 μ 和 σ, 得到正态分布函数的近似表达式

$$G(x) = \Phi_{\overline{x},s}(x).$$

如果总体分布为正态分布, 经验分布函数 $F_{56}(x)$ 就应该和 $G(x)$ 很接近.

有多种衡量这两个分布函数是否接近的途径, 如可以用

$$\sup_x |F_{56}(x) - G(x)|$$

作为衡量指标, 也可以用这两个分布函数对应的分位数的接近程度来衡量, 等等. 下面简要介绍通过分位数衡量 $F_{56}(x)$ 和 $G(x)$ 接近程度的方法.

记 $x_{(1)}, x_{(2)}, \cdots, x_{(56)}$ 是样本数据从小到大的排列结果, 则它们依次为分布函数 $F_{56}(x)$ 的 $1/56$ 分位数, $2/56$ 分位数, $\cdots$, $56/56$ 分位数. 如果 $F_{56}(x)$ 和 $G(x)$ 很接近, 则 $G(x)$ 的 $k/56$ 分位数 $x_{k/56}$ 应该和 $x_{(k)}$ 很接近. 因此, 可以通过两个分布函数对应的分位数点

$$(x_{1/56}, x_{(1)}), (x_{2/56}, x_{(2)}), \cdots, (x_{56/56}, x_{(56)}) \tag{4.9}$$

在直角坐标系中的位置判断总体分布是否为正态分布: 当散点都在对角线附近, 就判断总体分布为正态分布; 否则, 就判断总体分布不是正态分布.

点列 (4.9) 所对应的散点图如图 4.22 (a) 所示, 其中横坐标为 $G(x)$ 的分位数 (理论分位数), 纵坐标为 $F_{56}(x)$ 的分位数 (样本分位数), 直线为对角线. 人们称这样的图为 **Q-Q 图**. 特别地, 当 $G(x)$ 为正态分布时, 人们喜欢将横轴刻度标注中的 μ 替换为 0, σ 替换为 1, 结果得到 Q-Q 图 4.22 (b), 并将其称为**正态 Q-Q 图**.

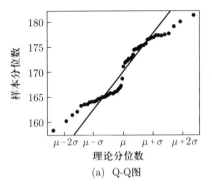 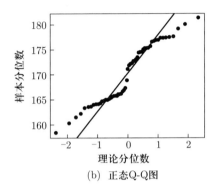

(a) Q-Q图   (b) 正态Q-Q图

图 4.22 样本数据的 Q-Q 图

从图 4.22 中的两个 Q-Q 图可以看出: $F_{56}(x)$ 和正态分布函数 $G(x)$ 的分位数坐标远离对角线, 因此判断表 4-2 中身高数据不是来自正态分布总体.

案例 4.9 展示了经验分布函数的一种表达方式, 以及通过 Q-Q 图判断样本数据是否来自某一特殊分布函数 $G(x)$ 的方法:

- 对于重复观测样本 $X_1, X_2, \cdots, X_n$, 经验分布函数可以表示为

$$F_n(x) = \frac{1}{n} \sum_{k=1}^{n} I_{(-\infty, x]}(x_k); \tag{4.10}$$

- 若 Q-Q 图中的散点分布在对角线附近, 就判断总体分布函数为 $G(x)$.

在 R 语言中, 用函数 qqnorm 和 qqline 绘制正态 Q-Q 图. 下面的程序代码演示了这两个函数的使用方法:

```
x<-rnorm(1000,4,5)#模拟正态分布样本数据
qqnorm(x,pch=20)#绘制正态Q-Q图
qqline(x,col="red",lwd=2)#添加红色的对角线
```

在这段程序代码中, 第 1 行使用了正态分布模拟样本数据, 第 2 行绘制正态 Q-Q 图, 第 3 行在正态 Q-Q 图上添加对角线. 上述程序代码绘制的正态 Q-Q 图如图 4.23 所示, 该图的分位数点集中在对角线的附近, 因此判断样本数据来自正态分布总体.

需要说明的是: 再次运行上述程序代码, 得到的正态 Q-Q 图会有所不同, 其原因是样本的随机性所导致的. 读者可多次运行上述程序代码, 体会正态总体样本数据的正态 Q-Q 图

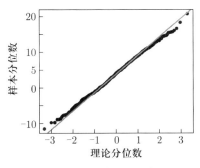

图 4.23 正态样本数据的正态 Q-Q 图

的特点.

当 $G(x)$ 是一般的分布函数时, 可利用 R 语言中的函数 plot 将点列 (4.9) 中的 n 个点绘制到直角坐标系中, 获得样本数据相对于分布函数 $G(x)$ 的 Q-Q 图, 并根据散点是否集中在对角线的附近判断样本的总体分布函数是否为 $G(x)$.

4.4.5 离群数据的识别

在 2.5.4 小节中介绍了离群数据的概念, 它们可能是由错误的观测数据所引起, 也可能源于我们所没有掌握的异常现象. 在实际应用中, 应该分析离群数据的产生原因, 并对症加以处理, 以改进统计分析的结果, 或者得到新知识的发现.

可以基于 2.5.4 小节中的区间 (2.61) 识别离群数据, 但是在实际应用中常常不知道该区间中总体变量的四分位数, 需要用估计值取代.

定义 4.4.9 称样本 0.25 分位数为**第 1 四分位数**或**下四分位数**, 记为 Q_1; 称样本 0.5 分位数为**第 2 四分位数**, 记为 Q_2; 称样本 0.75 分位数为**第 3 四分位数**或**上四分位数**, 记为 Q_3. 将第 1, 2, 3 四分位数统称为**四分位数**.

显然, 第 2 四分位数恰为样本中位数; 在四个开区间

$$(-\infty, Q_1), \quad (Q_1, Q_2), \quad (Q_2, Q_3), \quad (Q_3, +\infty)$$

中包含的样本点的个数基本相等.

直观上, 离群数据应该位于区间 $[Q_1, Q_3]$ 的外部, 人们常常用如下定义来界定离群数据:

定义 4.4.10 称 $Q_3 - Q_1$ 为**四分位间距**, 记为 Q_d; 称闭区间

$$[Q_1 - 1.5Q_d, Q_3 + 1.5Q_d] \tag{4.11}$$

内的样本观测值为**正常值**, 而称其他样本观测数值为**异常值**、**离群值**、**离群数据**或**离群点**.

四分位数和四分位间距的关系如图 4.24 所示. 在离群数据的定义中, 1.5 只是一个习惯取法, 可根据实际问题背景确定该值, 如把它取为 1 或 2 等, 该值越大, 离群数据越少.

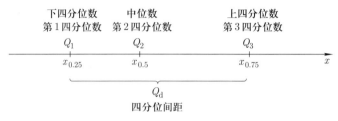

图 4.24　四分位数与四分位间距的关系

例 4.4.7　例 4.3.1 的数学成绩数据中是否存在离群数据? 如果存在, 请指出.

解　由例 4.3.1 中的数据可得

$$Q_1 = 76.5, \quad Q_2 = 83.5, \quad Q_3 = 87.5,$$
$$Q_d = Q_3 - Q_1 = 11,$$
$$Q_1 - 1.5Q_d = 60, \quad Q_3 + 1.5Q_d = 104,$$

所以离群数据为 42 和 55.　　■

要分析离群数据产生的原因. 通过分析可以纠正错误或得到新发现. 例如, 在上例中两个离群数据都为成绩不及格, 应该进一步检查相应考试卷的批改情况, 看看是否有其他原因导致相应学生的成绩不好.

思考题　当样本容量从小到大变化时, 定义 4.4.10 中的闭区间是否会发生变化? 当重复观测样本混有少部分的离群数据时, 这个闭区间的极限是什么?

4.4.6　盒形图与离群数据

对于已经获取的样本数据 $x_1, x_2, \cdots, x_n$ 而言, 其四分位数、最小样本值 $x_{(1)}$ 和最大样本值 $x_{(n)}$ 概括了样本中的大部分信息, 因此人们称 $x_{(1)}, Q_1, Q_2, Q_3, x_{(n)}$ 为**样本数据的五数概括**, 简称为**五数概括**.

如图 4.25 所示, 以五数概括中的五个数为端点, 可以构成首尾相连的四个区间, 这四个区间包含的样本点的个数近似相等. 从这五个数之间的相互间隔, 可以判断总体分布密度的整体几何特征, 如分布密度是否有左倾或右倾的形态, 是否具有对称性等.

在 R 语言中, 可以用函数 fivenum 计算数值随机变量样本的五数概括. 例如, 对于案例 4.9 中的统计学导论成绩样本数据 x, 程序代码

```
fivenum(x)
```

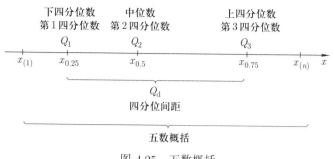

图 4.25　五数概括

的运行结果在控制台窗口显示如下:

[1] 61 68 71 80 94

即该样本数据的最小值和最大值分别是 61 和 94, 四分位数分别是 68, 71 和 80.

　　为了更直观地通过五数概括表达这种分布密度的整体几何特征, 人们发明了**盒形图**, 它由一个盒子及上、下须线构成, 如图 4.26 (a) 所示: 盒的下须线下端的坐标为 $x_{(1)}$, 盒的下边坐标为 Q_1, 盒的上边坐标为 Q_3, 盒中横线的坐标为 Q_2, 盒的上须线上端的坐标为 $x_{(n)}$.

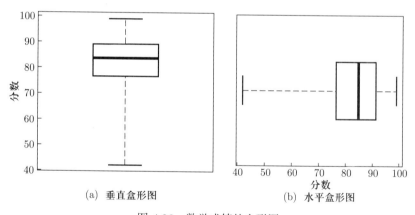

(a) 垂直盒形图　　　　　(b) 水平盒形图

图 4.26　数学成绩的盒形图

　　将盒形图水平放置, 更容易展现总体分布密度的整体几何特征, 如图 4.26 (b) 所示. 该图为学生成绩表 4-8 中数据所对应的水平盒形图. 从该图可以看出, 样本数据在中位数 (盒中竖线) 左端的分布更为稀疏; 在中位数附近密集, 在远离中位数的地方逐渐稀疏. 从这样的数据分布特征可以推断数学成绩的分布密度应该是左倾型的, 不具有对称性.

　　思考题　若总体分布密度是对称的, 其样本的盒形图应该有什么特征?

　　为了直观表达离群数据, 人们将盒形图加以改良, 如图 4.27 所示. 在改良的盒形图中, 限制盒子的上、下两条须线 (左、右两条须线) 的长度不超过四分位间距的 1.5 倍, 而将离群数据用符号标注在须线延长线上的相应坐标位置, 如图 4.27 所示.

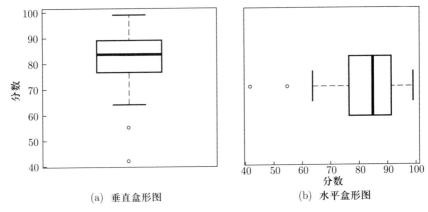

(a) 垂直盒形图   (b) 水平盒形图

图 4.27 改良的盒形图

在改良盒形图中, 下 (左) 须线下 (左) 端的坐标为

$$a = \max\{x_{(1)}, Q_1 - kQ_{\mathrm{d}}\}, \tag{4.12}$$

上 (右) 须线上 (右) 端的坐标为

$$b = \min\{x_{(n)}, Q_3 + kQ_{\mathrm{d}}\}, \tag{4.13}$$

通常取 $k = 1.5$.

 由于改良的盒形图能够展示离群数据, 在应用中广受欢迎, 人们也把它简称为**盒形图**、**箱图**、**箱线图**或**盒子图**.

 从图 4.27 可以发现, 除了两个离群数据外, 其他样本数据分布的对称性稍有改善, 分布密度还是呈现出轻微的左倾形态.

 在 R 语言中, 用函数 boxplot 制作盒形图. 例如, 图 4.26 (a) 是用如下程序代码绘制的:

```
boxplot(x,range=10,ylab="分数")
```

其中 x 为样本数据, 参数 range 用来指定 (4.12) 式和 (4.13) 式中的 k, 其默认值为 1.5. 这里为了使所有的数据都位于区间 $[a, b]$ 内, 取该参数的值为 10. 图 4.26 (b) 是水平盒形图, 它是用如下的程序代码绘制的:

```
boxplot(x,range=10,horizontal=T,xlab="分数")
```

这里将 boxplot 的参数 horizontal 设置为 TRUE, 表明要绘制的是水平盒形图.

 在函数 boxplot 中, 参数 range 的默认值是 1.5, 图 4.27 (a) 是用程序代码

```
boxplot(x,ylab="分数")
```

绘制的. 类似地, 读者可以写出绘制图 4.27 (b) 的程序代码.

另外, 还可以用 boxplot 在同一坐标系下绘制来自不同总体的样本数据的盒形图, 以方便比较这些总体的分布特征以及这些样本数据中的离群数据情况. 为此, 只需要将不同的样本数据纳入到一个数据框, 然后将这个数据框作为函数 boxplot 的输入变量即可. 例如, 当数据框 xy 的各列为来自不同总体的样本数据时, 程序代码

```
boxplot(xy)
```

将会把各个样本数据所对应的盒形图绘制在一个坐标系内, 以方便对于这些样本数据的对比分析, 详见下例.

例 4.4.8 对于例 4.3.2 中的数据, 利用盒形图比较甲、乙两个班级学生的数学学习情况.

解 在 RStudio 中, 分别将甲班和乙班的数学成绩赋值给变量 x 和 y 后, 就可以用程序代码

```
xy<-data.frame("甲班"=x,"乙班"=y)
    #基于x和y建立数据框, 使得列的名称分别是"甲班"和"乙班"
boxplot(xy,range=1.5,ylab="分数")
```

绘制盒形图, 所得结果如图 4.28 所示. 从该图中可以看出, 乙班的盒形图整体位置偏下, 这说明乙班的数学成绩没有甲班的好; 乙班数学成绩分布的对称性比甲班的稍好. 另外, 两个班级都有两个离群数据, 应该探讨这两个数据产生的原因. ■

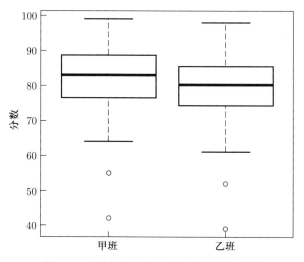

图 4.28 两个班级学生数学成绩的盒形图

小 结

在获取样本数据之后, 就需要对数据进行初步的整理与加工, 通过统计图表探讨数据的基本特征, 为进一步的深入分析数据打下良好的基础. 需要强调的是, 读者应该区分样本和样本数据的不同: 样本用来抽象代表抽样方法所获取的部分个体变量值, 特别是随机抽样所产生的样本不能事先预知, 具有随机性; 而样本数据特指实施某种抽样方法之后所获得的观测数据, 这些数据可以看成样本的一次观测结果, 是已经固化下来的数据, 不再具有随机性.

统计量是由样本唯一确定的, 可用来估计总体参数, 是总体参数信息的提取工具. 对于随机样本, 统计量是随机变量; 对于样本数据, 统计量是实数, 该实数是作为随机变量的统计量的一次观测值. 在本章中读者应该掌握以下知识和能力:

(1) 总体分布函数和总体密度;

(2) 三线表与数据精确度的表示规范;

(3) 概率矩形、频率矩形和频率直方图原理;

(4) 条形图、饼图、点图和茎叶图的原理;

(5) 总体均值、分位数、众数、方差、标准差、标准得分、变异系数的估计原理及应用;

(6) Q-Q 图的原理及其应用;

(7) 五数概括、离群数据与盒形图的应用.

附录 R 软件的外部数据导入方法 —— 导入 Excel 数据

可以利用 R 软件程序包 xlsx 读取 Excel 数据. 为此, 需要先安装 Java(64 位), xlsxjars, rJava.

可以在如下网址下载 Java (64 位):

http://www.java.com/zh_CN/download/manual.jsp

在 Windows 系统中, 运行下载的安装文件, 安装 Java (64 位) 环境. 在 RStudio 的控制台窗口中通过程序代码

```
Sys.setenv(JAVA_HOME="C:/Program Files/Java/jre???")
```

设置 Java 运行环境目录, 其中 ??? 为 Java 版本号. 然后安装 xlsxjars, rJava 和 xlsx 软件包. 运行

```
library("rJava")
library("xlsxjars")
library("xlsx")
```

载入这三个程序包后, 就可以用函数 read.xlsx 导入 Excel 数据了.

练 习 题 四

练习 4.1　三线表的构造是什么? 表格的标题栏在什么位置?

练习 4.2　在有限总体的分层抽样中, 举例说明第一层抽出的第一个样本点是否与总体有相同的分布.

练习 4.3　为什么可以用频率矩形近似概率矩形, 这种近似有何特点?

练习 4.4　在 R 语言中, 函数 hist 用于绘制直方图或分组频数条形图, 请写出绘制数据 x 的频率直方图的程序代码.

练习 4.5　对于连续型总体变量, 为什么可以用频率直方图近似它的密度函数?

练习 4.6　当样本容量趋于无穷时, 频数直方图的高度会趋向于什么?

练习 4.7　频率直方图和分组频数条形图有何区别?

练习 4.8　在绘制频率直方图时, 为什么分组数不能太多, 也不能太少?

练习 4.9　对于重复观测样本, 当样本容量趋于无穷时, 饼图中各个扇形的面积比例的极限是什么? 请解释所给结论的理论依据.

练习 4.10　在某城市的一条街道上, 有 55 辆车的车速被一台雷达设备测出, 数据如表 4-15 所示. 作出这些数据的频率直方图, 并指出总体是什么, 总体分布密度的主要特征是什么.

表 4-15　车速数据　　　　　　　　　　　　　　　　　　(单位: km/h)

7	23	22	38	43	24	35	26	28	18	20
25	23	22	52	31	30	41	45	29	27	43
29	28	27	25	29	28	24	37	28	29	18
25	33	25	27	25	34	32	36	22	32	33
21	23	24	18	48	23	16	38	26	21	23

练习 4.11　对于到某诊所就医的糖尿病病人, 在定期检查时做血红蛋白 A_{1c} 的测试, 得到如表 4-16 所示的数据. 建立这些数据的频率直方图, 并指出总体是什么, 总体分布密度的主要特征是什么.

表 4-16　血红蛋白 A_{1c} 数据

6.4	6.0	5.6	6.0	5.7	9.2	8.1	8.0	6.5	6.6
6.5	5.0	5.6	7.6	4.8	8.0	7.5	7.9	8.0	9.2
5.0	8.0	6.5	6.1	6.4	6.6	7.2	5.9	4.0	5.7
7.9	6.0	5.6	6.0	6.2	7.7	6.7	7.7	8.2	9.0

练习 4.12 直方图和条形图有何区别, 它们适合描述哪类变量的观测样本数据的分布特征?

练习 4.13 可以用频率条形图来近似离散型随机变量的分布密度图像吗? 为什么?

练习 4.14 如何通过观测样本数据判断总体变量是离散型变量或连续型变量?

练习 4.15 在什么情况下使用点图或茎叶图来分析观测样本数据?

练习 4.16 连续型变量的点图有何特点? 为什么?

练习 4.17 从某班中随机抽取 19 名学生, 其学习成绩如表 4-17 所示. 用条形图和饼图表示表中的数据, 并指出总体是什么, 总体分布密度的主要特征是什么.

表 4-17 学生成绩数据

成绩	不及格	及格	中等	良好	优秀
人数	2	3	4	6	4

练习 4.18 在本班同学中随机抽取男、女同学各 10 名, 利用茎叶图比较本班男、女同学的体重分布特点.

练习 4.19 如果样本数据的样本均值为 40, 样本中位数为 35, 判断数据中更可能出现大的离群数据还是小的离群数据?

练习 4.20 假如用有两个跳跃点的阶梯函数

$$H(x) = \begin{cases} 0, & x \leqslant a, \\ F(a), & a < x \leqslant b, \\ F(b), & b < x \end{cases}$$

近似表示 $F(x)$, 应该如何选择数 a 和 b? 相应的近似误差的上界是什么?

练习 4.21 计算下列各组数据的四分位间距、方差和标准差:

(1) 下列数据是某县最近一年来每个月发生汽车碰撞的次数:

$$27, \ 8, \ 17, \ 11, \ 15, \ 25, \ 16, \ 14, \ 14, \ 14, \ 13, \ 18;$$

(2) 下列数据是对配戴眼镜的成年近视患者瞳距的度量 (单位: mm):

$$67, \ 66, \ 59, \ 62, \ 63, \ 66, \ 66, \ 55;$$

(3) 下列数据是麦当劳餐厅中对顾客的服务时间 (单位: s):

$$8, \ 107, \ 35, \ 93, \ 65, \ 55, \ 119, \ 83, \ 99, \ 74, \ 46, \ 108.$$

练习 4.22 某银行的一个储蓄所有三个服务窗口, 想从如下的两种方式中确定顾客的排队规则:

(1) 每个窗口单独排成一个队列, 共三个队列, 顾客任选一队列等候服务;

(2) 所有顾客排成一个队列, 三个服务窗口对队列中的顾客依次服务.

该储蓄所对两种规则进行了实验, 观察顾客等候服务的时间, 得到如表 4-18 所示的数据. 请根据表中数据确定排队规则.

表 4-18　顾客的等候时间数据　(单位: min)

一个队列	6.5	6.6	6.7	6.8	7.1	7.3	7.4	7.7	7.7	7.7
三个队列	4.2	5.4	5.8	6.2	6.7	7.7	7.7	8.5	9.3	10.0

练习 4.23　一个数据集由相当紧凑的 20 个值组成. 再加进一个数据, 但这个新数据是一个离群数据 (离已经得到的 20 个数据非常远). 这个离群数据对标准差会产生何种影响? 影响程度如何?

练习 4.24　模拟 100 个标准正态分布 $N(0,1)$ 的随机数, 计算样本均值和样本中位数, 画出频率直方图和盒形图.

第五章 常用统计方法原理简介

第三章简单介绍了获取样本数据的方法, 第四章介绍了从样本数据中获取总体分布信息的初步方法, 本章将介绍一些通过样本解决实际问题的常用统计方法及其基本原理.

§5.1 总体参数的估计

本节要讨论的是像总体均值、方差和分位数一样的总体参数的估计与估计效果的评价问题.

5.1.1 衡量参数估计优劣的标准

通常人们所感兴趣的总体参数 a 是未知的, 需要通过样本来估计它. 如何能够得到 a 的一个好估计呢? 要回答这个问题, 首先要明确是在什么范围内好, 其次要明确好的准则.

一般地, 小范围内的好比不上大范围内的好, 如百里挑一就不如万里挑一. 因此, 要选出最好的总体参数估计量, 应该把可以作为总体参数估计的统计量都纳入比较的范围. 通常是用 §3.1 中定义的统计量来估计总体参数, 因此引入如下的定义:

定义 5.1.1 若统计量 $T(X_1, X_2, \cdots, X_n)$ 的维数与总体参数 a 的维数相同, 则称它为该参数的一个**点估计**或**估计量**, 简称为**估计**.

习惯上, 人们用字符表示总体参数, 并在该字符上面加上一个尖号 ˆ 或波浪号 ˜ 来表示该参数的估计. 例如, 当总体变量 $X \sim N(\mu, \sigma^2)$ 时, $a = (\mu, \sigma^2)$ 为总体参数, 而

$$\hat{a} = (X_1, X_1^2) \quad \text{和} \quad \tilde{a} = (\overline{X}, S^2)$$

都为参数 a 的估计. 对于随机样本, 统计量通常也是随机变量, 从而估计量也是随机变量.

下面讨论评价估计量好坏的标准. 为了简单起见, 讨论中假设参数是一维情况, 高维参数的评价方法类似.

总体参数 a 的一个好估计 $\hat{a}$ 应该有高的精确度. 因为 $\hat{a}$ 是随机变量, 只能用平均精确度来作为估计好坏的标准. 当用距离的平方作为估计精确度的度量时, 希望其平均尽可能的小.

定义 5.1.2 称

$$\text{mse}(\hat{a}, a) \triangleq \text{E}((\hat{a} - a)^2) \tag{5.1}$$

为 $\hat{a}$ 的**相对于** a 的均方误差, 简称为**均方误差**.

思考题 均方误差是统计量吗?

定义 5.1.3 如果参数 a 的估计量 $\hat{a}$ 满足

$$\mathrm{E}(\hat{a}) = a,$$

就称 $\hat{a}$ 为 a 的**无偏估计量**, 简称为**无偏估计**; 否则, 称 $\hat{a}$ 为 a 的**有偏估计量**, 简称为**有偏估计**, 此时称 $\mathrm{E}(\hat{a}) - a$ 为 $\hat{a}$ 的**偏差**.

无偏估计意味着估计没有系统偏差, 即大量重复估计结果的平均应该等于要估计的参数真值. 这是人们喜欢的一个估计性质.

例 5.1.1 试讨论估计量的均方误差、方差和偏差之间的关系.

解 由数学期望的线性性质易得

$$\mathrm{E}((\hat{a} - \mathrm{E}(\hat{a}))(\mathrm{E}(\hat{a}) - a)) = (\mathrm{E}(\hat{a}) - a)\mathrm{E}(\hat{a} - \mathrm{E}(\hat{a})) = 0,$$

因此

$$\begin{aligned}
\mathrm{E}((\hat{a} - a)^2) &= \mathrm{E}((\hat{a} - \mathrm{E}(\hat{a}) + \mathrm{E}(\hat{a}) - a)^2) \\
&= \mathrm{E}((\hat{a} - \mathrm{E}(\hat{a}))^2) + (\mathrm{E}(\hat{a}) - a)^2 + 2\mathrm{E}((\hat{a} - \mathrm{E}(\hat{a}))(\mathrm{E}(\hat{a}) - a)),
\end{aligned}$$

即

$$\mathrm{mse}(\hat{a}, a) = \mathrm{D}(\hat{a}) + (\mathrm{E}(\hat{a}) - a)^2, \tag{5.2}$$

亦即均方误差等于其方差与偏差的平方之和. ∎

从此例可以得到如下结论: 若 $\hat{a}$ 为无偏估计, 则其均方误差等于其方差, 即

$$\mathrm{mse}(\hat{a}, a) = \mathrm{D}(\hat{a}). \tag{5.3}$$

5.1.2 不同估计方法的比较

有很多种评价估计方法好坏的指标, 前面介绍了其中最为常用的两种, 即均方误差和偏差. 对于均方误差, 人们希望它越小越好; 对于偏差, 人们希望它尽可能与 0 接近, 甚至等于 0. 当选定了评价指标后, 就可以对不同的估计方法进行比较了. 有两种比较估计量优劣的方法:

理论比较 通过评价指标的定义, 从理论上比较不同估计方法的优劣. 例如, 对于样本 $X_1, X_2, \cdots, X_n$, 既可以通过样本方差 S^2 估计总体方差, 也可以通过

$$T = \frac{1}{n} \sum_{k=1}^{n} (X_k - \overline{X})^2$$

估计总体方差. 若用均方误差衡量比较效果, 需要比较 $\mathrm{mse}(S^2, \sigma^2)$ 和 $\mathrm{mse}(T, \sigma^2)$ 的大小, 这需要很好的概率论基础.

模拟比较 设置参数 a 的值为 a_0, 用计算机重复模拟样本数据, 对于第 k 次模拟的样本数据计算估计量 T 的值 T_k $(k = 1, 2, \cdots, n)$. 记

$$\overline{T} = \frac{1}{n} \sum_{k=1}^{n} T_k, \tag{5.4}$$

$$\widehat{\mathrm{mse}}(T, a_0) = \frac{1}{n} \sum_{k=1}^{n} (T_k - a_0)^2. \tag{5.5}$$

依据柯尔莫哥洛夫大数定律 (定理 2.6.1), 当 n 充分大时, $\overline{T}$ 和 $\widehat{\mathrm{mse}}(T, a_0)$ 分别接近于 $\mathrm{E}(T)$ 和 $\mathrm{mse}(T, a_0)$. 称 $\overline{T}$ 为估计量 T 的**重复估计均值**, 称 $\widehat{\mathrm{mse}}(T, a_0)$ 为**重复估计均方误差**. 因此, 在模拟比较不同估计方法时, 人们通常通过重复估计均值和重复估计均方误差评价所讨论方法. 用模拟方法比较不同估计方法, 需要很好的计算机模拟编程能力.

理论比较可以证明估计方法的优良性, 模拟比较仅能在几种特殊情况下验证方法的优良性. 通常即便是理论上证明了某种新参数估计方法具有更好的估计精确度, 也还需要通过数值模拟结果来说明其应用价值, 因为实际应用中只能保证有限位数据的精确度, 可能导致理论上的高精确度在实际应用中体现不出来.

在模拟比较不同估计方法的效果时, 需要生成 m 个样本. 为了提高效率, 常常将各个样本数据排成矩阵的形式. 例如, 要生成 100 个来自标准正态分布的、容量为 20 的样本数据, 可以用如下的程序代码:

```
x<-matrix(rnorm(100*20),100,20)
```

这里生成的样本数据存放在矩阵 x 中, 它的每一行都是一组样本数据. 为了提高计算各组样本数据所对应的估计量取值的速度, 可使用 R 语言中的函数 apply. 例如, 可用程序代码

```
apply(x,MARGIN=1,FUN=mean)
```

计算 x 各个行的算术平均值. 在 apply 的输入参数中, MARGIN 指定运算对象, 1, 2 和 c(1,2) 分别表示对行、列和同时对二者进行由参数 FUN 指定的函数运算; FUN 指定运算的函数名.

例 5.1.2 假设总体变量 $X \sim N(\mu, \sigma^2)$. 取容量为 3 的样本 X_1, X_2, X_3. 可以分别用样本方差 S^2 和统计量

$$T = \frac{1}{3} \sum_{k=1}^{3} (X_k - \overline{X})^2$$

估计总体方差. 试用随机模拟的方法判断 S^2 和 T 中哪一个估计总体方差的效果更好.

解 模拟真实参数为 $\mu = 0$ 和 $\sigma = 0.5, 0.8, 1, 2, 5$ 的情况, 重复估计次数为 10000, 通过估计量的算术平均值和均方误差估计值评价两种估计方法的效果. 模拟估计程序代码如下:

```
m<-10000#设置重复估计次数
barS2<-c()#初始化样本方差
barT<-c()#初始化统计量T
mseS2<-c()#初始化样本方差的均方误差
mseT<-c()#初始化统计量T的均方误差
for(trueSigma in c(0.5,0.8,1,2,5)){
    tmpX<-matrix(rnorm(m*3,0,trueSigma),m,3)
        #模拟m个容量为3的正态分布样本
    tmpS2<-apply(tmpX,1,var)#计算tmpX各个行的样本方差
    tmpT<-tmpS2*2/3#计算tmpX各个行的统计量T的值
    barS2<-c(barS2,mean(tmpS2))#计算m次样本方差估计的平均
    barT<-c(barT,mean(tmpT))#计算m次统计量T估计结果的平均
    mseS2<-c(mseS2,mean((tmpS2-(trueSigma^2))^2))
        #估计m次样本方差的均方误差
    mseT<-c(mseT,mean((tmpT-(trueSigma^2))^2))
        #估计m次统计量T估计结果的均方误差
}
myResults<-c(barS2,barT,mseS2,mseT)#将模拟结果转换为向量
myResults<-matrix(myResults,5,4)#将模拟结果转换为矩阵
myResults<-data.frame(t(myResults),
    row.names=c("mean(S2)","mean(T)","mse(S2)","mse(T)"))
    #将模拟结果转换为数据框,并指定行名称
names(myResults)<-c(0.25,0.64,1,4,25)#指定数据框的列名称
round(myResults,3)#在控制台窗口中显示模拟结果(精确到小数点后3位)
```

运行上述程序代码后, 在控制台窗口中显示的模拟结果如下:

	0.25	0.64	1	4	25
mean(S2)	0.250	0.636	0.988	3.915	24.640
mean(T)	0.167	0.424	0.658	2.610	16.426
mse(S2)	0.062	0.410	0.958	15.251	601.164
mse(T)	0.034	0.229	0.542	8.707	340.633

其中第 1 行表明了总体方差的真值, 第 2 行为样本方差的平均估计结果, 第 3 行为统计量 T 的平均估计结果, 第 4 行为样本方差的均方误差估计结果, 第 5 行为统计量 T 的均方误差估计结果. 为了表示这些结果的含义, 将模拟结果列入表 5-1. 模拟结果表明, 从平均估计结

果看, 样本方差更接近于参数真值, 其原因是样本方差是方差的无偏估计; 从均方误差的估计结果看, 用 T 估计方差的精确度更高. ∎

表 5-1　S^2 与 T 估计总体方差的模拟效果

	$\sigma^2 = 0.25$	$\sigma^2 = 0.64$	$\sigma^2 = 1.00$	$\sigma^2 = 4.00$	$\sigma^2 = 25.00$
$\overline{S^2}$	0.250	0.636	0.988	3.915	24.640
$\overline{T}$	0.167	0.424	0.658	2.610	16.426
$\widehat{\mathrm{mse}}(S^2)$	0.062	0.410	0.958	15.251	601.164
$\widehat{\mathrm{mse}}(T)$	0.034	0.229	0.542	8.707	340.633

5.1.3　点估计的原理

1. 矩估计方法的原理

一般地, 若总体分布中含有未知参数, 则总体的 k 阶原点矩与这些未知参数有关, 是这些未知参数的函数. 例如, 当总体

$$X \sim \begin{pmatrix} 0 & 1 \\ 1-p & p \end{pmatrix}$$

时 (这里 p 为未知参数), 有

$$\mathrm{E}(X^k) = 1^k \times p + 0^k \times (1-p) = p,$$

即该总体的任何 k 阶原点矩都等于未知参数 p.

下面讨论如何利用总体的 k 阶原点矩的这种特性估计总体的未知参数. 假设样本 X_1, $X_2, \cdots, X_n$ 是总体 X 的 n 次重复观测, 总体的 k 阶矩有限, 则根据例 2.6.1 知, 当 n 充分大时, 有

$$\frac{1}{n}\sum_{i=1}^{n} X_i^m \approx \mathrm{E}(X^m), \quad m = 1, 2, \cdots, k.$$

因此, 在一定的条件下, 方程组

$$\frac{1}{n}\sum_{i=1}^{n} X_i^m = \mathrm{E}(X^m), \quad m = 1, 2, \cdots, k \tag{5.6}$$

的解应该接近于要估计的未知参数. 可把方程组 (5.6) 的解作为未知参数的估计量. 类似地, 也可把方程组

$$\frac{1}{n}\sum_{i=1}^{n} (X_i - \overline{X})^m = \mathrm{E}((X - \mathrm{E}(X))^m), \quad m = 1, 2, \cdots, k \tag{5.7}$$

的解作为未知参数的估计量.

定义 5.1.4 挑选 (5.6) 式和 (5.7) 式中的一些方程建立起一个方程组, 使得该方程组有唯一的解, 称该解为参数的**矩估计量**, 简称为**矩估计**, 并称这种估计方法为**矩估计方法**.

矩估计方法以大数定律为理论基础. 对于重复观测样本, 通常样本容量越大, 矩估计方法的效果越好. 在实际应用中, 矩估计的性质成为数理统计的研究课题.

例 5.1.3 设总体 $X \sim N(\mu, \sigma^2)$, 表 5-2 列出了 X 的容量为 20 的重复观测样本数据, 试给出 μ 和 σ 的矩估计.

表 5-2 总体变量重复观测样本数据

2.51	4.63	−2.67	0.16	0.95	−2.85	−3.28	5.72	2.04	−0.58
5.22	2.93	−1.96	7.36	3.16	7.92	6.55	−0.74	−3.17	1.71

解 μ, σ 的矩估计为方程组

$$\begin{cases} \mu = 1.78, \\ \sigma^2 = 12.57 \end{cases}$$

的解, 即 μ 和 σ 的矩估计分别为 $\hat{\mu} = 1.78$ 和 $\hat{\sigma} = \sqrt{12.57} = 3.55$. ■

在求矩估计时, 应该尽量选择低阶矩方程, 以方便求解.

2. 极大似然估计方法的原理

极大似然估计方法是求点估计的另一种方法, 由德国数学家 C. F. Gauss 于 1821 年首先提出. 但是, 这个方法通常被归功于英国统计学家 R. A. Fisher, 他于 1912 年重新提出该方法, 并给出命名. 这是 Fisher 对统计学的重大贡献之一.

案例 5.1 已知掷一枚硬币出现正面的概率 p 为 0.1 或 0.9. 若掷这枚硬币一次, 如何根据实验的结果判定 p?

现面临的问题是: 要基于一次实验结果建立判断 $p = 0.1$ 还是 $p = 0.9$ 成立的准则.

可以选择的判断准则只有两个, 它们分别是:

准则一: 结果为正面, 判断 $p = 0.9$; 否则, 判断 $p = 0.1$.

准则二: 结果为正面, 判断 $p = 0.1$; 否则, 判断 $p = 0.9$.

问题是哪一个准则更好. 由于实验的结果是随机变化的, 因此任何一个判断准则都不可能保证获得正确的结论. 所以, 只能退而求其次, 要能够以最大概率保证判断结论正确. 下面分两种情况讨论这个问题:

(1) 真实的情况是 $p = 0.9$. 此时判断结果 $\hat{p} = 0.9$ 为正确结果. 根据强大数定律, 在 n 次实验中出现正面的频率应该近似于出现正面的概率 0.9.

- 用准则一对这 n 次实验结果作判断, 得到正确结果 (即 $\hat{p} = 0.9$) 的频率也近似于出现正面的概率 0.9;

- 用准则二对这 n 次实验结果作判断, 得到正确结果 (即 $\hat{p} = 0.9$) 的频率近似于出现反面的概率 0.1.

(2) 真实的情况是 $p = 0.1$. 此时判断结果 $\hat{p} = 0.1$ 为正确结果. 在 n 次实验中出现反面的频率应该近似于出现反面的概率 0.9.

- 用准则一对这 n 次实验结果作判断, 得到正确结果 (即 $\hat{p} = 0.1$) 的频率近似于出现反面的概率 0.9;

- 用准则二对这 n 次实验结果作判断, 得到正确结果 (即 $\hat{p} = 0.1$) 的频率近似于出现正面的概率 0.1.

可见, 无论何时都应该选择准则一作为判断准则, 它得到正确判断结果的概率 (即实验次数趋于无穷时频率的极限) 为 0.9, 而准则二得到正确判断结果的概率为 0.1.

下面进一步考查两个不同判断准则所得结论和实验结果出现的概率之间的关系. 如表 5-3 所示, 准则一的判断结论使得实验结果出现的概率为 0.9, 准则二的判断结论使得实验结果出现的概率为 0.1.

表 5-3 观测结果、准则判断结论与观测结果出现的概率

实验结果	准则一		准则二	
	判断结论	判断结论使得实验结果出现的概率	判断结论	判断结论使得实验结果出现的概率
正面	$p = 0.9$	0.9	$p = 0.1$	0.1
反面	$p = 0.1$	0.9	$p = 0.9$	0.1

我们把观测到的实验结果看成是样本, 就可以得到如下的结论: 准则一的判断结论使得样本数据出现的概率为 0.9, 准则二的判断结论使得样本数据出现的概率为 0.1.

实际上, 参数估计方法可以解释为: 制定一个由样本判断参数是什么的准则. 案例 5.1 启示我们: 选择参数的准则是使得样本数据出现的概率最大, 大数定律保证了这种选取判断准则的方法能够使得 "判断正确" 的概率最大.

极大似然思想 判断结论使得样本数据出现的可能性最大.

定义 5.1.5 用极大似然思想估计参数的方法称为**极大似然估计方法**. 用极大似然估计方法获得的参数 a 的估计量称为该参数的**极大似然估计量**, 简称为**极大似然估计**.

案例 5.2 假设总体 $\xi \sim B(10000, p)$, 其中总体参数 $p \in [0,1]$. 若 X 为总体的容量为 1 的观测样本, 探讨 p 的极大似然估计问题.

对于 $k = 0, 1, \cdots, 10000$, 有

$$P(\xi = k) = \binom{10000}{k} p^k (1-p)^{10000-k},$$

所以观测样本出现的概率为

$$P(\xi = X) = \binom{10000}{X} p^X (1-p)^{10000-X}.$$

记

$$L(p, X) = \binom{10000}{X} p^X (1-p)^{10000-X}, \tag{5.8}$$

则使得 $L(p)$ 达到最大的点为极大似然估计. 所以, 我们可以通过寻找函数 (5.8) 的最大值点 (使得该函数达到最大值的实数) 来获取极大似然估计.

因为函数 log (即以 e 为底的对数函数) 是严格增函数, 所以

$$l(p, X) = \log L(p, X) = \log \binom{10000}{X} + X \log p + (10000 - X) \log(1-p) \tag{5.9}$$

与函数 $L(p, X)$ 有相同的最大值点, 这个最大值点为 p 的极大似然估计.

注意到 (5.9) 式右端的第一项与 p 无关, 因此函数

$$f(p, X) = X \log p + (10000 - X) \log(1-p) \tag{5.10}$$

的最大值点是极大似然估计.

R 语言中的优化函数 optimize 可以帮助我们计算函数 (5.8) 的最大值点, 即参数 p 的极大似然估计. 为此, 需要先将函数 (5.10) (称为**目标函数**) 编写成 R 语言的程序代码, 具体如下:

```
myL<-function(p,x)#目标函数有两个输入变量p和x
{
    return(x*log(p)+(10000-x)*log(1-p))#目标函数的计算代码
}
```

在这段程序代码中, p 是目标函数的参数, x 是目标函数需要的数据 (在使用 optimize 时, 要指定数据 x 来自何方). 现在就可以用程序代码

```
hatP<-
    optimize(f=myL,#目标函数名称为myL
            x=y,#指定目标函数的输入数据x来自于变量y
            interval=c(0,1),#在区间[0,1]寻找p的优化值
            maximum=T#求的是目标函数的最大值点
            )
```

计算参数 p 的极大似然估计了. 在这段程序代码中, 函数 optimize 需要四个输入参数:

- f 用来指定目标函数名称, 这个目标函数需先运行;
- x 代表目标函数所需要的输入数据 (这里指定数据 x 来自变量 y);
- interval 用来指定优化参数所在的区间, 要根据问题的背景设定区间的下端点和上端点 (参数 p 位于 0 和 1 之间, 因此在上述程序代码中设置 interval=c(0,1));
- maximum 用来指定是求最大值点还是最小值点, 该参数的默认值为 F, 即默认是求最小值.

函数 optimize 的计算结果存储在变量 hatP 中, 该变量为有两个分量的列表变量, 第 1 分量 hatP[[1]] 为极大似然估计结果.

例如, 我们可以通过模拟服从二项分布 $B(10000, 0.5)$ 的随机变量的观测值, 检验极大似然估计的效果. 具体程序代码如下:

```
myL<-function(p,x){
  return(x*log(p)+(10000-x)*log(1-p))
}
y<-rbinom(1,10000,0.5)#模拟B(10000,0.5)的观测值
pHat<-optimize(f=myL,x=y,c(0,1),maximum=T)
```

运行上述程序代码后, 再运行程序代码

$$pHat[[1]]$$

会在控制台窗口显示如下极大似然估计结果:

$$[1]\ 0.502418$$

这表明此次模拟估计的结果为 0.502418, 它与 "真实成功概率" $p = 0.5$ 相差无几.

此案例启示我们: 要得到极大似然估计, 先要将样本出现的概率通过分布密度表示为参数的函数, 然后求这个函数的最大值点, 就可以得到极大似然估计. 为了交流方便, 引入如下术语:

似然函数　通过分布密度将样本 $X_1, X_2, \cdots, X_n$ 出现的概率大小表示为参数 a 的函数

$$L(a; X_1, X_2, \cdots, X_n),$$

它就是样本 $X_1, X_2, \cdots, X_n$ 的似然函数.

对数似然函数　将似然函数取对数后所得的函数

$$l(a; X_1, X_2, \cdots, X_n) = \log L(a; X_1, X_2, \cdots, X_n).$$

考虑离散型总体 ξ 的独立同分布样本 $X_1, X_2, \cdots, X_n$, 类似于案例 5.2 中的 (5.9) 式, 样

本点 X_i $(i = 1, 2, \cdots, n)$ 的对数似然函数为

$$l(a, X_i) = \log \mathrm{P}(\xi = X_i), \quad i = 1, 2, \cdots, n.$$

此时, 可证明样本的对数似然函数为 (对证明细节感兴趣的读者可查阅 "概率论" 的教科书)

$$l(a; X_1, X_2, \cdots, X_n) = \sum_{i=1}^{n} l(a, X_i) = \sum_{i=1}^{n} \log \mathrm{P}(\xi = X_i). \tag{5.11}$$

由 (5.11) 式和 ξ 的密度矩阵可得对数似然函数的表达式.

例 5.1.4 表 5-4 是来自泊松分布 $P(\lambda)$ 的独立同分布样本数据, 试求 λ 的极大似然估计.

表 5-4 泊松分布样本数据

4	5	1	4	4	2	1	5	1	2	3	0	4	2	3	5	5	5	4	2
1	2	3	1	3	1	2	0	0	1	6	4	1	0	2	1	3	5	4	7

解 由 (5.11) 式和泊松分布的密度矩阵得对数似然函数

$$l(\lambda; X_1, X_2, \cdots, X_{40}) = \sum_{i=1}^{40} \log \mathrm{P}(\xi = X_i) = -\sum_{i=1}^{40} \log X_i! + \log \lambda \sum_{i=1}^{40} X_i - 40\lambda.$$

注意到上式右端第一项与参数 λ 无关, 因此极大似然估计是函数

$$f(\lambda; X_1, X_2, \cdots, X_{40}) = (\log \lambda) \sum_{i=1}^{40} X_i - 40\lambda$$

的最大值点. 在 RStudio 中将表 5-4 中的数据赋值给 y, 然后运行程序代码

```
tmpF<-function(a,x){#在使用该函数时要指定数据x
    return(log(a)*sum(x)-40*a)#函数f的计算公式
}
lambda<-optimize(f=tmpF,#指定目标函数tmpF
                 x=y,#指定目标函数数据y
                 c(0,100),#指定参数a的优化范围是区间[0,100]
                 maximum=T)
lambda$maximum#显示优化结果
```

在控制台窗口得到的计算结果如下:

[1] 2.725003

即极大似然估计为 $\hat{\lambda} = 2.725003$.

考虑连续型总体 ξ 的独立同分布样本 $X_1, X_2, \cdots, X_n$, 由 2.3.3 小节中的 (2.29) 式知 $P(\xi = X_i) = 0$, 因此不能用 (5.11) 式中的 $P(\xi = X_i)$ 表示样本点出现的概率大小. 由密度函数的概率含义, 此时可以用 $p(X_i)$ 取代 (5.11) 式中的 $P(\xi = X_i)$ 得到样本的对数似然函数, 即样本的对数似然函数为

$$l(a; X_1, X_2, \cdots, X_n) = \sum_{i=1}^{n} l(a, X_i) = \sum_{i=1}^{n} \log p(X_i), \tag{5.12}$$

其中 $p(x)$ 为 ξ 的密度函数.

例 5.1.5　表 5-5 中的数据是来自正态总体 $N(0, \sigma^2)$ 的独立同分布样本数据, 求参数 σ 的极大似然估计.

表 5-5　来自正态总体 $N(0, \sigma^2)$ 的独立同分布样本数据

3.14	0.72	−1.30	−0.10	1.35	1.36	−0.42	−4.93	1.17	0.47
2.23	−2.28	0.76	−0.74	4.49	−3.62	−1.58	−1.75	0.46	1.41

解　样本数据是独立同分布样本 $X_1, X_2, \cdots, X_{20}$ 的一次观测结果, $X_i\,(i = 1, 2, \cdots, 20)$ 所对应的对数似然函数为

$$l(\sigma, X_i) = -\log \sqrt{2\pi} - \log \sigma - \frac{X_i^2}{2\sigma^2}, \quad i = 1, 2, \cdots, 20,$$

再由 (5.12) 式可得样本的对数似然函数为

$$l(\sigma; X_1, X_2, \cdots, X_{20}) = -20 \log \sqrt{2\pi} - 20 \log \sigma - \frac{1}{2\sigma^2} \sum_{i=1}^{20} X_i^2.$$

注意到上式右端的第一项与参数 σ 无关, 所以极大似然估计是

$$f(\sigma; X_1, X_2, \cdots, X_{20}) = -20 \log \sigma - \frac{1}{2\sigma^2} \sum_{i=1}^{20} X_i^2$$

的最大值点. 在 RStudio 中将表 5-5 的数据赋值给 x, 然后运行程序代码

```
tmpF<-function(a,x){#在使用该函数时要指定数据x
    return(-20*log(a)-sum(x^2)/(2*a^2))
}
sigma<-optimize(f=tmpF,#指定目标函数tmpF
                x=x,#指定目标函数数据为x
                c(0,1000),maximum=T)
sigma[[1]]#显示优化结果,等价于代码sigma$maximum
```

在控制台窗口得到的计算结果如下:

$$[1]\ 2.169571$$

即极大似然估计为

$$\hat{\sigma} = 2.169571.$$ ∎

R 语言中的函数 optimize 仅能对一维的参数进行优化, 因此它只能解决单参数的极大似然估计问题. 在实际应用中, 常常会遇见高维 (二维及二维以上) 参数的估计问题. 例如, 在正态总体 $N(\mu, \sigma^2)$ 中有两个未知参数 μ 和 σ, 它们构成一个二维参数 $a = (\mu, \sigma)$, 对它的估计就是二维参数的估计问题.

在高维参数的情况下, 极大似然估计仍然是对数似然函数的最大值点, 可以用 R 语言中求最小值点的优化函数 optim 完成极大似然估计的计算任务. 该函数的参数 par 和 fn 分别指定要优化参数的初值和目标函数. 下面通过一个例子演示在 R 语言中如何计算高维参数的极大似然估计.

例 5.1.6 若表 5-5 是来自正态总体 $N(\mu, \sigma^2)$ 的独立同分布样本 $X_1, X_2, \cdots, X_{20}$ 的观测数据, 求参数 $a = (\mu, \sigma)$ 的极大似然估计.

解 样本数据是独立同分布样本 $X_1, X_2, \cdots, X_{20}$ 的一次观测结果, $X_i\ (i = 1, 2, \cdots, 20)$ 所对应的对数似然函数为

$$l(a, X_i) = -\log\sqrt{2\pi} - \log\sigma - \frac{(X_i - \mu)^2}{2\sigma^2}, \quad i = 1, 2, \cdots, 20,$$

再由 (5.12) 式可得样本的对数似然函数为

$$l(a; X_1, X_2, \cdots, X_{20}) = -20\log\sqrt{2\pi} - 20\log\sigma - \frac{1}{2\sigma^2}\sum_{i=1}^{20}(X_i - \mu)^2.$$

注意到上式右端的第一项与参数 σ 无关, 所以极大似然估计是

$$f(a, X) = -20\log\sigma - \frac{1}{2\sigma^2}\sum_{i=1}^{20}(X_i - \mu)^2$$

的最大值点. 在 RStudio 中将表 5-5 的数据赋值给 x, 然后运行程序代码

```
tmpF<-function(a,x){#在使用该函数时要指定x
    n<-length(x)#计算样本容量
```

```
mu<-a[1]#参数第一分量的初值
sigma<-a[2]#参数第二分量的值
f<--n*log(sigma)-sum((x-mu)^2)/(2*(sigma)^2)#对数似然函数
return(-f)#这里f前要有负号才能应用optim求最大值点
}
aHat<-optim(par=c(0,2),fn=tmpF,x=x)
aHat[[1]]
```

在控制台窗口得到的计算结果如下:

$$[1] \quad 0.04190807 \quad 2.16903415$$

即极大似然估计为 $\hat{a} = (0.04190807, 2.16903415)$.   ■

5.1.4 区间估计的原理

案例 5.3 若 $X_1, X_2, \cdots, X_n$ 为正态分布总体的重复观测样本, 则样本均值 $\overline{X}$ 为总体均值 μ 的一个无偏点估计.

问题是事件 $\{\overline{X} = \mu\}$ 发生的概率有多大.

事实上, 可以证明此时 $\overline{X}$ 还是服从正态分布 (参见相关的 "概率论" 教科书), 所以

$$P(\overline{X} = \mu) = 0,$$

即用样本均值估计总体均值 "总是" 得到错误的结论! 因此, 在实际应用中, 人们只能忽略估计的结果是否正确, 转而关注估计的精确度. 精确度可以由估计量的均方误差来刻画.

还有另外一种刻画估计精确度的方法: 在给定的可信程度 $1 - \alpha \in (0, 1)$ 下, 指出要估计的总体参数 θ 的精确度范围, 即指出统计量 $\hat{\theta}_1$ 和 $\hat{\theta}_2$, 使得 $\hat{\theta}_1 < \hat{\theta}_2$, 且

$$P(\hat{\theta}_1 < \theta < \hat{\theta}_2) \geqslant 1 - \alpha. \tag{5.13}$$

定义 5.1.6 若 $\hat{\theta}_1$ 和 $\hat{\theta}_2$ 满足 (5.13) 式, 就称 $(\hat{\theta}_1, \hat{\theta}_2)$ 为参数 θ 的一个**区间估计**或**置信区间**; 称 $1 - \alpha$ 为置信区间 $(\hat{\theta}_1, \hat{\theta}_2)$ 的**置信度**、**置信水平**或**置信系数**.

置信区间的内涵

• 频率解释: 在 100 次区间估计中约有 $(1 - \alpha) \times 100$ 次使得置信区间 $(\hat{\theta}_1, \hat{\theta}_2)$ 包含总体参数 θ 的真值.

• 置信度越大, 意味着置信区间覆盖总体参数的概率越大; 置信区间越窄, 意味着对总体参数 θ 的估计精确度越高.

• 目标: 在给定的置信度之下, 寻求长度最短的置信区间.

定理 5.1.1 若 $X_1, X_2, \cdots, X_n$ 是随机变量

$$X \sim N(\mu, \sigma^2)$$

的重复观测样本, 则样本均值

$$\overline{X} \sim N(\mu, \sigma^2/n).$$

例 5.1.7 设 $X_1, X_2, \cdots, X_n$ 为来自于正态总体 $N(\mu, 1)$ 的重复观测样本, 求 μ 的置信度为 $1 - \alpha$ 的区间估计.

解 取

$$\overline{X} = \frac{1}{n} \sum_{k=1}^{n} X_k,$$

由定理 5.1.1 知 $\overline{X} \sim N(\mu, 1/n)$, 从而 $\overline{X} - \mu \sim N(0, 1/n)$. 所以, 存在 $\delta_1, \delta_2 > 0$, 使得

$$1 - \alpha = \mathrm{P}(-\delta_2 < \overline{X} - \mu < \delta_1) = \mathrm{P}(\overline{X} - \delta_1 < \mu < \overline{X} + \delta_2),$$

即 $(\overline{X} - \delta_1, \overline{X} + \delta_2)$ 是 μ 的一个置信度为 $1 - \alpha$ 的置信区间. ■

上例给出了求解参数置信区间的一般思路: 首先构造一个参数的好估计量, 然后通过估计量的分布函数或近似分布函数构造给定置信度的置信区间. 在实际应用中, 求解置信区间的难点是获取估计量的分布函数或近似分布函数. 这需要很好的概率统计基础.

例 5.1.7 中的置信区间长度为 $\delta_2 + \delta_1$, 如何使它最短? 要回答这个问题, 需要样本均值的分布函数信息. 在此例中, 样本均值 $\overline{X} \sim N(\mu, 1/n)$, 由正态分布的性质及

$$1 - \alpha = \mathrm{P}(\mu - \delta_2 < \overline{X} < \mu + \delta_1)$$

知, 当 $\delta_1 = \delta_2$ 时, 该置信区间的长度达到最短, 如图 5.1 所示. 此时, 有

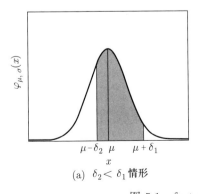
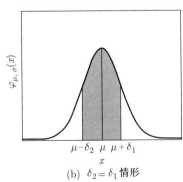

(a) $\delta_2 < \delta_1$ 情形   (b) $\delta_2 = \delta_1$ 情形

图 5.1 $\delta_1 + \delta_2$ 的变化示意图

$$1 - \alpha = \mathrm{P}(-\delta_1 < \overline{X} - \mu < \delta_1) = 2\Phi(\sqrt{n}\delta_1) - 1,$$

即 $1 - \dfrac{\alpha}{2} = \Phi(\sqrt{n}\delta_1)$, 亦即

$$\delta_1 = \frac{1}{\sqrt{n}}u_{\alpha/2},$$

这里 $u_{\alpha/2}$ 为标准正态分布的**上 $\alpha/2$ 分位数** (即 $1 - \alpha/2$ 分位数). 所以

$$\left(\overline{X} - \frac{u_{\alpha/2}}{\sqrt{n}}, \overline{X} + \frac{u_{\alpha/2}}{\sqrt{n}}\right)$$

是 μ 的置信度为 $1 - \alpha$ 的区间估计.

需要指出: 当样本均值的分布密度不单峰对称时, 就需要更多的概率统计知识来寻求总体均值的最短置信区间.

§5.2   假设检验简介

在实际应用中, 我们常常面临二择一问题. 例如, 在研究一种新的教学方法时, 研究者希望知道新的教学方法是否比旧的教学方法更有效; 在药厂研究出一种新药时, 希望知道新药的疗效是否比旧药的疗效更好; 人类健康研究者希望知道某种疾病是否和某段基因代码有关; 等等. 一般情况下, 可以通过观测样本建立判断准则, 以解决这类问题.

5.2.1   假设检验的原理

案例 5.4   已知某班学生的数学成绩服从正态分布 $N(\mu, 9)$, 如何用样本判断 "这个班级学生的平均成绩是否为 90 分"?

为了方便讨论, 先引进两个符号:

$$H_0 : \mu = 90, \quad H_1 : \mu \neq 90.$$

问题变为: 到底是 H_0 成立还是 H_1 成立? 此问题的统计学表达方式为

$$H_0 : \mu = 90 \longleftrightarrow H_1 : \mu \neq 90, \tag{5.14}$$

或更简单地表达为

$$H_0 \longleftrightarrow H_1.$$

关于总体分布的不相容的猜测 H_0 和 H_1 构成一个**假设检验问题**:

$$H_0 \longleftrightarrow H_1,$$

称 H_0 为**原假设**或**零假设**, H_1 为**备择假设**或**对立假设**.

当 H_1 是 H_0 的否定时, 可用原假设表示假设检验问题, 如假设检验问题 (5.14) 也可以表示为

$$H_0 : \mu = 90.$$

下面考虑此假设检验问题的求解方法. 这是关于总体均值 μ 的假设检验问题, 而样本均值是 μ 的一个好的点估计量, 因此应该基于样本均值构造解答方法.

考虑指标 $|\overline{X} - 90|$. 它越大越有利于备择假设 H_1; 它越小越有利于原假设 H_0. 因此, 应该用这个指标的大小来判断是 H_0 成立还是 H_1 成立. 为此, 只需选定数 $x_0 > 0$, 当这个指标大于 x_0 时就断定 H_1 成立, 否则就断定 H_0 成立, 即

$$\overline{X} \in D \Longrightarrow 判断 H_1 成立, \quad \overline{X} \notin D \Longrightarrow 判断 H_0 成立, \tag{5.15}$$

其中

$$D \triangleq \{t : |t - 90| > x_0\}. \tag{5.16}$$

1. 假设检验问题的求解步骤

(1) 先确立假设检验问题涉及的未知参数的点估计 T, 称之为**检验统计量**;

(2) 依据 H_0 和 H_1 的内容, 基于 T 构造一个**检验指标**

$$g(T|H_0), \tag{5.17}$$

使其具有如下特性: 它越大 (或小), 越有利于原假设 H_0 成立;

(3) 利用检验指标建立一个区域 D, 称之为**拒绝域**;

(4) 判断规则: H_1 成立当且仅当 $T \in D$.

2. 拒绝域与临界值

参数估计的理论和假设检验的内容能帮助选定检验统计量和检验指标. 下面讨论如何确定拒绝域. 当检验指标 $g(T|H_0)$ 越小越有利于原假设 H_0 时, 拒绝域的构造为

$$D = \{t : g(t|H_0) > x_0\}; \tag{5.18}$$

当检验指标 $g(T|H_0)$ 越大越有利于原假设 H_0 时, 拒绝域的构造为

$$D = \{t : g(t|H_0) < x_0\}. \tag{5.19}$$

称 x_0 为**临界值**.

3. 两类错误与临界值的确定原则

下面的问题是: 如何确定临界值? 为了解决此问题, 我们通过对案例 5.4 的随机模拟, 探讨不同临界值对于判断结果的影响.

先讨论在 H_0 成立 (即数学成绩服从正态分布 $N(90,9)$) 的情况下, 不同的临界值对于检验结果的影响. 记

$$D_{0.01} = \{t : |t - 90| > 0.01\},$$

$$D_{0.05} = \{t : |t - 90| > 0.05\},$$

$$D_{0.10} = \{t : |t - 90| > 0.10\},$$

$$D_{0.15} = \{t : |t - 90| > 0.15\},$$

$$D_{0.20} = \{t : |t - 90| > 0.20\},$$

则这些由不同临界值所决定的拒绝域对应于不同的判断准则. 为了探讨临界值对于判断结果的影响, 模拟容量为 500, 来自正态分布 $N(90,9)$ 的重复观测样本数据, 计算这些数据的样本均值, 然后分别通过 $D_{0.01}, D_{0.05}, D_{0.10}, D_{0.15}$ 和 $D_{0.20}$ 来判断备择假设 H_1 是否成立. 重复模拟 15 次, 得到的判断结果如表 5-6 所示, 其判断结果中 1 代表判断 H_1 成立, 0 代表判断 H_0 成立.

表 5-6 H_0 成立 ($\mu = 90$) 时, 不同临界值对假设检验问题 (5.14) 的判断结果

样本点序号 \ x_0	1	2	3	4	5	6	7	8	9	10	11	12	13	14	15
0.01	1	1	1	1	1	1	1	1	1	1	1	1	1	0	1
0.05	1	1	1	0	1	1	1	1	1	0	0	1	1	0	0
0.10	1	0	1	0	1	1	1	0	0	0	0	1	0	0	0
0.15	1	0	1	0	0	0	1	0	0	0	0	0	0	0	0
0.20	0	0	1	0	0	0	0	0	0	0	0	0	0	0	0

从该表中的数据可知, 当临界值为 0.01 时, 仅有 1 组样本数据使得检验统计量 $\overline{X}$ 没有落入拒绝域 $D_{0.01}$ 中, 即仅有 1 组 (第 14 组) 样本数据判断原假设 H_0 成立. 类似地, 当临界值为 0.05 时, 有 5 组样本数据判断原假设 H_0 成立; 当临界值为 0.10 时, 有 9 组样本数据判断原假设 H_0 成立; 当临界值为 0.15 时, 有 13 组样本数据判断原假设 H_0 成立; 当临界值为 0.20 时, 有 14 组样本数据判断原假设 H_0 成立. 可得到以下的结论:

- 对于同一临界值而言, 其所确定的检验准则对于不同的样本数据可以有不同的判断结果;

• 随着拒绝域变大 (即此处的临界值变小), 把原假设成立错判为备择假设成立的次数也会变大, 即检验结论错误的可能性会变大, 或检验结论正确的可能性变小.

由于模拟样本数据来自于正态分布 $N(90,9)$, 所以 "H_0 为真" 是正确的判断, 而 "H_1 成立" 是错误的判断. 这种判断犯了把原假设成立错判成备择假设成立的错误, 我们称这类错误为**第一类错误**.

因此, 表 5-6 中对应于 1 的判断结果意味着犯了第一类错误. 该表中的数据说明, 随着拒绝域的变大, 相应的**检验准则**犯第一类错误的概率会变大. 为了减小犯第一类错误的可能性, 应该使得拒绝域尽可能的小, 但是这样做会使得出现另一类错误的可能性增加. 下面我们利用随机模拟样本数据来说明这一点.

模拟容量为 500, 来自正态分布 $N(89.8,9)$ 的重复观测样本数据 15 组, 得到的判断结果如表 5-7 所示. 此时原假设 H_0 不成立, 所以 "H_0 成立" 是错误的判断. 这种判断犯了把备择假设为真错判成原假设为真的错误, 我们称这类错误为**第二类错误**. 而 H_1 为真的判断是正确的判断, 现在表 5-7 中对应于 0 的判断结果意味着犯了第二类错误, 因此该表中的数据说明: 随着拒绝域变小, 相应的检验准则犯第二类错误的概率会变大.

表 5-7 H_0 不成立 ($\mu = 89.9$) 时, 不同临界值对假设检验问题 (5.14) 的判断结果

样本点序号 x_0	1	2	3	4	5	6	7	8	9	10	11	12	13	14	15
0.01	1	1	1	1	1	1	1	1	1	1	1	1	1	1	1
0.05	1	1	1	1	1	1	1	1	1	1	1	0	1	1	1
0.10	1	1	1	1	1	1	1	1	1	1	1	0	1	1	0
0.15	1	1	0	1	1	1	1	1	0	1	0	0	1	1	0
0.20	1	0	0	0	1	0	1	1	1	0	0	0	0	1	0

表 5-6 和表 5-7 中的数据表明:

• 任何检验准则都可能犯第一类错误或第二类错误;

• 不可同时要求犯第一类错误的概率和犯第二类错误的概率都很小.

为了建立检验准则, 我们需要选择: 是优先保证少犯第一类错误, 还是优先保证少犯第二类错误. 在实际应用中, 人们选用前者, 即在优先保证犯第一类错误的概率小于一定水平的条件下, 构造拒绝域.

保护原假设原则 在优先保证犯第一类错误的概率小于一定水平的条件下, 使得犯第二类错误的概率尽可能小.

4. 显著性水平

下面讨论如何实现 "保护原假设原则". 犯第一类错误等价于当 H_0 成立时检验统计量

$T \in D$, 其概率为

$$P(T \in D).$$

因此, 建立拒绝域的原则是: 事先指定一个小的正数 α, 使得当原假设成立时, 有

$$P(T \in D) \leqslant \alpha. \tag{5.20}$$

问题 (5.20) 式中的概率的含义是什么?

还是以案例 5.4 为背景讨论此问题. 现在总体分布是 $N(\mu, 9)$, 所以检验统计量

$$T = \overline{X} \sim N(\mu, 9/n).$$

因此

$$P(T \in D) = P(\overline{X} \in \{t : |t - 90| > x_0\}) = P(|\overline{X} - 90| > x_0),$$

即这里的概率由总体参数 μ 所决定.

一般地, 若总体未知参数为 θ, 则检验统计量 T 落入拒绝域的概率与参数 θ 有关, 用 P_θ 表示这个概率. 因而, 保护原假设原则等价于对任何使 H_0 成立的参数 θ, 有

$$P_\theta(T \in D) \leqslant \alpha,$$

即犯第一类错误的概率不超过 α 等价于

$$P_{H_0}(T \in D) \triangleq \sup_{\theta:\ \text{使}\ H_0\ \text{成立}} P_\theta(T \in D) \leqslant \alpha. \tag{5.21}$$

这是 (5.20) 式的数学表达式. 称满足 (5.21) 式中的 α 为拒绝域 D 或相应检验准则的**显著性水平**.

对案例 5.4 中的假设检验问题 (5.14), 有

$$P_{H_0}(T \in D) = P_{90}(\overline{X} \in \{t : |t - 90| > x_0\}) = 2\Phi\left(-\frac{x_0\sqrt{n}}{3}\right).$$

所以临界值 x_0 满足

$$2\Phi\left(-\frac{x_0\sqrt{n}}{3}\right) = \alpha, \quad \text{即} \quad x_0 = \frac{3u_{\alpha/2}}{\sqrt{n}},$$

这里 $u_{\alpha/2}$ 为标准正态分布的上 $\alpha/2$ 分位数.

5. 假设检验的原理

现在可将案例 5.4 总结如下: 对于假设检验问题

$$H_0 : \mu = 90,$$

检验统计量为 $T = \overline{X}$, 显著性水平为 α 的拒绝域为

$$D = \left\{ t : |t - 90| > \frac{3u_{\alpha/2}}{\sqrt{n}} \right\},$$

进而当 $\overline{X} \in D$ 时 $\Longrightarrow H_1$ 成立; 当 $\overline{X} \notin D$ 时 $\Longrightarrow H_0$ 成立. 该案例中蕴涵如下的原理:

假设检验原理 在原假设成立的前提下, 如果发生了与原假设相矛盾的小概率事件, 就拒绝原假设; 否则, 就接受原假设.

这一原理的想法和反证法类似, 只不过是用一种有特定含义的小概率事件代替了矛盾, 表 5-8 列出了二者的比较.

表 5-8 反证法与假设检验原理的比较

	反证法	假设检验
用途	证明 H_1 成立	判断 H_1 成立还是接受 H_0
推理过程	假设 H_1 不成立 寻找矛盾 发现矛盾 $\Longrightarrow H_1$ 成立	假设 H_1 不成立 构建有利于 H_1 成立的小概率事件 小概率事件发生 $\Longrightarrow$ 判断 H_1 成立 小概率事件不发生 $\Longrightarrow$ 接受 H_0

6. 临界值的选择

案例 5.5 对于检验指标 $g(T|H_0)$, 当拒绝域构造为 (5.18) 式时, 如何能在显著性水平 α 下使得犯第二类错误的概率尽可能小?

如果备择假设正确, 即假设检验问题所涉及的参数 θ 使得 H_1 成立, 则犯第二类错误的概率为

$$\mathrm{P}_\theta(T \notin D) = 1 - \mathrm{P}_\theta(T \in D).$$

由概率的单调性知, 拒绝域 D 越大, 犯第二类错误的概率越小. 因此, 应该在显著性水平 α 的限制下, 使得拒绝域尽可能大. 又注意到拒绝域的构造为 (5.18) 式, 只需在显著性水平 α 的限制下选择尽可能小的临界值 x_0, 就可以保证犯第二类错误的概率尽可能小. 再一次利用概率的单调性和拒绝域的构造, 应该选择临界值

$$x_\alpha = \inf\{y : \mathrm{P}_{H_0}(T \in \{t : g(t|H_0) > y\}) \leqslant \alpha\}, \tag{5.22}$$

其中 $\inf A$ 表示集合 A 的最大下界.

思考题 对于检验指标 $g(T|H_0)$, 当拒绝域构造为 (5.19) 式时, 如何能在显著性水平 α 下使得犯第二类错误的概率尽可能小?

此时, 应该选择临界值

$$x_\alpha = \sup\{y : \mathrm{P}_{H_0}(T \in \{t : g(t|H_0) < y\}) \leqslant \alpha\}, \tag{5.23}$$

其中 $\sup A$ 表示集合 A 的最小上界.

为了保证犯第二类错误的概率尽可能小, 我们总是用 (5.22) 式或 (5.23) 式中的 x_α 作为拒绝域的临界值, 并称该临界值为 α-临界值.

对于选定的检验指标, 我们应该用 α-临界值构造拒绝域, 以保证犯第二类错误的概率尽可能小.

例 5.2.1 假设 X_1 是来自两点分布 $B(1, p)$ 的容量为 1 的样本, 试对假设检验问题

$$H_0 : p \leqslant 0.4 \longleftrightarrow H_1 : p \geqslant 0.6$$

构造显著性水平为 0.05 的拒绝域.

解 由于样本均值 $\overline{X}$ 为总体参数 p 的矩估计, 并且此假设检验问题完全由 p 刻画, 所以可以用样本均值作为检验统计量. 进一步, 样本均值越小越有利用 H_0, 越大越有利于 H_1, 因此 $\overline{X}$ 也可以作为检验指标, 并且拒绝域应该有如下的形式:

$$D = \{t : t > x_0\},$$

其中临界值 x_0 满足条件

$$0.05 \geqslant \mathrm{P}_{H_0}(\overline{X} \in D) = \mathrm{P}_{H_0}(\overline{X} > x_0). \tag{5.24}$$

由此可得 0.05-临界值 $x_{0.05} = 1$ (对推导细节感兴趣的读者可参考文献 [3] 中的例 5.2.1), 即

$$D = \{t : t > 1\} \tag{5.25}$$

是显著性水平为 0.05 的拒绝域. ■

5.2.2 假设检验所涉及概念的进一步解释

假设检验涉及诸多概念, 如原假设和备择假设、拒绝原假设和接受原假设等, 正确理解这些概念是成功利用假设检验解决问题的关键.

1. 保护原假设的倾向

在应用假设检验方法时, 需要由研究者确定原假设和备择假设. 下面讨论它们的设置对于检验结果的影响.

案例 5.6 若总体 $X \sim B(1, p)$, X_1 为其容量为 1 的样本, 在显著性水平 0.05 下, 判断是 $p \leqslant 0.4$, 还是 $p \geqslant 0.6$?

这里的问题没有指定哪一个陈述为原假设, 哪一个陈述为备择假设, 因此它不是假设检验问题, 而是一个二择一问题. 为了应用假设检验解决二择一问题, 需要指定哪一个陈述为原假设. 不同的原假设对应不同的假设检验问题.

若把 $p \leqslant 0.4$ 视为原假设, 得假设检验问题

$$H_0 : p \leqslant 0.4 \longleftrightarrow H_1 : p \geqslant 0.6.$$

利用例 5.2.1 的结果以及样本均值 $\overline{X} \leqslant 1$, 知检验统计量永远不在拒绝域 (5.25) 中, 即在显著性水平 0.05 下检验的结果永远是原假设成立.

若把 $p \geqslant 0.6$ 视为原假设, 得假设检验问题

$$H_0 : p \geqslant 0.6 \longleftrightarrow H_1 : p \leqslant 0.4.$$

沿用例 5.2.1 中的符号, 此时仍然可以用 $\overline{X}$ 作为检验指标, 只是拒绝域的形式变为

$$\tilde{D} = \{t : t < x_0\},$$

其中临界值满足条件

$$0.05 \geqslant \sup_{p \geqslant 0.6} \mathrm{P}(\overline{X} < x_0).$$

由此和 (5.23) 式得 0.05-临界值 $x_{0.05} = 0$, 即显著性水平为 0.05 的拒绝域是

$$\tilde{D} = \{t : t < 0\}. \tag{5.26}$$

由样本均值 $\overline{X} \geqslant 0$ 知, 检验统计量永远不在拒绝域 (5.26) 中, 即在显著性水平 0.05 下检验的结果永远是原假设 $p \geqslant 0.6$ 成立.

综上所述, 利用假设检验解答前述二择一问题时, 其结论与原假设的选取有关.

在上案例中, 结论总是原假设成立! 导致这种现象的原因是: 假设检验有**保护原假设的倾向**.

事实上, 除非在样本数据中发现了非常不利于 H_0 的证据, 否则假设检验认为 H_0 是正确的.

2. 假设检验结果的解释

对于显著性水平 α 的检验准则而言, 若出现拒绝 H_0 的结果, 我们可以说 "断言 H_1 为真出错的概率不超过 α"; 若出现接受 H_0 的结果, 我们可以把该结果解释为 "在显著性水平 α 下没有发现充分的证据反对 H_0".

3. 原假设的确立原则

在实际应用中, 最初面临的不会是假设检验问题, 而是二择一问题. 当用假设检验处理二择一问题时, 由于这种方法保护原假设的特性, 我们必须把有历史数据或经验支持的陈述作为原假设, 把需要有充分理由支持的论述作为备择假设.

思考题 若药厂研制出一种新药, 为了考查这种新药是否比旧药有效, 应该如何确立原假设和备择假设?

4. 检验统计量、拒绝域和 p-值

若检验统计量和检验指标分别为 T 和 $g(T|H_0)$, 且已获得样本数据 $x_1, x_2, \cdots, x_n$, 就可分别计算检验统计量和检验指标的值

$$t_0 = T(x_1, x_2, \cdots, x_n), \tag{5.27}$$

$$h_0 = g(t_0|H_0). \tag{5.28}$$

对于给定的显著性水平 α, 当拒绝域为

$$D = \{t : g(t|H_0) > x_\alpha\}$$

时, 称

$$\mathrm{P}_{H_0}(g(T|H_0) > h_0) \tag{5.29}$$

为 p-**值**或**尾概率**; 当拒绝域为

$$D = \{t : g(t|H_0) < x_\alpha\}$$

时, 称

$$\mathrm{P}_{H_0}(g(T|H_0) < h_0) \tag{5.30}$$

为 p-**值**或**尾概率**.

p-值的算法很容易在计算机上实现, 而借助于 p-值, 可以解答假设检验问题, 详见下面的定理 5.2.1. 在统计学应用领域中, 人们喜欢通过 p-值解答假设检验问题.

定理 5.2.1 对于假设检验问题

$$H_0 \longleftrightarrow H_1,$$

当 p-值小于显著性水平时, 拒绝 H_0; 否则, 接受 H_0.

对于显著性水平 α, 利用 (5.22) 式, (5.23) 式和概率的单调性可以完成此定理的证明, 感兴趣的读者可尝试证明.

在应用 R 软件 (或其他统计软件) 的 p-值计算结果回答假设检验问题时, 要特别说明检验指标和拒绝域的构造以及总体分布的假设与所用的程序代码相匹配, 以免降低检验结果的可信程度.

例 5.2.2 设总体 $X \sim B(1, p)$, 表 5-9 列出了总体的容量为 30 的独立同分布样本的观测数据. 考虑假设检验问题

$$H_0 : p \geqslant 0.8.$$

若用样本均值作为检验统计量, 试计算 p-值, 并在显著性水平 0.05 下给出检验结果.

表 5-9 两点分布总体的样本观测数据

1	1	1	1	1	0	0	0	0	1	1	0	1	0
0	1	1	0	1	0	1	0	1	1	1	0	1	1	1

解 显然, 可以用 $\overline{X}$ 作为检验统计量和检验指标, 它越大越有利于原假设, 越小越有利于备择假设, 所以拒绝域有如下的构造:

$$D = \{t : t < x_0\},$$

其中 x_0 为临界值. 因此 p-值为

$$\begin{aligned}
\mathrm{P}_{H_0}(\overline{X} < \overline{x}) &= \mathrm{P}_{H_0}(30\overline{X} < 30\overline{x}) \\
&= \sup_{0.8 \leqslant p \leqslant 1} (\mathrm{P}_p(30\overline{X} \leqslant 30\overline{x}) - \mathrm{P}_p(30\overline{X} = 30\overline{x})).
\end{aligned}$$

注意到 $30\overline{X} \sim B(30, p)$, 将表 5-9 数据复制到剪贴板之后, 可由如下程序代码计算 p-值:

```
x<-scan("clipboard")#将剪贴板数据赋值给x
tmpF<-function(x,a){
    return(pbinom(sum(x),length(x),a)-dbinom(sum(x),length(x),a))
}#定义优化目标函数tmpF
pValue<-optimize(f=tmpF,x=x,c(0.8,1),maximum=T)
```

运行上述程序代码后, pValue$objective 为 p-值的计算结果: 0.009. 所以, 在显著性水平 0.05 下, 拒绝原假设. ◾

§5.3 关于正态总体均值的假设检验

正态分布总体均值的假设检验有着极广泛的应用, 其理论上的结果也比较完善, 一般的统计软件都能直接处理这类假设检验问题.

设总体 $X \sim N(\mu, \sigma^2)$, 感兴趣的假设检验问题分别为

$$H_0 : \mu = \mu_0, \tag{5.31}$$

$$H_0 : \mu \leqslant \mu_0, \tag{5.32}$$

$$H_0 : \mu \geqslant \mu_0, \tag{5.33}$$

其中 μ_0 为已知实数.

一般地, 称类似于 (5.31) 的假设检验问题为**双边假设检验问题**, 简称为**双边检验问题**; 称类似于 (5.32) 或 (5.33) 的假设检验问题为**单边假设检验问题**, 简称为**单边检验问题**.

5.3.1 已知总体方差情况下的均值检验

在本小节中, 总体标准差 $\sigma = \sigma_0$ 为已知实数, 可以用

$$Z = \frac{\sqrt{n}(\overline{X} - \mu_0)}{\sigma_0} \tag{5.34}$$

作为检验统计量. 由定理 5.1.1 知

$$Z \sim N\left(\frac{\sqrt{n}(\mu - \mu_0)}{\sigma_0}, 1\right), \tag{5.35}$$

其分布完全由 μ 确定. 特别地, 当 $\mu = \mu_0$ 时, $Z \sim N(0, 1)$.

对于样本观测数据 $x_1, x_2, \cdots, x_n$, 可以用如下公式计算检验统计量 Z 的观测值:

$$\overline{x} = \frac{1}{n}\sum_{k=1}^{n} x_k, \quad z = \frac{\sqrt{n}(\overline{x} - \mu_0)}{\sigma_0}.$$

在 R 语言中, 可借助如下程序代码计算检验统计量的观测值:

```
n<-length(x)#计算样本容量
z<-(n^0.5)*(mean(x)-mu0)/sigma0#计算观测值
```

其中 x, mu0 和 sigma0 分别是样本观测数据, μ_0 和 σ_0.

可以证明: 对于双边检验问题 (5.31), 其 p-值为

$$P_{H_0}(|Z| > |z_0|) = P_{\mu_0}(|Z| > |z_0|) = 2(1 - \Phi(|z_0|)), \tag{5.36}$$

相应的 p-值计算程序代码为

```
pValue<-2*pnorm(abs(z),lower.tail=F)
```
(5.37)

其中 abs 为 R 语言中计算绝对值的函数; 对于单边检验问题 (5.32), 其 p-值为

$$P_{H_0}(Z > z_0) = \sup_{\mu \leqslant \mu_0} P_{\mu}(Z > z_0) = P_{\mu_0}(Z > z_0) = 1 - \Phi(z_0), \tag{5.38}$$

相应的 p-值计算程序代码为

```
pValue<-pnorm(z,lower.tail=F)
```
(5.39)

对于单边检验问题 (5.33), 其 p-值为

$$P_{H_0}(Z < z_0) = \sup_{\mu \geqslant \mu_0} P_{\mu}(Z < z_0) = P_{\mu_0}(Z < z_0) = \Phi(z_0), \tag{5.40}$$

相应的 p-值计算程序代码为

$$\text{pValue<-pnorm(z,lower.tail=T)} \tag{5.41}$$

现在, 可以利用 (5.32) $\sim$ (5.41) 式解决双边和单边假设检验问题, 并将这种检验方法统称为 Z 检验.

例 5.3.1 某种子公司在销售胡萝卜种子的说明书中声称: 用此种胡萝卜的平均长度为 11.5 cm. 某人种植这种胡萝卜后得到的胡萝卜长度数据见表 5-10. 若胡萝卜长度的标准差为 1.15 cm, 问: 在显著性水平 0.05 下, 可以接受该种子公司关于胡萝卜平均长度的说明吗?

表 5-10 40 根胡萝卜长度的数据 (单位: cm)

11.50	10.08	12.14	12.33	10.68	13.37	13.37
11.79	12.83	11.32	14.51	11.84	12.13	13.23
12.34	10.46	12.82	13.87	11.20	12.99	13.44
11.54	12.79	12.94	12.82	13.48	12.77	13.37
11.96	12.38	12.20	12.07	11.89	11.04	10.17
10.34	12.66	10.62	11.98	11.82		

解 胡萝卜的长度 $X \sim N(\mu, 1.15^2)$. 考虑双边假设检验问题

$$H_0 : \mu = 11.5.$$

在 R 语言命令窗口中, 将表 5-10 中的数据赋给列向量 x, 然后运行程序代码

```
n<-length(x)
Z<-(mean(x)-11.5)/(1.15/sqrt(n))
sig<-2*pnorm(abs(Z),lower.tail=F)
```

得到 p-值 sig=0.0001966838. 因此, 在显著性水平 0.05 下拒绝原假设, 即说明书中的平均长度指标不正确, 且此结论犯错误的概率不会超过 0.05. ■

5.3.2 未知总体方差情况下的均值检验

在总体方差未知时, (5.34) 式中的 Z 就不是统计量了, 因为它的定义中含有未知参数 σ_0. 我们需要构建新的检验统计量. 由于样本标准差是总体标准差的近似, 所以可在 (5.34) 式中用样本标准差代替总体标准差, 得到检验统计量

$$T = \frac{\sqrt{n}(\overline{X} - \mu_0)}{S}, \tag{5.42}$$

此处 S 为样本标准差.

在方差未知的情况下, 将样本观测数据赋值给 x, μ_0 赋值给 mu0 以后, 可以用 R 语言中的函数 t.test 计算检验统计量 T 的 p-值. 对于双边假设检验问题 (5.31), 用程序代码

```
h<-t.test(x,alternative="two.sided",mu=mu0)
pValue<-h$p.value
```

得到 p-值; 对于单边假设检验问题 (5.32), 用程序代码

```
h<-t.test(x,alternative="greater",mu=mu0)
pValue<-h$p.value
```

得到 p-值; 对于单边假设检验问题 (5.33), 用程序代码

```
h<-t.test(x,alternative="less",mu=mu0)
pValue<-h$p.value
```

得到 p-值.

上述检验方法本质上是利用检验统计量 T 解答假设检验问题, 称为 t **检验**.

例 5.3.2 在例 5.3.1 中, 若胡萝卜长度的标准差未知, 问: 在显著性水平 0.01 下, 可以接受胡萝卜的平均长度小于 11.5 cm 的观点吗?

解 沿用例 5.3.1 中的符号, 现在需要解答单边假设检验问题

$$H_0 : \mu \leqslant 11.5.$$

将表 5-10 中的数据赋给列向量 x 后, 在 RStudio 中运行程序代码

```
h<-t.test(x,alternative="greater",mu=11.5)
h$p.value
```

得到 p-值计算结果 0.00013108, 即在显著性水平 0.01 下, 拒绝原假设, 亦即在犯错误的概率不超过 0.01 的前提下, 可以认为胡萝卜的平均长度大于 11.5 cm. ∎

思考题 当总体标准差已知时, 能否用函数 t.test 解答假设检验问题?

总体标准差的信息能够降低犯第一类错误的概率. 因此, 在已知总体标准差时, 应该用 Z 检验, 而不是 t 检验, 解答关于均值的假设检验问题. 下面通过模拟实验来验证这一结论.

例 5.3.3 对于例 5.3.1 中的假设检验问题, 也可以用 t 检验解答此假设检验问题. 已知总体的均值和标准差分别为 12 cm 和 1.15 cm, 试通过随机模拟的方法估计 Z 检验和 t 检验 (在显著性水平 0.01 下) 犯错误的概率, 并解释模拟结果的内涵.

解 现在已经知道总体均值为 12 cm, 所以假设检验问题

$$H_0 : \mu = 11.5 \longleftrightarrow H_1 : \mu \neq 11.5$$

中原假设的结论是错误的, 备择假设的结论是正确的, 即接受 H_0 的结论为错误的结论.

模拟容量为 40 的样本数据 10000 次, 考查 Z 检验所犯错误的频率. 根据大数定律, 可以用这个频率估计 Z 检验犯错误的概率. 下面的程序代码完成概率估计任务:

```
x<-rnorm(400000,12,1.15)
x<-matrix(x,nrow=40, ncol=10000)#模拟10000组样本数据
Z<-(colMeans(x)-11.5)/(1.15/sqrt(40))
    #计算10000个Z检验统计量观测值
sig<-2*pnorm(abs(Z),lower.tail=F)
    #计算10000个Z检验统计量的p-值
zErrPro<-mean(sig>=0.01)#计算Z检验结果错误的频率
```

运行上述程序代码后, zErrPro 为 Z 检验结果出错的频率, 其值为 0.4313. 现在运行如下程序代码:

```
h<-apply(x,MARGIN=2,FUN=t.test,alternative="two.sided",mu=11.5)
    #计算10000个t检验统计量的p-值
tErrPro<-0 #初始化t检验错误频数
for(i in 1:10000){
    if(h[[i]]$p.value>=0.01) tErrPro=tErrPro+1#计算t检验错误频数
}
tErrPro<-tErrPro/10000#计算t检验结果错误频率
```

得到 t 检验犯错的频率 tErrPro, 其值为 0.4782. 比较 Z 检验和 t 检查结论出错的频率, 可得如下结论: 在本例的情况下, Z 检验的效果好于 t 检验的效果. ∎

对于正态总体均值的假设检验问题, 要特别注意: 当标准差 (或方差) 为已知时, 用 Z 检验解答假设检验问题; 否则, 用 t 检验解答假设检验问题.

5.3.3 双正态总体均值的检验

在实际应用中, 经常会遇到比较两个总体均值的问题, 例如我们想要比较两个班级学生的数学知识掌握水平是否相同, 两种安眠药的平均治疗效果是否相同, 一种新的炼钢方法是否能够比老的炼钢方法好, 等等.

考虑总体 $X \sim N(\mu_1, \sigma^2)$ 和总体 $Y \sim N(\mu_2, \sigma^2)$. 用

$$X_1, X_2, \cdots, X_n$$

表示 X 的重复观测样本; 用

$$Y_1, Y_2, \cdots, Y_m$$

表示 Y 的重复观测样本. 对方差不相等情形的假设检验问题, 可参考有关的 "数理统计" 教科书.

现在感兴趣的是双边假设检验问题

$$H_0 : \mu_1 = \mu_2, \tag{5.43}$$

单边假设检验问题

$$H_0 : \mu_1 \geqslant \mu_2 \tag{5.44}$$

或单边假设检验问题

$$H_0 : \mu_1 \leqslant \mu_2. \tag{5.45}$$

此时, 可以用样本均值之差 $\overline{Y} - \overline{X}$ 来估计 $\mu_2 - \mu_1$, 这样产生用

$$Z = \frac{\overline{Y} - \overline{X}}{\sigma \sqrt{\dfrac{1}{n} + \dfrac{1}{m}}} \tag{5.46}$$

作为构建**检验规则**的指标的想法.

当 σ 已知时,

$$Z \sim N\left(\frac{\sqrt{mn}(\mu_2 - \mu_1)}{\sigma\sqrt{n+m}}, 1\right), \tag{5.47}$$

可用 Z 作为检验统计量. 假设已经获得重复观测样本数据 $x_1, x_2, \cdots, x_n$ 以及重复观测样本数据 $y_1, y_2, \cdots, y_m$, 则检验统计量 Z 的观测值为

$$z_0 = \frac{\sqrt{mn}(\overline{y} - \overline{x})}{\sigma\sqrt{m+n}}, \tag{5.48}$$

其中 $\overline{x}$ 和 $\overline{y}$ 为相应的样本均值. 在 R 语言中, 可以用如下程序代码计算检验统计量 Z 的观测值:

```
n<-length(x)#计算X的样本容量
m<-length(y)#计算Y的样本容量
z<-(m*n)^0.5*(mean(y)-mean(x))/sigma/(m+m)^0.5
```

其中 x 和 y 分别为两个总体的样本观测数据.

现在, 对于双边假设检验问题 (5.43), 可以用程序代码 (5.37) 计算检验统计量 Z 的 p-值; 对于单边假设检验问题 (5.44), 可以用程序代码 (5.39) 计算检验统计量 Z 的 p-值; 对于单边假设检验问题 (5.45), 可以用程序代码 (5.41) 计算检验统计量 Z 的 p-值.

为了方便起见, 称上述利用统计量 Z 进行假设检验的方法为**双正态总体的 Z 检验**, 简称为 Z 检验.

当 σ 未知时, 由于两个总体的共同标准差是未知的参数, 因此不能把 Z 作为检验统计量. 为了构建检验统计量, 需要总体标准差的一个好估计量, 以取代 (5.46) 式中的 σ. 可用

$$S_p = \sqrt{\frac{1}{n+m-2}((n-1)S_X^2 + (m-1)S_Y^2)} \tag{5.49}$$

代替 (5.46) 式中的 σ, 得到检验统计量

$$T = \frac{\sqrt{mn}(\overline{Y} - \overline{X})}{S_p\sqrt{m+n}}. \tag{5.50}$$

该统计量的分布完全由 $\mu_2 - \mu_1$ 所决定, 统计学家已证明它服从 t 分布 (感兴趣的读者可以参看文献 [2, 4]).

将 X 和 Y 的样本数据分别赋值给 x 和 y 后, 就可利用 R 语言中的函数 t.test 计算检验统计量 T 的 p-值, 这个函数的输入参数 alternative 用来指明备择假设中 μ_1 是否不等于、小于或大于 μ_2. 对于双边假设检验问题 (5.43), 用程序代码

```
h<-t.test(x,y,alternative="two.sided")
pValue<-h$p.value
```

得到 p-值; 对于单边假设检验问题 (5.44), 用程序代码

```
h<-t.test(x,y,alternative="less")
pValue<-h$p.value
```

得到 p-值; 对于单边假设检验问题 (5.45), 用程序代码

```
h<-t.test(x,y,alternative="greater")
pValue<-h$p.value
```

得到 p-值.

为了方便起见, 称上述利用统计量 T 进行假设检验的方法为**双正态总体的 t 检验**, 简称为 t 检验.

案例 5.7 表 5-11 和表 5-12 分别为来自甲班和乙班学生的数学成绩样本数据, 试对比分析两个班级学生的平均数学水平.

表 5-11　甲班学生的数学成绩数据　(单位: 分)

45	54	41	45	80	60	49	44	55	87	73	64	35	89	85	55	84	80	67	70
84	76	51	56	83	83	45	58	46	65	0	76	79	75	86	62	43	57	75	47

表 5-12　乙班学生的数学成绩数据 (单位: 分)

45	46	78	45	47	83	67	36	80	55	45	0	75	68	53	85	44	51	67	64
73	62	65	72	84	75	58	56	55	38	83	73	67	72	76	67	83	43	57	60

用 μ_1 和 μ_2 分别代表甲班和乙班学生的数学平均分数, 并将两个班的数学成绩样本数据分别赋值给 x 和 y. 在 RStudio 中运行程序代码

mean(x); mean(y);

得 $\mu_1 = 62.725$, $\mu_2 = 61.325$, 似乎甲班学生的数学平均成绩较高.

下面想通过假设检验进一步确认此结论. 考虑到假设检验有保护原假设的倾向, 将 "甲班学生的数学平均成绩较高" 作为备择假设, 即考虑假设检验问题

$$H_0 : \mu_1 \leqslant \mu_2. \tag{5.51}$$

如果此检验的 p-值很小, 则可以得到断言 "甲班学生的数学平均成绩较高", 并可以给出这个结论出错的概率 (犯第一类错误的概率). 在 RStudio 中运行程序代码

```
h<-t.test(x,y,alternative="greater")
h$p.value
```

得双正态总体 t 检验的 p-值为 0.3645032. 因此, 在显著性水平 0.10 下, 应该接受原假设, 即认为样本数据不反对结论 "乙班学生的数学平均成绩较高".

现在假设检验问题 (5.51) 的检验结论是接受原假设, 和前面直接比较均值的结果相矛盾, 其原因是假设检验有保护原假设的倾向. 这个检验结论实际上说明: 虽然甲班学生数学成绩数据的均值较高, 但是这种高的程度并不显著, 多半是由样本的随机性所引起的.

现在考虑假设检验问题

$$H_0 : \mu_1 \geqslant \mu_2, \tag{5.52}$$

即备择假设为 "乙班学生的数学平均成绩较高". 运行程序代码

```
h<-t.test(x,y,alternative="less")
h$p.value
```

得双正态总体 t 检验的 p-值为 0.6354968. 因此, 在显著性水平 0.10 下, 应该接受原假设, 即认为样本数据不反对结论 "乙班学生的数学平均成绩较低".

假设检验问题 (5.51) 和 (5.52) 结论居然相互矛盾, 其原因在于假设检验具有保护原假设的倾向: 没有充分的证据, 不反对原假设.

在此问题背景条件下, 如果对于甲班和乙班学生的数学成绩没有任何其他信息 (如历史

数学成绩数据等), 应该考虑双边假设检验问题

$$H_0 : \mu_1 = \mu_2. \tag{5.53}$$

在 RStudio 中运行程序代码

```
h<-t.test(x,y)
h$p.value
```

得双正态总体 t 检验的 p-值为 0.7290064, 即在显著性水平 0.10 下, 认为两个班的数学平均成绩没有显著差异.

对于假设检验问题, 如果样本数据检验的结果是接受原假设, 只能说明样本数据与原假设没有严重的矛盾, 不能把接受原假设解释成原假设成立.

§5.4 相关关系与回归模型

在现实生活中, 有些变量之间存在着一定的关系. 发现特定变量之间是否有关系, 对于很多实际问题的解决起着关键的作用. 本节简要介绍描述变量之间关系的线性回归模型及其应用.

5.4.1 函数关系与相关关系

变量之间存在函数关系的例子有很多, 例如真空中自由落体的下降高度

$$h = \frac{1}{2}gt^2, \tag{5.54}$$

其中 g 是重力加速度, t 是下降时间, h 是物体的下降高度. 这里, 时间 t 完全确定下降高度 h.

但是, 若我们在高楼上让气球做自由落体, 上述公式就不成立了. 原因是公式 (5.54) 仅在真空的环境下成立, 而在现实环境中, 气球不但受到重力加速度的影响, 还受到空气的浮力和气流等其他因素的影响. 如果气球的密度小于空气的密度, 它就不会落向地面, 反而会飘向空中. 如果气球的密度稍大于空气的密度, 则它会落向地面, 但是由于受到空气气流等随机因素的影响, 使得它的下降高度并不满足公式 (5.54). 这样, 在空气中落体下降高度 H 可以表示为

$$H = \frac{1}{2}gt^2 + e, \tag{5.55}$$

其中 g 和 t 的含义如前所述, 而 e 为随机变量, 表示所有随机因素对气球的下降所产生的影响.

在 (5.54) 式中, 变量 t 完全确定 h, 像这种变量之间能够相互确定的关系称为**函数关系**; 而在 (5.55) 中, H 不能完全由 t 决定, 像这种变量之间仅能在一定程度上相互确定的关系称为**相关关系**.

5.4.2 函数模型与回归模型

像 (5.54) 式这类描述变量之间的函数关系的模型称为**函数模型**或**数学模型**; 像 (5.55) 式这类叠加有不能观测的随机变量的模型称为**回归模型**. 在研究变量 y 和 x 之间关系的初期, 需要通过样本观测数据

$$(x_1, y_1), (x_2, y_2), \cdots, (x_n, y_n) \tag{5.56}$$

来认识这种关系, 其中 n 为样本容量. 注意, 这里的样本点是一个向量, 其分量分别是 x 和相应的 y 的观测值, 而变量 x 的维数可以大于 1, 变量 y 的维数为 1.

问题 如何判断样本是来自函数模型还是回归模型?

可以将所有的样本点绘制在直角坐标系中, 形成**散点图**, 以判断变量之间的关系. 我们可借助于 R 语言中的绘图函数 plot 绘制散点图. 将 x 和 y 的样本观测数据分别赋值给 x 和 y 后, 可以在 RStudio 中用程序代码

```
plot(x,y,pch=20)
```

绘制散点图, 其中输入 pch 用来指定点的形状, 读者可通过函数 points 的在线帮助了解该参数的取值含义.

图 5.2 (a) 为来自函数模型 (5.54) 的样本所对应的散点图, 各个样本点都是位于函数曲线 $h = \frac{1}{2}gt^2$ 上; 图 5.2 (b) 为来自于回归模型 (5.55) 的样本所对应的散点图, 各个样本点都是位于函数曲线 $h = \frac{1}{2}gt^2$ 的附近.

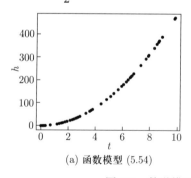
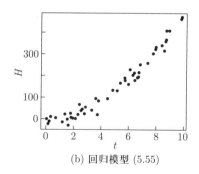

(a) 函数模型 (5.54)   (b) 回归模型 (5.55)

图 5.2 数学模型与回归模型的散点图

在散点图上叠加函数曲线, 更容易体会函数模型样本和回归模型样本的这种区别, 如图 5.3 所示, 其中的曲线为函数曲线 $h = \frac{1}{2}gt^2$. 在 R 语言中, 用函数 curve 绘制函数曲线, 图

5.3 (a) 是通过程序代码

```
plot(t,h,pch=20)#绘制函数h=0.5*9.81*(t^2)的散点图
curve(0.5*9.81*(x^2),#绘制自由落体函数y=0.5*9.81*(x^2)曲线
     from=0,to=10,#设定自变量x的取值范围
     add=T,#设定绘图方式为添加
     col="red",#设定绘图颜色为红色
     lwd=2)#设定绘图的线宽为2
```

绘制的, 其中 t 和 h 分别是模型 (5.54) 中时间和相对应下降高度的观测数据.

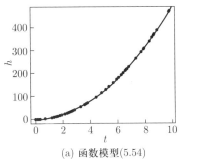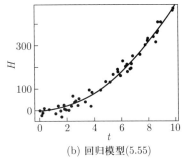

(a) 函数模型(5.54)　　　　　　(b) 回归模型(5.55)

图 5.3 　数学模型与回归模型的散点图

在实际应用中, 可以通过各个样本点是否都落在函数曲线上来判断样本是否来自函数模型. 当样本点来自函数模型时, 可以通过散点图的形状确定变量之间的函数关系; 当样本点来自回归模型时, 就需要更多的统计学理论帮助建模.

如果两个变量 Y 和 x 之间存在相关关系, 我们感兴趣的是其观测数据分布在哪一条函数曲线的附近, 并称这条曲线所对应的函数为**回归函数**. 例如, 在 (5.55) 式中, 对应于变量 H 和 t 的回归函数为 (5.54) 式. 在实际应用中, 人们通过对回归函数的估计来研究 Y 的变化规律.

通常分两步来确定回归函数: 第一步, 通过散点图和已经积累的有关函数曲线形状的知识来粗略地判断回归函数所属的函数类型; 第二步, 利用观测数据在所确定的函数类中挑选回归函数. 例如, 对于散点图 5.3 (b), 可以认为回归函数为二次函数

$$f(t) = at^2 + bt + c,$$

这样可以将 H 和 t 之间的关系表示为

$$\begin{cases} H = at^2 + bt + c + e, \\ \mathrm{E}(e) = 0, \ \mathrm{D}(e) = \sigma^2, \end{cases} \tag{5.57}$$

其中 e 为不可观测的随机变量, 而 a, b 和 c 为参数, 它们需要用观测数据来确定.

一般地, 称

$$\begin{cases} Y = f(x|\theta) + e, \\ \mathrm{E}(e) = 0, \ \mathrm{D}(e) = \sigma^2 \end{cases} \tag{5.58}$$

为**回归模型**, 其中 Y 称为**响应变量**或**预报变量**; x 称为**协变量**或**解释变量**, 其维数可以大于 1; θ 称为**模型参数**, 其维数可以大于 1; $f(\cdot|\theta)$ 称为**回归函数**; e 称为**残差**或**模型误差**; $\sigma > 0$ 称为**残差的标准差**. 需要注意:

- 模型参数 θ 可以是一个向量, 称其维数为模型所含有的参数的个数.
- 在回归模型 (5.58) 中, 称

$$y = f(x|\theta) \tag{5.59}$$

为**理论回归方程**、**回归方程**、**回归曲线**或**回归函数**. 理论上, 用回归方程近似表达响应变量 Y 和协变量 x 之间的关系, 这种近似的误差是模型误差.

- 在回归模型中, 残差变量的标准差 σ 也是一个未知的参数, 它刻画了用回归方程来近似刻画响应变量 Y 和协变量 x 之间关系的效果, 即刻画了相应回归模型的拟合效果. 这个标准差越小, 协变量刻画响应变量的能力越强; 反之, 协变量刻画响应变量的能力就越差.
- 若 $\hat{\theta}$ 为模型参数 θ 的一个点估计, 就称

$$\hat{y} = f(x|\hat{\theta}) \tag{5.60}$$

为**经验回归方程**、**经验公式**或**经验回归曲线**. $\hat{y}$ 是响应变量 Y 的估计.

- 称

$$\hat{e} = Y - f(x|\hat{\theta}) \tag{5.61}$$

为回归模型 (5.58) 的**残差估计值**, 简称为**残差**.

当样本为

$$(x_1, Y_1), \ (x_2, Y_2), \ \cdots, \ (x_n, Y_n)$$

时, 人们用下式来估计模型误差的方差:

$$\widehat{\sigma^2} = \frac{1}{n-p} \sum_{i=1}^{n} (Y_i - f(x_i|\hat{\theta}))^2, \tag{5.62}$$

其中 n 为样本容量, p 为参数 θ 的维数. 进一步, 模型误差的标准差估计如下:

$$\hat{\sigma} = \sqrt{\frac{1}{n-p} \sum_{i=1}^{n} (Y_i - f(x_i|\hat{\theta}))^2}. \tag{5.63}$$

5.4.3 模型参数估计的最小二乘法原理

为了估计回归模型 (5.58) 中的模型参数, 需要获取样本的观测数据. 用

$$(x_1, y_1), \ (x_2, y_2), \ \cdots, \ (x_n, y_n) \tag{5.64}$$

表示样本观测数据, 则响应变量和协变量的观测值满足如下的关系:

$$y_i = f(x_i|\theta) + e_i, \quad i = 1, 2, \cdots, n, \tag{5.65}$$

即 $(x_i, f(x_i|\theta))$ 为回归曲线上的点, (x_i, y_i) 为样本点, 它们之间的距离如图 5.4 所示. 因此, 第 i 个样本点与回归曲线之间的距离的平方为

$$\left(\sqrt{(x_i - x_i)^2 + (y_i - f(x_i|\theta))^2}\right)^2 = (y_i - f(x_i|\theta))^2, \quad i = 1, 2, \cdots, n. \tag{5.66}$$

这样提供了一种估计回归模型参数的思想方法: 模型参数应该使得各个样本点与回归曲线之间的距离的平方之和最小, 即模型参数 θ 的估计为

$$\hat{\theta} = \underset{a \in \Theta}{\arg\min} \, Q(a), \tag{5.67}$$

其中

$$Q(a) = \sum_{i=1}^{n} (y_i - f(x_i|a))^2. \tag{5.68}$$

这里 $Q(a)$ 刻画了各个样本点与曲线 $y = f(x|a)$ 的 "整体距离", 回归曲线应该使得这个距离最小. 称 $\hat{\theta}$ 为模型参数 θ 的**最小二乘估计量**, 并称这种估计模型参数的方法为**最小二乘法**.

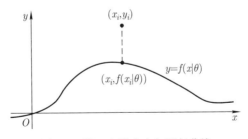

图 5.4　第 i 个样本点与回归曲线

最小二乘法的思想来源于使各个样本点 (x_i, y_i) 与回归曲线上的相应点 $(x_i, f(x_i|\theta))$ 之间的距离的平方之和达到最小, 这里 "二乘" 指的是用欧氏距离的平方衡量数据点与回归曲线的远近.

最小二乘法有一个假设条件: 我们能够得到协变量的精确值. 如果协变量的观测值 u_i 含有无法观测的误差 δ_i, 即 $u_i = x_i + \delta_i$, 则样本点 (u_i, y_i) 与回归曲线上的点 $(x_i, f(x_i|\theta))$ 之间的距离的平方变为

$$(\sqrt{(x_i - u_i)^2 + (y_i - f(x_i|\theta))^2})^2 = (x_i - u_i)^2 + (y_i - f(x_i|\theta))^2. \tag{5.69}$$

此时, 用 (5.67) 式所得到的模型参数估计结果就不好. 近几十年来, 关于协变量观测值含有度量误差模型的研究有了很好的进展, 形成了统计学的度量误差模型研究方向, 感兴趣的读者可参考相应的专著, 如在文献 [7] 的第七章中有关于线性度量误差模型的简要介绍.

例 5.4.1 表 5-13 给出了向量 (x, Y) 的样本观测数据, 试利用这组数据建立响应变量 Y 与协变量 x 之间的经验方程.

表 5-13　样本观测数据

序号	1	2	3	4	5	6	7	8	9	10
x	0.20	0.40	0.60	0.80	1.00	1.20	1.40	1.60	1.80	2.00
Y	−1.56	5.33	0.54	6.99	0.62	4.66	7.87	13.26	12.82	10.56
序号	11	12	13	14	15	16	17	18	19	20
x	2.20	2.40	2.60	2.80	3.00	3.20	3.40	3.60	3.80	4.00
Y	7.66	13.85	21.94	18.53	28.46	36.26	35.90	39.70	45.35	54.08
序号	21	22	23	24	25	26	27	28	29	30
x	4.20	4.40	4.60	4.80	5.00	5.20	5.40	5.60	5.80	6.00
Y	60.16	52.95	64.51	72.06	73.68	93.60	91.76	89.83	104.98	111.50

解 表 5-13 中数据所对应的散点图如图 5.5 所示. 依据散点分布的形状, 可以采用二次函数作为回归曲线. 注意到坐标原点与各个散点之间的相对位置, 可以认为回归曲线的顶点

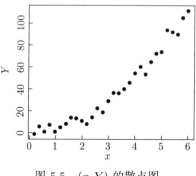

图 5.5 (x, Y) 的散点图

在坐标原点. 因此, 可以用回归模型

$$\begin{cases} Y = \theta x^2 + e, \\ \mathrm{E}(e) = 0, \ \mathrm{D}(e) = \sigma^2 \end{cases} \tag{5.70}$$

建立经验回归方程. 用 (x_i, y_i) 表示 (x, Y) 的第 i 次观测结果, 则 (5.68) 式具体化为

$$Q(a) = \sum_{i=1}^{n} (y_i - a x_i^2)^2 = \sum_{i=1}^{n} y_i^2 - \left(2 \sum_{i=1}^{n} x_i^2 y_i \right) a + \left(\sum_{i=1}^{n} x_i^4 \right) a^2.$$

利用二次函数的性质可得 $Q(a)$ 的最小值点, 即模型 (5.70) 中参数 θ 的最小二乘估计

$$\hat{\theta} = \frac{\displaystyle\sum_{i=1}^{n} x_i^2 y_i}{\displaystyle\sum_{i=1}^{n} x_i^4} = 3.0997,$$

从而经验方程为

$$\hat{y} = 3.0997 x^2. \qquad\blacksquare$$

5.4.4 线性回归模型

若回归模型 (5.58) 中的回归函数是参数的线性函数, 即

$$\begin{cases} Y = \beta_0 + x\beta + e, \\ \mathrm{E}(e) = 0, \ \mathrm{D}(e) = \sigma^2, \end{cases} \tag{5.71}$$

就称回归模型 (5.71) 为**线性回归模型**, 这里参数 β_0 为截距项或常数项, 参数 β 为列向量, 其各个分量表示相应协变量对于响应变量的影响程度.

例如, 例 5.4.1 中的模型 (5.70) 就是线性回归模型, 该模型的截距项为 0; 参数 $\beta = \theta$ 的维数是 1, 它代表了协变量 x^2 对于响应变量的预期影响. 在此例中, 参数 $\beta = \theta$ 的估计结果为 3.0997, 其实际含义是: 当 x^2 每增加 1 单位时, 响应变量将预期增加 3.0997.

1. 线性回归模型的样本数据

对于来自于线性模型 (5.71) 的样本观测数据

$$(x_1, y_1), \ (x_2, y_2), \ \cdots, \ (x_n, y_n),$$

记

$$\boldsymbol{y} = \begin{pmatrix} y_1 \\ y_2 \\ \vdots \\ y_n \end{pmatrix}, \quad \boldsymbol{x} = \begin{pmatrix} x_1 \\ x_2 \\ \vdots \\ x_n \end{pmatrix}, \quad \boldsymbol{e} = \begin{pmatrix} e_1 \\ e_2 \\ \vdots \\ e_n \end{pmatrix}, \tag{5.72}$$

其中 y 为**响应变量观测数据**; x 为**协变量观测数据**, 其第 i 分量对应第 i 个协变量的观测值; e_i 为 (5.65) 式中第 i 次观测对应的模型误差. 当来自线性回归模型 (5.71) 的样本满足如下条件时, 用最小二乘法估计模型参数的效果好[7]:

最小二乘法适用条件 样本所对应的模型误差 $e_1, e_2, \cdots, e_n$ 独立同分布.

2. R 语言中的线性回归模型求解函数

在 R 语言中, 用函数 lm 计算线性回归模型 (5.71) 中参数 β 的最小二乘估计结果. 函数 lm 的计算结果是一个特殊结构的列表, R 语言将此列表命名为 lm 型数据. 该列表包含参数 β 的最小二乘估计的相关结果. 可以按如下简单方式调用该函数:

$$S<-lm(y\text{\textasciitilde}1+x)$$

其中 y 和 x 分别是响应变量和协变量观测数据; y~1+x 用来指明**回归函数的结构**为

$$y = a + bx$$

(下一小节将简要介绍回归模型结构的表达方式); S 为 lm 型变量, 存放了模型参数估计的相关结果.

lm 型变量有 9 个分量, 其中最常用的分量名称分别为: coefficients, 为模型参数的估计结果; residuals, 为残差估计结果. 下面通过案例演示函数 lm 的简单使用方法.

案例 5.8 表 5-14 给出 30 名大学男生身高 h 和体重 w 的数据, 试建立响应变量 h 与协变量 w 的经验方程.

表 5-14 身高 h (单位: cm) 与体重 w (单位: kg) 的数据

序号	1	2	3	4	5	6	7	8	9	10
w	80	55	64	57	57	55	50	63	58	55
h	183	172	176	170	166	173	163	171	175	169
序号	11	12	13	14	15	16	17	18	19	20
w	55	50	53	51	75	65	60	73	68	60
h	173	166	170	167	178	177	173	182	178	177
序号	21	22	23	24	25	26	27	28	29	30
w	70	63	72	60	57	60	65	66	54	53
h	172	173	176	176	174	174	171	176	166	166

在 RStudio 中, 将各位男生体重和身高的数据分别赋值给 w 和 h, 使得 w[i] 和 h[i] 分别是序号为 i 的男生的体重和身高. 运行程序代码

```
plot(w,h,pch=20)#绘制散点图
```

得到体重和身高数据的散点图, 如图 5.6 (a) 所示. 可以认为散点分布在一直线周围, 如图 5.6 (b) 所示, 因此可以用线性回归模型拟合身高和体重关系. 现在运行程序代码

myReg<-lm(h~1+w)#求解线性回归模型h=a+bw+e

得到 lm 型变量 myReg. 运行程序代码

myReg$coefficients#模型参数估计结果

在控制台窗口显示出模型参数的估计结果

(Intercept)　　　　　　　　　w
142.1163464　　0.5041171

即回归模型中截距项的估计结果为 142.1163464, 体重系数的估计结果为 0.5041171. 因此, 身高和体重的经验公式为

$$\hat{h} = 142.1163464 + 0.5041171w. \tag{5.73}$$

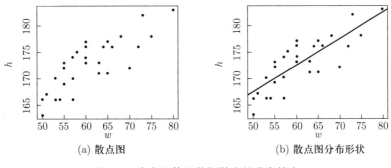

(a) 散点图　　　　　　　　　　(b) 散点图分布形状

图 5.6　身高和体重数据散点的分布特点

在经验公式 (5.73) 中, 体重系数有实际含义, 它代表体重关于身高的平均增长速率. 现在这个参数估计的结果为 0.5041171, 意味着大学生的体重每增加 1 kg, 会导致其身高的平均增加值约为 0.5041171 cm.

案例 5.8 演示了函数 lm 的简单使用方法, lm 型变量中 coefficients 的结构以及经验公式中协变量估计系数含义的解释. 读者可仿照此案例用线性回归模型解决实际问题.

3. 回归模型结构的表达方式

应用函数 lm 解决线性回归模型的参数估计问题, 需要指定回归模型的模型结构. 这部分讨论这一问题.

在回归模型结构的表达式中, 波浪号 ~ 左端表示响应变量观测数据, 右边表示回归函数表达式; 1 表示回归函数中有常数项参数 (即截距项参数). 由于常用带有截距项的线性回归

模型拟合数据, 因此函数 lm 默认可以省略表达常数项的 1, 即 y~x 和 y~1+x 表示相同的回归函数结构.

下面再通过几个例子说明 R 语言中线性回归模型结构的表达方式. 在例 5.4.1 中, 线性回归模型 (5.70) 的回归函数中没有截距项, 响应变量 y 与协变量 x^2 具有线性关系, 其结构的表达式为

$$y\sim0+I(x^2)$$

其中 0 表示线性回归模型中没有截距项, I(x^2) 表示协变量为 x^2, 即回归函数为

$$y = \beta x^2.$$

另外, 也可以用 –1 取代 0 表示回归函数中没有截距项.

在线性回归模型

$$\begin{cases} Y = a + bx + cx^2 + dx^3 + e, \\ \mathrm{E}(e) = 0, \ \mathrm{D}(e) = \sigma^2 \end{cases} \tag{5.74}$$

中的回归函数是 x 的三次多项式, 但该函数还是模型参数 a, b, c 和 d 的线性函数, 按照线性回归模型的定义, 该模型也是线性回归模型. 在这个回归模型中, 协变量的三个分量依次为 x, x^2 和 x^3, 截距项为 a, 参数 β 的三个分量依次是 b, c 和 d. 线性回归模型 (5.74) 的模型结构表达式为

$$y\sim poly(x,3,raw=T)$$

这里 $poly(x, 3, raw=T)$ 与 1+x+I(x^2)+I(x^3) 的含义相同, 表示回归函数是协变量的三次多项式. 类似地, 线性模型结构表达式

$$y\sim-1+poly(x,3,raw=T)$$

或

$$y\sim0+poly(x,3,raw=T)$$

所对应的线性回归模型为

$$\begin{cases} Y = bx + cx^2 + dx^3 + e, \\ \mathrm{E}(e) = 0, \ \mathrm{D}(e) = \sigma^2, \end{cases} \tag{5.75}$$

其截距项为 0, 协变量的三个分量依次为 x, x^2 和 x^3, 模型参数 β 的三个分量依次为 b, c 和 d. 一般地,

$$y\sim poly(x,n,raw=T)$$

表示回归函数为协变量的 n 次多项式. 这里 poly 的输入参数 raw 的可选值为逻辑变量: T 表示原始多项式 (raw polynomial); F 表示正交多项式. 类似地,

$$y\text{\textasciitilde}-1+\text{poly}(x,n,\text{raw=T})$$

表示回归函数为不包含常数项的协变量的 n 次多项式.

思考题 模型结构表达式

$$y\text{\textasciitilde}\sin(x)+\text{poly}(x,\text{degree=2},\text{raw=T})$$

所对应的回归函数是什么?

得到 lm 型变量后, 可以利用函数 coef 和 predict 提取模型参数和响应变量的估计结果. 具体程序代码如下:

$$\text{coef(myReg)\#提取lm列表myReg中的参数估计结果}$$
$$\text{predict(myReg)\#计算响应变量的估计结果}$$

其中 myReg 存储的是函数 lm 的计算结果.

例 5.4.2 利用线性回归模型拟合例 5.4.1 中的数据.

解 用 (x_i, y_i) 表示 (x, Y) 的第 i 次观测数据. 在 R 语言中, 将向量 $(x_1, x_2, \cdots, x_{30})$ 和 $(y_1, y_2, \cdots, y_{30})$ 分别赋值给变量 x 和变量 y, 然后在 RStudio 中运行如下程序代码:

$$\text{S<-lm(y\textasciitilde x)}$$
$$\text{hatb<-coef(S)}$$

可在控制台窗口得到变量 hatb 的显示结果

```
(Intercept)            x
  -19.80547    19.05392
```

即变量 Y 与 x 的经验方程为

$$\hat{y} = -19.8055 + 19.0539x.$$ ∎

5.4.5 回归模型拟合效果的衡量方法

在实际应用中, 经常需要比较几个回归模型的拟合效果. 本小节讨论这个问题.

1. 经验回归曲线与散点图

案例 5.9 例 5.4.1 和例 5.4.2 用不同的回归模型拟合相同的数据, 得到如下两个不同的经验公式:

$$\hat{y} = 3.0997x^2, \tag{5.76}$$

$$\hat{y} = -19.8055 + 19.0539x. \tag{5.77}$$

自然会有问题: 哪个经验公式的拟合效果更好?

可以在散点图中添加经验回归曲线 (即经验回归函数的图像), 以直观显示拟合效果. 我们可借助 R 语言中的函数 lines 完成此项绘图任务. 在 RStudio 中, 将 Y 和 x 的样本观测数据分别赋值给 y 和 x 后, 运行程序代码

```
myReg<-lm(y~0+I(x^2))#估计模型Y=a*x^2+e中的模型参数a
hatY<-predict(myReg)#计算响应变量的预报值
plot(x,y,pch=20,ylim=c(-15,110),xlim=c(0,6))#绘制散点图
lines(x,hatY,col="red",lwd=2)#在散点图上添加经验回归曲线
```

得到回归模型 (5.70) 的散点图和经验回归曲线, 如图 5.7 (a) 所示. 运行程序代码

```
myReg<-lm(y~x)#估计模型Y=a+b*X+e中的模型参数
hatY<-predict(myReg)#计算响应变量的预报值
plot(x,y,pch=20,ylim=c(-15,110),xlim=c(0,6))#绘制散点图
lines(x,hatY,col="red",lwd=2)#在散点图上添加经验回归曲线
```

得到回归模型 (5.70) 的散点图和经验回归曲线, 如图 5.7 (b) 所示. 比较这两个叠加经验回归曲线的散点图, 发现经验方程 (5.76) 对于样本数据的拟合效果更好, 即例 5.4.1 所建模型的拟合效果更好.

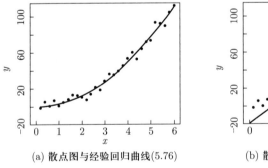 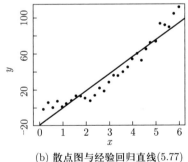

(a) 散点图与经验回归曲线(5.76)   (b) 散点图与经验回归直线(5.77)

图 5.7 不同的经验方程的拟合效果

对于协变量和响应变量的样本观测数据, 需要我们自己选择回归函数的结构, 才能建立拟合样本数据的经验公式, 探讨协变量和响应变量之间的关系. 在案例 5.9 中, 我们通过观察样本数据点与经验回归曲线之间的位置相对关系, 比较不同模型的拟合效果. 这是一种常见的比较模型拟合效果的方法. 还有其他衡量模型拟合效果的方法吗?

2. 残差平方和

可基于残差估计值 (5.61) 建立衡量拟合效果的指标. 称

$$Q(\hat{\theta}) = \sum_{i=1}^{n} (Y_i - f(x_i|\hat{\theta}))^2 \tag{5.78}$$

为**残差平方和**. 残差平方和描述了经验公式的整体拟合效果. 一般情况下, 它越小, 拟合的效果越好.

例 5.4.3 对于例 5.4.1 中的数据, 可以建立经验公式 (5.76) 和 (5.77), 试用残差平方和衡量哪一经验公式对于数据的拟合效果更好.

解 用 (x_i, y_i) 表示表 5-13 中第 i 个样本点, 则经验公式 (5.76) 的残差平方和为

$$Q_1 = \sum_{i=1}^{30} (y_i - 3.0997 x_i^2)^2 \approx 494.65,$$

经验公式 (5.77) 的残差平方和为

$$Q_2 = \sum_{i=1}^{30} (y_i + 19.8055 - 19.0539 x_i)^2 \approx 2688.37.$$

所以经验公式 (5.76) 对于数据的拟合效果好于经验公式 (5.77). ■

3. 决定系数

例 5.4.4 对于表 5-14 中大学男生的身高和体重数据, 试用函数 lm 计算经验公式 (5.73) 的残差平方和.

解 沿用案例 5.8 中的符号, 即 lm 型变量 myReg 为表 5-14 中的数据对应的参数估计结果. 可以用 myReg 中的变量 residuals 计算残差平方和, 具体程序代码如下:

```
sum(myReg$residuals^2)#计算残差平方和
```

运行此行程序代码后, 在控制台窗口得到残差平方和的计算结果为

```
[1] 234.937
```

即残差平方和为

$$Q = \sum_{i=1}^{30} (h_i - 142.1 - 0.5041 w_i)^2 = 234.937.$$ ■

若把身高数据的单位 "cm" 改为 "m", 则残差平方和就会从 234.937 变为 0.0234937. 也就是说, 残差平方和的大小和数据的单位有关. 通常人们期望衡量回归模型好坏的标准与数

据所使用的度量单位无关. 为了解决残差平方和与数据单位有关的问题, 人们常常用另外一种指标, 即

$$R^2 = 1 - \frac{\sum\limits_{i=1}^{n}(Y_i - f(x_i|\hat{\theta}))^2}{\sum\limits_{i=1}^{n}(Y_i - \overline{Y})^2} \tag{5.79}$$

来衡量回归模型的拟合效果, 并称这个统计量为经验方程的**决定系数**、**可决系数**或 R^2.

显然, 决定系数与观测数据的度量单位无关, 可以用来比较不同回归模型对于数据的拟合效果. 决定系数越大, 回归模型的拟合效果越好. 经验公式 (5.76), (5.77) 和 (5.73) 的决定系数分别为

$$0.9860, \quad 0.9239 \quad \text{和} \quad 0.6542,$$

所以经验公式 (5.76) 的拟合效果最好, 经验公式 (5.77) 的拟合效果其次, 经验公式 (5.73) 的拟合效果最差.

思考题 由两个样本点建立的线性回归模型的残差平方和是多少? 根据残差平方和或决定系数能够说明所建的经验公式有非常好的拟合效果吗?

这并不能说明拟合的效果好! 我们知道, 对于任何两个样本点, 都存在一条直线过这两点. 因此, 由这两点所建立起来的经验公式就是过这两点的直线, 此时残差平方和为 0, 决定系数达到最大值 1. 但这时所得到的特别好的拟合效果只是一个假象: 如果样本数据是来自回归模型, 再取一个新的样本点多半会打破残差平方和为 0 的神话! 这就是所谓的**过度拟合现象**: 样本容量不多于模型参数的个数时, 所导致决定系数接近于 1 的现象.

一般地, 随着模型参数的增加, 回归模型会越来越复杂, 残差平方和会越来越小, 直至出现过度拟合现象. 过度拟合模型对于新数据的拟合效果往往会很差, 读者可以通过计算机模拟来体会这一点.

4. 选择回归模型的 AIC 准则

在研究响应变量 Y 的变化规律时, 通常会将与它可能有关的变量 $x_1, x_2, \cdots, x_p$ 都作为协变量, 通过线性回归模型

$$\begin{cases} Y = \beta_0 + x_1\beta_1 + x_2\beta_2 + \cdots + x_p\beta_p + e, \\ \mathrm{E}(e) = 0, \ \mathrm{D}(e) = \sigma^2 \end{cases}$$

建立预报 Y 的经验公式

$$\hat{y} = \hat{\beta}_0 + x_1\hat{\beta}_1 + x_2\hat{\beta}_2 + \cdots + x_p\hat{\beta}_p. \tag{5.80}$$

另一方面, 我们也可以从 $x_1, x_2, \cdots, x_p$ 中选择 k 个变量 $w_1, w_2, \cdots, w_k$, 通过线性回归模型

$$\begin{cases} Y = \theta_0 + w_1\theta_1 + w_2\theta_2 + \cdots + w_k\theta_k + u, \\ \mathrm{E}(u) = 0, \ \mathrm{D}(u) = \sigma_u^2 \end{cases}$$

建立预报 Y 的经验公式

$$\hat{y} = \hat{\theta}_0 + w_1\hat{\theta}_1 + w_2\hat{\theta}_2 + \cdots + w_k\hat{\theta}_k. \tag{5.81}$$

形如 (5.81) 式的经验公式共有 2^{p+1} 个, 经验公式 (5.80) 就是其中之一. 问题是该从这些公式中选择哪一个作为经验公式.

按照残差平方和或决定系数的标准, 无疑应该选择 (5.80) 式作为经验公式, 因为在所有这些经验公式中, 公式 (5.80) 的残差平方和最小, 且它的决定系数最大.

但是, 选择 (5.80) 式作为经验公式容易出现过度拟合现象. 为了避免过度拟合现象和减少预报计算量, 人们喜欢选择参数少的回归模型. 为了综合残差平方和与模型参数个数两个指标, 人们提出了选择回归模型的 **AIC 准则**: 挑选使得

$$\mathrm{AIC} = n\log(Q(\hat{\theta})) + 2k$$

达到最小的回归模型[1], 其中 k 为模型参数的个数, n 为样本点个数.

5.4.6 线性回归模型中的假设检验

在线性回归模型 (5.71) 中, 当模型误差服从正态分布时, 可以解答关于模型参数的假设检验问题以及回归模型的自变量选择问题.

1. 线性回归模型参数的假设检验问题

在线性回归模型 (5.71) 中, 用 β_i 表示模型参数 β 的第 i 分量, 考虑假设检验问题

$$H_0 : \beta_i = 0, \tag{5.82}$$

其原假设的内涵是协变量的第 i 分量与响应变量无关, 即线性回归模型中不应该包含这一分量. 如果假设检验问题 (5.82) 的检验结果为拒绝原假设, 意味着协变量的第 i 分量对于响应变量的影响不可忽略, 即线性回归模型中必须包含这个分量; 如果检验的结果为接受原假设, 意味着协变量的第 i 分量对应响应变量的影响可以忽略, 即线性回归模型中可以不包含此协变量. 通过假设检验问题 (5.82), 可以帮助我们选择线性回归模型中应该包含协变量的哪些分量.

---

[1]这里的 AIC 指标和 R 软件中定义的 AIC 指标相差一常数, 但不影响模型的选择结果.

2. 线性回归模型有效性的假设检验问题

在线性回归模型 (5.71) 中, 考虑假设检验问题

$$H_0 : \beta = 0, \tag{5.83}$$

其原假设的内涵为协变量 x 与响应变量 Y 没有任何关系, 即它们之间不存在线性相关关系. 因此, 仅当检验的结论是拒绝原假设时, 所建的经验公式才有意义.

3. 假设检验问题的解答及适用条件

当来自于线性回归模型 (5.71) 的样本满足最小二乘法适用条件, 并且模型误差服从正态分布时, 假设检验问题 (5.82) 的检验统计量为 t 统计量 (详见文献 [8] 中 §9.3.3 的 (9.5) 式), 假设检验问题 (5.83) 的检验统计量为 F 统计量 (详见文献 [7] 中 §1.1.4 的 (1.1.36) 式). 可以分别用 t 检验和 F 检验解答假设检验问题 (5.82) 和 (5.83), 但需要指出的是这种检验方法需要如下的适用条件:

线性回归模型中 t 检验和 F 检验适用条件　样本所对应的模型误差 $e_1, e_2, \cdots, e_n$ 为独立同分布, 且都服从正态分布.

此适用条件实际上是在最小二乘法适用条件的基础上添加正态分布的条件而成的. 若该适用条件中缺少正态分布假设, 即仅在最小二乘法适用条件成立的情况下, 也可以近似用上述 t 检验和 F 检验解答相应的假设检验问题, 只不过犯错误的概率会增加 (增加的程度会随着样本容量的增加而逐步趋于 0).

4. lm 型变量与假设检验问题解答

在 R 语言中, 函数 lm 不但能计算模型参数的最小二乘估计, 还给出了假设检验问题 (5.82) 的 t 统计量的计算结果和 p-值的计算结果以及假设检验问题 (5.83) 的 F 统计量的计算结果和 p-值的计算结果, 甚至还给出了拟合优度指标决定系数的计算结果.

用函数 summary, 可以显示 lm 型变量中所包含的参数估计结果汇总信息, 进而解答假设检验问题 (5.82) 和 (5.83). 读者可通过下面的案例了解函数 summary 的基本使用方法.

案例 5.10　沿用案例 5.8 的符号, 分别用 w 和 h 表示表 5-14 中的体重和身高数据, 想要展示该案例中模型参数, 假设检验 p-值和决定系数的估计结果及相应的内涵解释.

考查程序代码

```
myReg<-lm(h~w)#求解模型h=a+bw+e,
summary(myReg)#显示模型参数估计结果汇总信息
```

这两行程序代码的功能是先利用函数 lm 解答线性回归模型

$$\begin{cases} h = a + wb + e, \\ \mathrm{E}(e) = 0, \ \mathrm{D}(e) = \sigma^2 \end{cases} \tag{5.84}$$

的参数估计问题, 并将解答结果赋值给变量 myReg, 然后调用函数 summary 汇总 myReg 中的参数估计结果信息. 运行上述程序代码后 (运行之前先要将表 5-14 中的数据保存在 w 和 h 中), 在控制台窗口会出现如下汇总信息:

```
Call:
lm(formula=h~w),

Residuals:
     Min      1Q  Median      3Q     Max
 -5.4045 -2.2909  0.5831  2.1469  4.6366

Coefficients:
              Estimate Std.  Error t value Pr(>|t|)
 (Intercept) 142.11635  4.24451  33.482   <2e-16***
 w             0.50412  0.06927   7.278  6.36e-08***
 ---
Signif.  codes:
0 '***' 0.001 '**' 0.01 '*' 0.05 '.' 0.1 ' ' 1,

Residual standard error:  2.897 on 28 degrees of freedom
Multiple R-squared:  0.6542, Adjusted R-squared:  0.6418
F-statistic:  52.97 on 1 and 28 DF, p-value:  6.355e-08
```

在这些信息中, 第 1 行说明下面的内容是函数调用方式概述; 第 2 行给出了函数的具体调用方式; 第 3 行说明接下来的内容是残差的概述; 第 4, 5 行给出了残差的五数概括; 第 6 行说明接下来的内容是模型参数估计结果概述; 第 7, 8, 9 行按不同的列分别给出了模型参数各个分量的名称, 参数估计结果, 参数估计的标准误差, 相应于假设检验问题 (5.82) 的 t 统计量的值, p-值以及显著性水平编码; 第 10 行说明下面的内容是显著性水平编码概述; 第 11 行给出了显著性水平编码的含义; 第 12 行给出了残差的标准误差的概述; 第 13 行给出了决定系数和调整的决定系数; 最后一行给出了相应于假设检验问题 (5.83) 的 F 统计量的值和 p-值.

从残差数据的五数概括看, 经验公式 (5.73) 对于身高样本数据的预测效果比较好, 有 50% 数据的预报误差不超过 2.2909, 所有数据的预报误差不超过 5.4045.

从参数估计结果来看, 截距项和体重系数的 p-值都小于 10^{-7} 数量级, 说明模型参数的各个分量显著不等于 0, 即经验公式 (5.73) 合理. 体重系数有实际含义, 它代表体重关于身高的平均增长速率. 现在这个参数估计的结果为 0.50, 意味着大学男生的体重每增加 1 kg, 会导致其身高平均增加 0.50 cm.

残差标准差是模型标准差的估计, 其计算结果是 2.897. 这说明, 描述体重和身高关系的线性回归模型的模型误差比较小.

决定系数为 0.6542, 说明回归模型的拟合效果比较好; F 统计量的 p-值为 10^{-8} 数量级, 说明体重与身高的线性相关关系显著.

在实际应用中, 线性回归模型 (5.71) 中协变量 x 的第 i 分量有实际含义, 此时参数 β 的第 i 分量就可以解释为响应变量关于该分量的平均变化率. 这是解释线性回归模型中各个模型参数的实际意义依据. 因此, 在上案例中将体重 w 的系数估计值的直观含义解释为: 大学生的体重每增加 1 kg, 会导致其身高平均增加 0.50 cm.

另外, 案例 5.10 中 p-值的计算都以模型误差服从正态分布为前提. 如果此前提不成立, 有关 p-值的计算误差就会大. 由于模型误差的观测值可以由残差来近似, 因此可以通过残差数据正态 Q-Q 图判断模型误差是否服从正态分布.

5. 模型误差的正态性与 Q-Q 图

上面讨论了线性回归模型的假设检验相关问题, 其中的 p-值的计算以模型误差服从正态分布为基础. 问题是如何判断模型误差是否服从正态分布. 下面通过案例展示在 R 语言中用正态 Q-Q 图判断回归模型的模型误差是否服从正态分布的方法.

案例 5.11 考虑案例 5.10 中的体重与身高问题. 当用线性回归模型 (5.84) 拟合所给数据时, 模型误差是否服从正态分布?

沿用案例 5.10 中的记号, 用 myReg 表示在该案例中已经得到的回归结果, 它是 lm 型变量. 由于 myReg 的分量 residuals 是模型误差的估计结果, 可以通过它检验模型误差是否服从正态分布. 利用程序代码

```
tmp<-myReg$residuals#将残差数据复制给tmp
qqnorm(tmp,pch=20,main="")#绘制残差数据的正态Q-Q图
qqline(tmp,col="red",lwd=2)#在残差图中添加对角线
```

绘制 Q-Q 图 5.8. 从这个正态 Q-Q 图看, 大部分分位数点分布在对角线的周围[2], 可以认为模型误差服从正态分布.

---

[2]小的分位数点位于对角线的上方, 大的分位数点位于对角线的下方, 说明残差的分布具有厚尾现象.

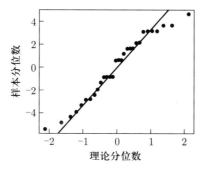

图 5.8　残差的正态 Q-Q 图

小　　结

本章介绍了常用的统计学方法原理, 从这些基本概念和方法的导入过程, 读者应该体会统计思想的奥妙, 认识这些统计方法的本质.

通过总体变量可以将未知现象转化为统计问题, 进而就可以通过样本来认识总体分布, 认识未知现象. 可以通过参数的估计逐步认识总体分布, 而样本数据则是参数估计的基础. 统计量是从样本中提取总体参数信息的工具 (方法), 均方误差和无偏性是衡量参数估计工具 (方法)好坏的标尺.

不同参数估计方法的比较途径有两种, 读者应该掌握随机模拟比较方法的基本原理, 以及相应的 R 语言程序代码结构, 并能正确解释模拟结果; 总体参数的矩估计方法是最常用的统计学方法之一, 其思想来自于大数定律; 总体参数的极大似然估计方法也是最常用的统计学方法之一, 其思想源于人们对于随机现象长期的观测经验 (即似然估计使得样本出现的概率最大); 从随机的角度看待统计量, 引入区间估计的概念, 它能够帮助我们更好地理解基于随机样本的统计量的本质特征; 假设检验是最常用的统计推断方法之一, 其推断备择假设是否成立的准则是看不利于原假设的小概率事件是否发生; 回归模型是刻画不同变量之间关系的统计模型, 在实际中有广泛的应用. 读者应该掌握以下知识和能力:

(1) 点估计、无偏估计、均方误差和区间估计;

(2) 矩估计方法、极大似然估计方法、假设检验的原理;

(3) 理解假设检验的特点, 能借助于 R 软件完成简单假设检验问题中的 p-值计算, 并能正确解释假设检验结论;

(4) 能借助于 R 软件解决正态总体均值的假设检验问题;

(5) 理解回归模型和最小二乘法的原理, 能借助于 R 软件解决线性回归模型中的参数估计、假设检验、拟合效果评估和模型选择问题.

练 习 题 五

练习 5.1 试证明: 样本均值是总体均值的无偏估计.

练习 5.2 对于独立同分布样本, 试证明: 样本方差是总体方差的无偏估计.

练习 5.3 假设总体变量 $X \sim U(0,1)$, 取容量为 3 的简单随机样本 X_1, X_2, X_3. 为了估计总体方差, 可以使用样本方差 S^2 和统计量

$$T = \frac{1}{3} \sum_{k=1}^{3} (X_k - \overline{X})^2.$$

试用随机模拟的方法比较 S^2 和 T 中哪一个估计总体方差的效果更好.

练习 5.4 对于案例 3.4 中总体 Ω, 定义总体变量

$$x(\omega_k) = k, \quad k = 1, 2, \cdots, 1000,$$

考查总体均值 a 的估计问题. 定义

$$\Omega_1 = \{\omega_1, \omega_2, \cdots, \omega_{100}\}, \quad \Omega_2 = \{\omega_{101}, \omega_{102}, \cdots, \omega_{1000}\}.$$

分别从 Ω_1 中抽取简单随机样本 $X_1, X_2, \cdots, X_{20}$, 从 Ω_2 中抽取简单随机样本 $X_{21}, X_{22}, \cdots, X_{40}$, 得到分层抽样样本 $X_1, X_2, \cdots, X_{40}$. 试用随机模拟方法模拟 1000 个这种分层抽样样本, 计算样本均值 $\overline{X}$ 以及重复估计均方误差 $\widehat{\mathrm{mse}}(\overline{X}, a)$, 探讨改进基于这种分层抽样样本估计总体均值精确度的方法.

练习 5.5 矩估计方法的理论依据是什么?

练习 5.6 极大似然估计方法的原理是什么?

练习 5.7 若从一台机器生产的螺栓中随机选择 100 个螺栓, 结果发现 2 个不合格产品, 试用矩估计方法和极大似然估计方法估计此机器所生产产品的不合格率.

练习 5.8 某射手在 1000 次射击中, 有 5 次脱靶, 试分别用矩估计方法和似然估计方法估计该名射手命中目标的概率.

练习 5.9 在一位教师一学期的 32 小时答疑时间内来了 64 位同学答疑. 用 ξ 表示 1 小时来答疑的人数. 若 $\xi \sim P(\lambda)$, 试用矩估计方法和极大似然估计方法估计 λ.

练习 5.10 从 1970 年 1 月 1 日到 2004 年 12 月 31 日, 中国地震监测台网记录到了 399 次大地震 (震级在 6Ms 以上). 用 ξ 表示一年内记录到的大地震的次数. 若用泊松分布来近似 ξ 的分布, 试用矩估计方法和极大似然估计方法估计 ξ 的数学期望.

练习 5.11 假设 a 为总体参数, 而根据样本观测值得到 a 的一个置信度为 0.99 的置信区间 $(\hat{a}_1, \hat{a}_2)$ 的计算结果为 $(2.5, 2.8)$, 我们能说 $a \in (2.5, 2.8)$ 的概率为 0.99 吗? 为什么?

练习 5.12　假设 a 为总体参数, 而 a 的一个置信度为 0.99 的置信区间是 $(\hat{a}_1, \hat{a}_2)$, 请解释这个置信区间的概率含义.

练习 5.13　假设检验的原理是什么? 它与反证法有何联系与区别?

练习 5.14　设 $X \sim N(\mu, 1)$, $X_1, X_2, \cdots, X_n$ 为 X 的重复观测样本. 对于假设检验问题

$$H_0 : \mu = 0,$$

若用样本均值 $\overline{X}$ 作为检验统计量, 取

$$D = \{t : t > 4\},$$

D 可以作为显著性水平为 0.05 的拒绝域吗? D 所对应的检验规则犯第二类错误的概率是不是最小?

练习 5.15　设 $X \sim N(\mu, 1)$, $X_1, X_2, \cdots, X_n$ 为 X 的重复观测样本. 对于假设检验问题

$$H_0 : \mu \geqslant 0,$$

若用样本均值 $\overline{X}$ 作为检验统计量, 取

$$D = \{t : 1 < t < 1.05\},$$

请计算 $P_{H_0}\{\overline{X} \in D\}$. 进一步, D 可以作为检验的拒绝域吗? 若用 D 作为拒绝域得到的检验结果是拒绝原假设, 那么我们可以认为原假设不成立吗?

练习 5.16　某商场从灯泡厂进了一批电灯泡, 厂家号称其产品的合格率至少为 0.90. 商场为了验证灯泡的合格率, 从这批灯泡中抽取了容量为 20 的独立同分布样本, 得到样本数据. 对于假设检验问题

$$H_0 : \text{电灯泡的合格率至少为 } 0.9,$$

商场在显著性水平 0.05 下得到的检验结果是拒绝原假设, 因此商场认为这批电灯泡的合格率低于 0.9. 厂家利用商场提供的前 10 个样本数据也对上述假设检验问题进行了检验, 结果是在显著性水平 0.05 下接受原假设, 因此厂家认为这批电灯泡的合格率至少为 0.9. 请问: 应该相信商家的结论还是相信厂家的结论? 为什么?

练习 5.17　某出版社编写了一套新教材, 想要用假设检验的方法确定新教材是否比旧教材有更好的教学效果, 应该怎样确立假设检验问题?

练习 5.18　某灯泡厂生产的灯泡的使用寿命 $X \sim N(\mu, 500)$, 当生产情况正常时, 灯泡的平均使用寿命不小于 2000 h. 现从生产线上获得 X 的重复观测样本数据如表 5-15 所示, 问: 在显著性水平 0.01 下, 生产线工作是否正常?

表 5-15 灯泡寿命数据 (单位: h)

2011	1996	2029	1957	1972	1978	2044	2005	1985	1996
1988	2017	1995	2013	2011	1990	1992	1998	1977	1990
1993	1972	2016	1970	1979	1969	2019	1980	1956	2013

练习 5.19 一台车床加工的某种车轴的直径 $X \sim N(\mu, \sigma^2)$, 当生产情况正常时, 加工出的车轴的平均直径应该是 $10\,\mathrm{cm}$. 新近获得的 X 的重复观测样本数据如表 5-16 所示, 问: 在显著性水平 0.01 下, 该车床工作是否正常?

表 5-16 车轴直径数据 (单位: cm)

10.07	10.03	10.01	9.96	9.96	10.06	10.06	9.97	10.04	10.01
9.98	9.96	10.01	9.91	9.92	10.10	10.00	10.13	9.99	10.01
10.05	9.99	9.97	10.07	9.96	10.04	9.97	10.04	10.04	9.96

练习 5.20 设有甲、乙两种安眠药, 现想要比较它们的治疗效果是否不同. 用 X 表示失眠者服用甲药后延长睡眠的小时数, Y 表示失眠者服用乙药后延长睡眠的小时数. 已知 $X \sim N(\mu_x, \sigma^2)$, $Y \sim N(\mu_y, \sigma^2)$. 表 5-17 和表 5-18 分别给出了 X 和 Y 的重复观测样本数据, 试问: 在显著性水平 0.05 下, 甲、乙两种药的治疗效果是否不同?

表 5-17 甲药延长睡眠的时间数据 (单位: h)

3.30	4.20	0.40	3.00	2.30	0.10	1.80	2.00	0.40	−1.20
0.70	2.30	−0.80	4.60	1.30	−1.40	2.50	5.00	2.40	2.60
2.30	2.60	3.90	2.70	3.70	3.20	2.60	2.80	0.60	0.60

表 5-18 乙药延长睡眠的时间数据 (单位: h)

0.70	1.40	−0.90	2.20	0.90	5.60	1.50	−1.60	1.40	1.60
−0.20	1.20	−0.30	0.80	1.50	2.90	2.10	−4.00	1.30	2.20

练习 5.21 在什么样的假设下, 各个样本点 $(x_1, y_1), (x_2, y_2) \cdots, (x_n, y_n)$ 到回归曲线

$$y = f(x|\theta)$$

的距离的平方和等于

$$\sum_{i=1}^{n} (y_i - f(x_i|\theta))^2?$$

练习 5.22 如何判断观测数据 $(x_1, y_1), (x_2, y_2), \cdots, (x_n, y_n)$ 来自函数模型? 可以用线性回归模型拟合这些样本点吗?

练习 5.23　在例 5.4.1 中, 得到拟合表 5-13 中数据的经验方程 (5.68). 如果用线性回归模型拟合表 5-13 中的数据, 所得到的经验方程的拟合效果是否会更好?

练习 5.24　某快餐店外卖部经理想要了解完成一份订单所需时间和送货距离之间的关系. 他随机抽取了 20 份订单, 获取了这些订单的送货距离和所需时间, 将所得数据列入表 5-19. 试建立完成一份订单所需时间与送货距离的经验方程.

表 5-19　送货距离 (单位: km) 与所需时间 (单位: min) 的数据

序号	1	2	3	4	5	6	7	8	9	10
距离	6.1	0.3	0.3	2.0	5.9	0.7	3.7	6.4	7.2	7.0
时间	23.3	4.4	5.3	9.8	22.8	7.1	15.5	21.5	26.2	27.0
序号	11	12	13	14	15	16	17	18	19	20
距离	0.9	4.6	4.5	3.6	1.6	6.8	7.0	7.3	4.8	5.6
时间	8.3	16.7	17.8	14.6	8.3	23.6	25.9	26.0	19.1	20.9

练习 5.25　已知某产品的废品率 p 和原料的某种化学成分 x 有关系. 表 5-20 记录了 x 与相应 p 的观测数据, 试建立 p 与 x 的经验方程.

表 5-20　废品率 p (单位: %) 与化学成分 x (单位: 0.01%) 的数据

序号	1	2	3	4	5	6	7	8	9	10
x	31.0	32.0	33.0	34.0	35.0	36.0	37.0	38.0	39.0	40.0
p	2.0	1.7	1.5	1.2	1.1	1.0	1.0	0.8	0.6	0.5
序号	11	12	13	14	15	16	17	18	19	20
x	41.0	42.0	43.0	44.0	45.0	46.0	47.0	48.0	49.0	50.0
p	0.5	0.5	0.6	0.4	0.5	0.5	0.5	0.6	0.7	0.7
序号	21	22	23	24	25	26	27	28	29	30
x	51.0	52.0	53.0	54.0	55.0	56.0	57.0	58.0	59.0	60.0
p	0.8	1.0	1.2	1.4	1.4	1.8	1.9	2.1	2.5	2.8

练习 5.26　如果用回归模型

$$\begin{cases} Y = a + bx + cx^2 + e, \\ E(e) = 0, \\ D(e) = \sigma^2 \end{cases}$$

来拟合表 5-13 中的数据, 能不能得到比例 5.4.1 解答中更好的拟合效果?

练习 5.27　炼钢厂出钢时所用的盛钢水的钢包, 在使用的过程中由于钢液及炉渣对包衬耐火材料的侵蚀, 使其容积不断增大, 结果使得钢包盛满钢水时的重量增加. 表 5-21 给出

了钢包使用次数 k 与相应盛满钢水时的重量 h (满载重量) 的数据, 试建立 h 与 k 之间的经验方程.

表 5-21   钢包使用次数 k 与满载重量 h (单位: t) 的数据

序号	1	2	3	4	5	6	7	8	9
k	2.0	3.0	4.0	5.0	6.0	7.0	8.0	9.0	10.0
h	106.9	108.1	109.0	109.7	109.9	109.7	110.4	110.4	110.3
序号	10	11	12	13	14	15	16	17	18
k	11.0	12.0	13.0	14.0	15.0	16.0	17.0	18.0	19.0
h	110.4	110.6	111.1	111.2	110.7	111.1	110.8	111.3	110.9

参 考 文 献

[1] 汤银才. R 语言统计分析. 北京: 高等教育出版社, 2008.

[2] 李勇. 概率论. 北京: 北京师范大学出版社, 2013.

[3] 李勇, 张淑梅. 统计学导论. 北京: 人民邮电出版社, 2007.

[4] 杨振明. 概率论. 北京: 科学出版社, 2008.

[5] 何书元. 概率引论. 北京: 高等教育出版社, 2011.

[6] 严士健, 刘秀芳. 测度与概率. 北京: 北京师范大学出版社, 2003.

[7] 唐守正, 李勇, 符利勇. 生物数学模型的统计学基础. 北京: 高等教育出版社, 2015.

[8] Kleinbaum D. Applied Regression Analysis and Other Multivariable Methods. 3rd Ed. 北京: 机械工业出版社, 2013.

索　　引